TEXTBOOKS

TSUKAMU

社会学をつかむ

西澤晃彦・渋谷 望――著

有 斐 閣
YUHIKAKU

はしがき

　この本を書くのに4年もかかってしまった。いくつかの次元でそのことへの言い訳は立てられるのだが、この4年間が、ひとつひとつの言葉が置かれる磁場を根底から覆してしまうようなすさまじい時間だったということは記しておきたい。4年前に授業ノートをもとに書き上げた原稿は、すべて全面的に書き直されている。社会の定義のような根本に関わるものまで再考を迫られた。多分、われわれの言いたいこと、伝えたいことはそう変わっていないように思う。だが、ある言葉をどう語ればどう伝わるか、その文脈が激変したのだ。そして、どういうわけか、われわれは、その変化とつきあうことに熱を上げてしまった。

　読者にはまったく関係ないことであるが、大学のテキストについては老舗の出版社である有斐閣が、シリーズの1冊となる入門教科書を西澤と渋谷に任せるということは、いくつもの意味で冒険であったはずである（10年前にはありえない人選だろう）。書き上げてしまった今となっては、期待に応えられたかどうか正直不安が残る。けれども、もし、この本によって、固まっていたものが解きほぐされ、鎮められていたことが想い起こされ、隠されていたことが見えるようになる体験をする、そのような読者をいくらか得ることができれば、われわれにとって幸せなことだし社会学への入門書の役割はある程度果たせたことになるのではないかと考えている、いや、考えることにしたい。この本をよろしくお願いします。

　本書の成立にあたっては、有斐閣の編集者である池　一さん、松井智恵子さん、堀奈美子さんに随分お世話になった。3人の編集者の方々には、われわれの原稿が遅れご迷惑をおかけした。新しい言葉を模索する作業に辛抱強く付き合っていただき、的確なコメントと励ましをいただいたことに、感謝を申し上げたい。池　一さんの定年での退職に間に合わなかったことが本当に残念である。

　2008年5月

西澤晃彦・渋谷望

著者紹介

西澤晃彦(にしざわ　あきひこ)
　　　　　　　　unit①〜③，⑤〜⑦，⑫〜⑭，⑱〜⑳，㉒，㉔，㉕，㉗，㉘，㉞
1963 年，京都府に生まれる。東京都立大学大学院社会科学研究科社会学専攻博士課程中退。
現在，神戸大学大学院国際文化学研究科教授。
主な著作：
『隠蔽された外部——都市下層のエスノグラフィー』(彩流社，1995 年)，
『都市の社会学——社会がかたちをあらわすとき』(共著，有斐閣，2000 年)，
『新編 東京圏の社会地図 1975〜1990』(分担執筆，東京大学出版会，2004 年)，
『貧困と社会的排除——福祉社会を蝕むもの』(共編，ミネルヴァ書房，2005 年)，
『テキスト社会調査』(共著，梓出版，2005 年)，など。

渋谷　望(しぶや　のぞむ)
　　　　　　　　unit④，⑧〜⑪，⑮〜⑰，㉑，㉓，㉖，㉙〜㉝
1966 年，千葉県に生まれる。1995 年，早稲田大学大学院文学研究科社会学専攻修了。
現在，日本女子大学人間社会学部教授。
主な著作：
『エイジングと公共性』(共編，コロナ社，2002 年)，
『音の力——ストリートをとりもどせ』(分担執筆，インパクト出版，2002 年)，
『魂の労働——ネオリベラリズムの権力論』(青土社，2003 年)，
『親密圏のポリティクス』(分担執筆，ナカニシヤ出版，2003 年)，
『社会調査と権力——〈社会的なもの〉の危機と社会学』(分担執筆，世界思想社，2007 年)，など。

本書の利用法

　本書との出会い方は多様であるだろうから，複数の付き合い方を想定して本書はつくられている。

❶本書は，34 のユニットからなる。**最初から読むのもいいが，関心がもてそうなユニットや大学の授業にあわせてつまみ食いのように読んでいただいても構わない**。もちろん大丈夫だ。

❷大学で授業を受けていたり，あるいは，社会学の本を読んでいたりすると，耳慣れぬ専門用語に出くわして理解が進まなくなることがある。そのような場合には，目次の後に設けた「検索エンジン」を活用していただきたい。インターネットにおける検索はほとんどの人が体験しているが，それと同じく「検索エンジン」から知りたい言葉が載っている箇所を探し，その言葉についての理解を深めることが可能になる。「辞書がわり」という使い方だ。「検索エンジン」などと称しているが，要するに本のうしろにあった索引を頭にもってきただけのことであるのだが。ぜひ，ほかの本でも索引を活用していただきたい。

❸また，それぞれのユニットにおけるキーワード（太字の語）や議論がほかの unit でも論じられている場合，それについて論じている関連 unit がどこであるのかをカッコに括って矢印で示した。複数箇所にあたれば，よりいっそう用語についての理解が進むと思う。矢印によって関連がないようにもみえる unit に自在に飛んでいく，そうした関連ユニットの指示という仕掛けは，社会学という知の在りかを示すものでもある。「社会学では何もかもが対象になる」とはよくいわれる。だが，バラバラな領域の諸研究を寄せ集めれば社会学になるのではない。「好きなこと」を詳しく調べれば社会学になるわけでもない。諸領域を横断して適用可能な理論・概念の束が社会学なのだ。逆に言えば，1 つの領域でしか通じない概念のほうが問題である。私たちも，「恋愛」の unit を書いているからといって「恋愛」の専門家ではないし，「人生」の unit を書いているから人生の達人であるはずもない。領域横断的な社会学が，何であれそれを論じる切り口を与えてくれるということなのだ。

❹ unit のタイトルの多くは，すべてではないが，「無意識」や「文化」のように「私の中の○○」，あるいは，「学校」や「消費社会」のように「○○の中の私」を思い巡らし

つつ読んでいただけるように付けられている。そこは読者にがんばっていただくよりないが，関心をもちにくいタイトルをもつ unit を読むことになったとき，「私の中の〇〇」あるいは「〇〇の中の私」と一言つぶやいてみてほしい。そうすることで読みやすさが増すかもしれない。「自分に引きつけて考える」ことは手前勝手な解釈になることもあるが，関心を拡げるという局面においてはそれも方法として必要な手段であるのだ。

われわれもまた，売れない本や読まれない論文を書いてきた物書きのはしくれであるので，この本を最初から最後まで読みましたなどという読者がいれば嬉しいに決まっている。しかし，検索エンジンから入ってついついその unit を読み込んでしまったなどといった人が出てくればもっともっと嬉しい。ぜひご感想を有斐閣までお寄せください。

┌───┐
│ 本書のコピー，スキャン，デジタル化等の無断複製は著作権法上での例外を │
│ 除き禁じられています。本書を代行業者等の第三者に依頼してスキャンや │
│ デジタル化することは，たとえ個人や家庭内での利用でも著作権法違反です。 │
└───┘

目　次

unit **0**　社会学への招待 ——————————————————— 1

第**1**章　社会が姿を現す ——————————————— 7

Introduction **1**　8

unit **1**　言　　葉 ———————————————————— 10

　個を支える言葉（10）　価値自由（11）　恋と革命（12）　他者と出会う仕掛け（14）　理屈をいう権利（15）

unit **2**　社　　会 ———————————————————— 17

　社会という拡がり（17）　近代化（18）　生成する社会（19）　拘束する社会（20）　危機と幻想（20）

unit **3**　社　会　学 ——————————————————— 24

　いくつもの現実（24）　解釈（25）　世界はひとつ（26）　生活世界と他者（28）　社会学という工場（28）

unit **4**　社会学の論理 ——————————————————— 31

　「現実的」（31）　物象化された現実（32）　社会はなぜ存続するのか（33）　構造的因果律（34）　変化の論理（36）

KeyWords **1**　39

第**2**章　社会につながる ——————————————— 41

Introduction **2**　42

unit **5**　私 —————————————————————— 44

　アイデンティティ（44）　相互行為とアイデンティティ（45）　社会的カテゴリー（46）　多元的リアリティ（47）　私らしい私（48）

unit ❻ 集団・組織 ——————————————————— 51
　　組織のリアリティ (51)　集団・組織とは何か (52)　集団・組織への包摂 (52)　官僚制 (54)

unit ❼ 群　れ ——————————————————————— 57
　　群れの潜在力 (57)　社会化と個人の誕生 (58)　相互行為と文化 (59)　構造への「抵抗」(60)　権力と相互作用 (62)

unit ❽ ネットワーク ————————————————— 64
　　同心円モデルをこえて (64)　ツリーとセミラティス (65)　アソシエーション (66)　ネットワーキングと社交 (68)　ネットワークの両義性 (69)

　KeyWords ❷　72

第❸章　社会に組み込まれる ———————————— 73

　Introduction ❸　74

unit ❾ 身　体 ——————————————————————— 76
　　身体の観念化 (76)　道具化される身体 (76)　身体をめぐる攻防 (79)　私の身体は私のもの？ (80)

unit ❿ 感　情 ——————————————————————— 83
　　感情を表現する (83)　感情をつくる (84)　感情管理の困難 (85)　感情管理の歴史 (86)　感情管理の現在 (87)　感情は個人的？ (88)

unit ⓫ 無意識 ——————————————————————— 90
　　存在論的不安 (90)　権威主義的性格と抑圧の移譲 (92)　無意識と社会運動 (94)

unit ⓬ 意　識 ——————————————————————— 97
　　カメレオンの皮膚 (97)　プロテスタンティズムの倫理と資本主義の精神 (98)　鉄の檻 (100)　思想 (101)　戦後思想の多様性 (102)

unit ⑬ 物　語 ——————————————————————— 104

　　物語の消滅？（104）　教訓譚（105）　勧善懲悪譚（106）　国家のイデオロギー装置（108）

unit ⑭ 文　化 ——————————————————————— 110

　　文化的存在としての人間（110）　烙印としての文化（111）　イデオロギーとしての文化（112）　文化の創造（113）

　KeyWords ③　116

第4章　社会を生きる —————————————————— 117

　Introduction 4　118

unit ⑮ 人　生 ——————————————————————— 120

　　ライフコースとライフヒストリー（120）　自己物語（121）　フレキシブルなライフコース（122）　人生はどこまで自分のものか（125）

unit ⑯ 夫　婦 ——————————————————————— 127

　　性別役割分業のゆくえ（127）　戦略としての結婚（130）　夫婦の「親密さ」（130）　夫婦関係の物象化をこえて（132）

unit ⑰ 親　子 ——————————————————————— 134

　　夫婦関係と親子関係（134）　親の愛情（135）　親子関係の現在（138）

unit ⑱ 恋　愛 ——————————————————————— 141

　　恋愛という「不自然」（141）　ロマンティック・ラブ・イデオロギー（142）　恋愛する社会（143）　準恋愛（144）

unit ⑲ 友　人 ——————————————————————— 148

　　親密性と開放性（148）　選択と制約（149）　友人から受け取るもの（151）　親密圏と公共圏（153）

　KeyWords ④　155

第5章　社会に統制される------157

Introduction 5　　158

unit 20　学　　校----------160

「無垢な子ども」の学校（160）　　競争と同化（161）　　いじめと学級集団（162）　　学校イデオロギーの終焉（163）　　インセンティブ・ディバイド（165）

unit 21　工場・企業----------167

フォードの工場（167）　　抵抗のかたち（168）　　日本的経営——企業社会（169）　　ポストフォーディズム（171）　　新しい問題——フリーター（172）

unit 22　収　容　所----------174

全制的施設（174）　　アンダーライフ（175）　　強制収容所（175）　　プロミネント（176）　　「収容所的なもの」（177）

unit 23　戦　　争----------180

戦争がつくった社会（180）　　冷戦と軍事政権（181）　　ポスト冷戦と「新しい戦争」（182）　　構造的暴力としての戦争（183）　　軍事化された社会と「男らしさ」（185）　　反戦運動の可能性（186）

KeyWords 5　　188

第6章　社会に居場所を探す------189

Introduction 6　　190

unit 24　地　　域----------192

場所からの解放（192）　　貧しさと地域（193）　　地域的共同性の喪失（194）　　フローの空間（194）　　場所の空間（195）

unit 25　都　　市----------199

「リアルな」都市とサイバースペース（199）　　都市の不安（200）　　異質性の増幅装置としての都市（200）　　都市の死（202）　　アーバン・トライブ（203）

unit ㉖　メディア環境 ——————————————— 205

　　「やらせ」から考える (205)　ハイパーリアル (207)　マスメディアへの批判 (208)　メディアと不安 (210)

unit ㉗　旅 ——————————————————————— 213

　　移動の効果 (213)　他所者 (214)　パッケージのなかの旅人 (215)　パッケージの外部 (216)

unit ㉘　生　活 ——————————————————— 219

　　生活の底 (219)　反発する生活 (220)　生活の生産への従属 (221)　生活の消費への従属 (222)　生活の言葉 (224)

unit ㉙　政　治 ——————————————————— 226

　　新しい社会運動 (226)　ラディカル・デモクラシー (227)　「第三の道」(229)　グローバル・ジャスティス運動とマルチチュード (230)

　KeyWords ❻　　233

第 7 章　社会と向き合う ———————————————— 235

　Introduction 7　　236

unit ㉚　福　祉　社　会 ————————————— 238

　　恩恵から権利へ (238)　新自由主義とワークフェア (240)　「自立」とは (242)

unit ㉛　高　齢　社　会 ————————————— 246

　　老人から高齢者へ (246)　介護 (247)　老い (249)　高齢社会と倫理 (251)

unit ㉜　消　費　社　会 ————————————— 253

　　生産から消費へ (253)　記号の消費 (255)　自己を「買う」——消費社会における自己 (256)　消費社会のよそ者たち (258)

unit ㉝ **情報社会** ─────────────── 261
  モノから情報へ（261） 情報社会における抗争（263） 情報社会と新しい監視（265）

unit ㉞ **格差社会** ─────────────── 268
  格差社会論争（268） 階層（269） 階級（269） 構造的不均衡とイデオロギー（271） 貧者の地獄（273）

 KeyWords **7** 275

文 献 一 覧 277

重要ポイント一覧

①社会学的想像力　15
②孤独と孤立　21
③マートンの社会学　29
④社会構築主義　35
⑤モダニティとポストモダニティ　48
⑥合理的な愚か者　55
⑦シンボリック・インタラクショニズム（象徴的相互作用論）　61
⑧環境と環境社会学　69
⑨暴力とスポーツ　80
⑩スピリチュアリティ　88
⑪ルサンチマン　94
⑫フランクフルト学派　101
⑬エスノメソドロジー　108
⑭カルチュラル・スタディーズ　114
⑮交換理論　124
⑯ジェンダーとセクシュアリティ　132
⑰集合的記憶　138
⑱男性研究　145
⑲ファッション　152
⑳エリートと大衆　164
㉑疎外と物象化　172
㉒ゴッフマンの社会学　178
㉓人種・民族・エスニシティ　184
㉔シカゴ学派　196
㉕多文化主義（multiculturalism）　203
㉖世論　210
㉗グローバル資本　217
㉘アンペイド・ワーク　223
㉙コミュニケーション的合理性　230
㉚シティズンシップ　242
㉛リスク社会　250
㉜コモンズ　257
㉝象徴的暴力　264
㉞基本所得　272

検索エンジン【事項】

（太字数字は，KeyWords として表示されている語句の掲載頁を示す）

🔲 アルファベット

AGIL 図式　**34**
F 尺度　101
ILO（世界労働機構）　243
Ｉ　Ｔ　→情報テクノロジー
NAFTA（北米自由貿易協定）　231
NPO　67, 70
Ｏ　Ｌ　60, 62
『OL たちの〈レジスタンス〉』　60
QC サークル　69, 70, 170
SNS　196
Wikipedia　257
WTO（世界貿易機関）　231

🔲 あ　行

愛国心　165, 180
愛　情　134, **135**
　　家族の――という物語　137
　　母子の――　137
アイデンティティ　**44**, 49, 90-92, 114, 125, 126, 132, 174, 197, 228, 250-52, 264, 271
　　――・キット　**174**
　　――の一元化　179
　　――の危機　47
　　――の政治　**227**
　　ナショナル・――　197
アイデンティフィケーション　44, 46, 47, 49
青い芝の会　137
『アサイラム』　174, 175
アソシエーション（結社）　**66**, 67, 69, 70, 149
　　ボランタリー・――　**67**
遊　び　80

新しい社会運動　67, **226**-29, **271**
新しい戦争　**182**, 185
新しい貧困層　195
アドバスティング（広告破壊）　259
アノミー（論）　**21**, 29
アーバニズム　**200**, 201
アーバン・トライブ　**203**
アメリカ式生活様式（AWL）　254
アンダークラス　**195, 241, 271**
アンダーライフ　→裏面生活
アンペイド・ワーク　223
安保体制　182
安保闘争　186
家（イエ）　115, **134, 193**
　　――制度　**134**
　　――連合　**193**
生きた機械　**55**
育　児　128, 223
　　家事と――の二重負担　129
意　識　24, 74, 90, **97**-102
異質な他者　2, 9, 20, 65, 158
いじめ　93, 94, 162, 177, 179
威　信　12, **268**
依　存　**240**, 242, 244
『一次元的人間』　101
逸脱（行動）　125
　　二次的――　**125**
逸脱研究　45
逸脱者　35
一般化された他者　**59**
イデオロギー　**104**, 105, 107, 110, 112, 115, 145, 146, 271, 272
　　――から物語へ　104
　　――としての文化　112
　　――の機能　104

xii

――の再生産　108
　　孝――　136
　　福祉――　240, 252
　　ロマンティック・ラブ・――　**142**, 144, 145
イデオロギー装置　**143**, 163
　　国家の――　**108**, 109, **161**
居場所　42, 49
　　自分の――　2
移　民　19, 214, 215
意　欲　176, 242
　　学習――　165
イラク戦争　183
イラク反戦運動　186, 231
印象操作　**111**, 208
インセンティブ・ディバイド（意欲格差）**165**
インターネット（空間）　60, 105, 150, 151, 194, 195, 197, 199, 261
　　――上のチャットや匿名掲示板　68
陰謀論　211
有　縁　150
右翼（右派）　226, 228
裏局域　84
裏面生活（アンダーライフ）　**175**, 179
運動　→社会運動
エコロジー運動　69, 231
エスニシティ　46, 114, 150, 196, 197, 209, 270
エスニックな連帯　197
エスニック（人種的）・マイノリティ　47, 197, 227
エスノグラフィー（民族誌）　59, 60, 196
エスノメソドロジー　108
エートス（精神構造）　79, 253
選べない縁と選べる縁　149
エリート
　　――教育　165
　　――・コスモポリタン　195

　　――・サラリーマン　139
　　――の反逆　164
　　グローバルな――　264
　　情報――　195
　　情報社会の――　263, 264
エンゲル係数　**219**
エンコーディング／デコーディング　209
援助交際　138
援助ネットワーク　**221**
老　い　247, **249**
　　――の不可視化　247
オウム真理教　88, 265
汚染的露出　174
オーディエンス研究　209
男らしさ　145, **185**, 186
表局域　84
親方子方（親分子分）関係　**193**
親　力　139
オリエンタリズム　**216**, 217
オルター・グローバリゼーション　**231**
オルタナティブな世界　32
オルタナティブな発展　69
終わりなき日常　137
恩　134-36, 140
女らしさ　145

か　行

階　級　62, 79, 89, 114, 209, **268**, 270, 273
　　――意識　**99**
　　――再生産　**112**
　　――闘争　79, 99
　　即自的――と対自的――　**99**
　　有閑――　**223**
　　労働者――　61, 89, 164, 169, **270**, 272
介　護　118, 223, 238, **247**-49
　　――の社会化　248
　　――の不可視化　248
　　――保険制度　248
　　――労働（者）　248-50

解　釈　**25**, 97
　　——共同体　151
会社人間　158, **170**, 172
階　層　130, 150, 165, **268**
解放の政治　**227**-29
カオサン　215
科　学　110, 113
科学的管理　→テイラーリズム
核家族　25, 134, **135**, 136
核家族化　248
格差社会　138, 236, 247, 268
格差社会論（争）　268, 269, 273
学習意欲　165
学　生　25, 28, 203
学生運動　120
隔　離　179
学　歴　11, 132, 144
家　計　219
家　事　128, 222-24
　　——と育児の二重負担　129
　　男性の——時間　222
家事労働　127, 221, 248
過　疎　**194**
下層（労働者）階級　136, 169
仮想空間　199
家　族　22, 58, 118, 220, 221
　　——規範　221
　　——（夫婦）単位　133
　　——中心主義　221
　　——の愛情という物語　137
　　——変動　135
　　——療法　133
　　制度——から友愛——へ　127
　　脱——　137
　　直系——　**134**, 135, 139
　　夫婦——　**134**
　　ブルジョア——　138
家族介護　248
　　——から公的介護へ　248

価　値　26
　　——や規範の内面化　53
価値自由　**11**-13
価値判断　11
学　校　158, 160, 161, 179
　　——教育　111, 112
　　——的なもの　163
活字文化　192
家庭（home）　130, 136, 137, 179
カフェ　67, 210
家父長制　152, 221
カリスマ的支配　**54**
カルヴィニズム　98
カルチャーショック体験　28
カルチュラル・スタディーズ　35, **114**, 209
カルト宗教　88
過労死　56
環　境　69
環境社会学　69
環境問題　226
観光産業　215
観光の大衆化　213
『監獄の誕生』　35
監　視　200, 265, 266
　　——とシミュレーションの融合　266, 267
間主観性　**28**
感　情　74, 83, 84, 88
　　——管理　85, 87-89
　　——作業　136
　　——の共有　89
　　——の社会学　83, 84, 135
　　——の封じ込め　89
　　——ルール　85, 87
　　——労働　**85**, 136
　　親密な——　131
『管理される心』　84
管理社会　101
官　僚　161

──主義　227, 240
　　──制　**54**, 65, 66, 69
　　──制（的）組織　55, 66, 68
　　──制的組織原理　65
機械的連帯　**18**
企業（中心）社会　164, **170**, 171, 173
企業内福利厚生　62
企業犯罪　56
企業福祉　170
企業別労働組合　170
記　号　**110**, 255
　　──の消費　256
擬似イベント　**206**, 207, 211
擬似環境　210
技術的な合理性　→形式合理性
規制緩和　217
規則万能主義　55
機能主義　128
機能要件　34
規　範　26
　　家族──　221
　　価値や──の内面化　53
　　ジェンダー──　108, 132
　　ブルジョア的──　79
　　役割──　**53**
基本所得　→ベーシック・インカム
逆ユートピア　→ディストピア
キャリア女性　92
旧中間層　134
宮廷社会　86
9.11事件　231
教育改革　165
教育勅語　134
教育投資　139
共依存　133
共　棲　19, 203
強制収容所　174, **175**, 179
『強制収容所における「生」』　175
強制労働　176

業　績　269
業績主義　→達成主義
競　争　**19**
共同社会　→ゲマインシャフト
共同体　→コミュニティ
共有財　→コモンズ
規律訓練　**77**–79, 108, **136**, 140
規律権力　→規律訓練
儀礼的（市民的）無関心　**86**
近代化　**18**, 132, 213
　　──論　36
近代家族　**127**, 130, 131, 138, 139, **162**
　　──論　135
近代建築　48
近代資本主義　253
近代社会　52, 127, 269
近代世界システム論　27
近代的なもの　48
近代文学　87
緊張処理　34
勤勉（まじめ）　98, 99, 137, 138, 169, 224, 253, 256
「空気」　2, 3
く　に　192
　　──から「国」へ　193
クラブDJ　203
クラブカルチャー　203, 204
グローバリゼーション（グローバル化）　65, 165, 183, 190, 195, 197, 202, 213, **230**, 265
　　オルター・──　**231**
　　金融──　217
　　経済的──　217
　　工業──　217
グローバル経済　182, 231
『グローバル時代の社会学』　1
グローバルシティ　→世界都市
グローバル資本　195, 197
グローバル・ジャスティス運動　**231**

xv

グローバル・スタンダード	214, 217
グローバルなエリート	264
グローバルな分業システム	27
グローバル・ビレッジ（地球村）	261
軍国主義教育	120
軍事化された社会	185
軍事政権	181, 185
軍　隊	158, 174
ケア　→介護	
ケア労働者　→介護労働者	
ゲイ	227
形式合理性（技術的な合理性）	**55**
携帯電話	192, 196, 199, 202, 261
ゲイテッド・コミュニティ	**229**
ゲゼルシャフト	**18**, 149
血　縁	149
結　婚	129, 142, 144
──制度	143, 146
見合い──	130, 143, 144
恋愛──	130, 143, 144
決死の世代	**120**, 121, 251
結社　→アソシエーション	
ゲマインシャフト	**18**, 149
権威主義	240
──的性格	**93**
──的パーソナリティ	101
『権威主義的パーソナリティ』	101
健康格差	247
言語行為	37
原　罪	98
現代社会論	236
権　力	77, 78, 136, **268**
──による統制	199
恋と革命	12, 13
孝	135, 136
──イデオロギー	136
行為遂行的発言	37
行為の意味解釈	26
公　害	69

郊　外	25, 150, 204
──社会	25
交換理論	124
公教育	134, 138, 158, **161**, 192
公共空間	33
公共圏	**153**, 273
工業社会	163
公共心	178
公共性	153
広　告	171, 209, 254-56
──代理店	208, 254
広告破壊　→アドバスティング	
公衆（public）	210
光州事件	185
工　場	158, 167
構造機能分析	15, **33**
構造主義	**34**
──的記号論	35
構造的因果律	34, **35**
構造的暴力	**185**, 186
構想と実行の分離	**167**, 169
講組結合	**193**
構築主義	35, 61
社会問題──	35
公的空間	86
公的扶助	221, 238, 242
公的領域	92
高度化した近代	146
高度経済成長（期）	111, 163, 215, 223
高度消費社会	215
合法的支配	54
合理化	88
合理性	**52**
合理的選択理論	55, 124
高齢化	118, 246
高齢者	246, 247, 252
──の恋愛	144
認知症──	250
高齢社会	236, 246, 247, 249, 251

五月革命　227
告　白　**78**
国　民　21, 22, 158, 208, 209, 240
　　――化　213
　　――国家　21, 112, 138, 158, **192**, 193, 208, 213, 217
　　――文化　112
『心のノート』　64
誇示的（顕示的）消費　**223**, 253
個人意識　20
個人化　1, **146**
個人情報　265, 266
個人的なことは政治的である　227
コスモポリタン　195, **213**
個　性　**48**, 49, 74
子育て　118
　　――期　219
国家総動員法　180
国家のイデオロギー装置　108, 109, **161**
国境をこえる移動　213
孤　独　14, **17**, 21, 87
子ども　160
　　――中心主義　162
『〈子供〉の誕生』　160
コーヒーハウス　208
コーホート　**120**, 122
コミュニケーション　199
　　――の二段の流れ　151
コミュニケーション的合理性　101, 230
コミュニタリアニズム　229
コミュニティ（共同体）　**19**
米騒動　95
コモンズ　257, 262
　　――の悲劇　257
雇用の柔軟性　172
孤　立　21, 200
　　――化　177, 178
ゴールドプラン　248
根源的暴力　249–51

コンフリクト（紛争）　168
コンフルエント・ラブ　**145**, 146
コンボイ　→道づれ

さ　行

差　異　48, 223, 254
　　――化　152, 216
再帰的近代　**146**
再呪術化　88
最低生活費　219
サイバースペース　194
再分配　270
細民（貧民）　79
サウンドバイト　**209**
盛り場　61, 150
作者の死　263
搾　取　**270**–73
サークル　67
サッチャー改革　62
『左派右派を超えて』　229
サパチスタ闘争　265
サービス残業　170, 223, 243
サブカルチャー　**59**, 114, **201**, 203
　　――研究　60
差別意識　177, 178
サボりの文化　**169**
左翼（左派）　226, 228
サラリーマン　102
　　――層　→新中間層
サロン　210
『ザ・ワーク・オブ・ネーションズ』　263
産業構造の転換　195
サンクション　→賞罰
産軍複合体　185
三種の神器　223
三世代同居　248
ジェンダー　46, 89, 114, 132, 150, 209, 240, 270
　　――規範　108, 132

検索エンジン

xvii

——研究　145
シカゴ学派　**19**, 59, 196, 200
時間－空間の圧縮　**194**
自己決定　227-29
自己言及性　199
自己実現　227, 258
自己責任　2, 51, 250, 273
自己責任論　51, 54
自己呈示　**44**, 84
自己物語　121-23
自己抑制　87
自己（イメージ）を買う　257, 258
事実判断　11
自　助　241
システム利用　175
思　想　**101**, 102, 113, 153
しつけ　**136**, 140
実験室とスタジオ　**262**, 264
実質合理性　55
実践感覚　130
シティズンシップ（市民的権利）　239, 242
私的所有制度　82
支　配　**54**
自発的結社　→ボランタリー・アソシエーション
渋　谷　202-04
資本家階級　→ブルジョアジー
資本主義　98, 158
　　——の精神　**98**, 100, **224**
　　近代——　253
シミュラークル　**208**
シミュレーション　207, 266
市　民　208, 242
　　——運動　67, 69
　　——社会　79, 86, 131
　　——社会的な規範　89
　　——的公共圏　208
　　——的公共性　210
社　縁　149

社　会　2, 18, **19**
　　——が発生する過程　196
　　——という拡がり　17, 20, 22, 236
　　——の危機　2
　　——の軍事化　185, 186
　　——の非軍事化　183, 185
　　拘束する——　20
　　スペクタクル——　**207**
　　生活世界が多元化した——　114
　　生成する——　19
社会意識　99
社会移動　**47**, 130, 143, **269**
　　——研究　269
社会運動　125, 153, 186, 196, 226, 228, 265
　　新しい——　67, **226**-29, **271**
　　ローカルな——　197, 217
社会化　**58**, 127, 158
　　——と個人　58
社会解体　200
社会科学　8, 11, 12
社会科学研究所　101
社会学　3-5, 8, 11, 20, 25, 29, 97, 218, 274
　　——の入門書　1, 3
　　——を学ぶ　14
社会学的想像力　15
『社会学的想像力』　15
『社会学的方法の規準』　20
『社会学の社会学』　1
社会過程　**19**
社会関係　27
社会関係資本　→ソーシャル・キャピタル
社会恐怖症　88
社会圏　48
　　——の交差　**48**, 103
社会権　239, 242
社会構造　**26**, 28, 62
社会国家　208
社会システム（論）　**52**-54
社会主義　226

社会地図	196	集　団	42, **52**
社会調査	**14**, 90	柔軟性	→フレキシビリティ
社会的カテゴリー	**44**, 46, 47, 49, 270	自由貿易協定	230
社会的距離	**200**	収容所	175, 178
社会的現実	31, 32	重要な他者	**58**, 59
社会的交換	124	儒教道徳	134, 136
社会的事実	**20**	宿命論	15, 28, 272, 273
社会的世界	**60**, 151, 201	主権権力	77
——の分化	194	手段的機能	127
社会的対話	243	出版メディア	208
社会的なもの	124	主　婦	25, 106, 151, 221, 225
——の消滅	124	趣　味	114, 150
社会的入院	248	準拠集団	**46**
社会的排除（排除）	107, 139, 173, **241**, 270	——論	29
-73		準恋愛	145, 146
——による社会の縮小	236	障害者	33, 37, 137, 227, 240, 242
正規の労働市場における女性の——	35	——と健常者	32
		——の社会参加	36
社会的分極化	165, 268	——を隔離する社会	34
社会不安障害	88	少子化	11, 118, **129**
社会変動論	36	上昇移動	160, 161
社会保険	238	情　緒	127
社会保障	168, **219**, 221, 238, 239, 243, 246, 250	象　徴	**110**, 152
		——的暴力	264
社会問題	20	——闘争	115
社会問題構築主義	35	承認の政治	228
弱者への暴力	93	少年少女の恋愛	143
社　交	**68**, 106	賞罰（サンクション）	**53**, 55
自　由	3, 272	消費社会	171, 236, 253-59
周縁人	→マージナル・マン	——のオルタナティブ	259
宗　教	59, 110, 113	——の高度化	48
——運動	265	——のよそ者	258, 259
——原理主義	197	消費による地位の提示	223
——講	193	消費文化	171, 254
従業員文化	170	上部構造と下部構造	35
集合的記憶	138	情報エリート	195
集合的沸騰	**107**	情報化	190
集合表象（集合意識）	**20**, 22	情報空間	195
終身雇用	62, 170	情報社会	171, 236, 261, 265
重層決定	**35**		

──のエリート　263, 264
情報テクノロジー（IT）　**194**, 195, 197, 215
情報の排他的占有　261
剰余価値　**270**
職業軍人　185
職住分離　150
職　人　167, 168
植民地　185
　──化　99
　──解放闘争　95
　──時代　27
　──支配　94, 95
　──主義　217
　──的無意識　**94**
女　性　108, 248, 270
　──の専業主婦志向　35
女性学　145
女性性　92
所有権　81
自　立　140, 236, **238**, 241 44, 246, 247
　──支援法　242
　──生活運動　36, 137
シングル単位　**133**
シングルマザー　133, 342
新興ブルジョア　67
『新時代の「日本的経営」』　172
人　種　114, 184
　──差別問題　226
　──的マイノリティ　→エスニック・マイノリティ
新自由主義　26, 62, 195, 214, 229-31, 236, 240, 246, **273**
心情のない享楽人　**100**
人　生　118, 120-22, 124, 125, 160
新世界秩序　182
深層演技　**84**, 85
身　体　74, 76, 79, 222
　──加工　115
　──の観念化　77, 78, 80

──の自己決定　81
──の自己所有　80-82
──を正常化する　78
怠ける──　82
ブルジョア的──　79
レスペクタブルな──　79
新中間層　131, 135, 138
人的資本　→ヒューマン・キャピタル
シンボリック・アナリスト　263
シンボリック・インタラクショニズム　61, 196
シンボル操作　263
親密圏　**49**, **148**, 153
親密な感情　131
心理（学）的な人間　87
水平社　96
スケープゴート　**162**
スターバックス　257
スティグマ（烙印）　91, 259
ステレオタイプ　**45**, 210
スピリチュアリティ　88
スペクタクル社会　**207**
スポーツ　80
性　愛　148
成果（達成的カテゴリー）　160
成果主義　164
生　活　190, 219
　──の時間　224
　──の底　220, 222, 223
生活改善運動　79, 82
生活クラブ生協　67
生活圏　150
生活構造　**219**, 220
　──の抵抗　220, 224
生活困窮フリーター　243
生活史研究　120
生活者ネットワーク運動　67
生活世界　8, **24**-28, 47, 58, 59, 91, 97, 114, 197, 211, 230, 251

xx

——が多元化した社会　114
　　——の再構築　28
　　——の植民地化　230
　　——の複数化　**47**
生活設計　220
生活保護　241
正規雇用　172, **270**
聖月曜日　79
生産社会　253, 256
生産の時間　224
政　治　190
　　アイデンティティの——　**227**
　　解放の——　**227**–29
　　承認の——　228
　　配分の——　228
　　——的権利　242
　　——的なものの道徳化　229
精神構造　→エートス
精神のない専門人　**100**
精神病院　174, 175
精神分析　**90**
生存権　239
性的フェティシズム　142
正統化　**112**
制度化　**32**, 36
制度家族から友愛家族へ　127
制度の物象化　36
聖なるもの　107
生の政治　→ライフ・ポリティクス
性別役割分業　57, **127**–29, 131, 135, **221**
　　——規範　222
　　新——　**128**, 129
　　新・新——　**130**
西洋－東洋　217
世界社会の「北」と「南」の構造　26
世界社会フォーラム　231
世界宗教　88
世界都市（グローバルシティ）　**195**, 217
世界貿易機関　→WTO
世界労働機構　→ILO
セカンド・シフト　**128**
セクシュアリティ　78, 132
セクショナリズム　65
世間並み　48, 49, 215, 223
世俗化　**59**
世俗内禁欲　**98**
積極的福祉（positive welfare）　241
セックス　141-43, 148
ゼノフォビア　**106**
セミラティス（網状交叉図式）　**66**
世　論　210
『世論』　210
専業主婦　28, 122, 128, 130, 135, 138, 162
　　女性の——志向　35
戦後思想　102, 103
戦後知識人　102
戦後民主主義批判　102
潜在パターンの維持ないし緊張処理　33
潜在パターンの機能　34
戦時社会　179
戦時動員体制　240
全制的施設　**174**, 175
戦　争　120, 180-86, 208
　　——体験　102
　　新しい——　182, 185
全体主義　101
選択縁　149
相互行為　21, **27**, 32, 52, 58, 61, 84, 86, 148
相互テクスト性　263
想像の共同体　**21**
『想像の共同体』　208
相対的剥奪論　29
総中流社会　111
　　——の崩壊　138
総動員戦　180
贈答関係　175
総力戦　180
疎　外　169

xxi

「族」→トライブ
即自的階級と対自的階級　**99**
属性主義　**160**
属性的カテゴリー　**46**, 160
ソサイエティ　→社会
組織　42, **52**-55
　　──・定住社会　150
　　──のリアリティ　51
組織人　53, 54, 57
ソーシャル・キャピタル（社会関係資本）
　　70, 71
ソシュール言語学　35
存在拘束性　**13**
存在論的安心　249, 250
存在論的安定　91
存在論的不安　88, **91**-94, 132, 211, 250
村落社会　193

た　行

第　次集団　**58**, 59
退　屈　259
対抗的な文化　120
対抗的な読み　209
第三空間　**150**
第三世界　230
第三の道　**229**
『第三の道』　229
大衆（マス）　253-55
　　──社会（論）　164
　　──消費社会　**48**, 171, 253
　　──の反逆　164
大正デモクラシー　95
退　職　122
対テロ戦争　183, 185
第二次的接触　**200**
大量消費　168, 253
大量生産　167, 168, 253, 255
　　──システム　167, 171
ダイレクトメール　265, 266

多元化社会　114
多元的リアリティ（多元化したリアリティ）
　　47, 59, 62
多国籍企業　185, 231
他　者
　　──と出会う仕掛け　14
　　──との差異　215
　　──による翻弄　13, 14
　　──への応答責任　251
　　──への共感　55
　　異質な──　2, 9, 20, 65, 158
　　面倒な──　10, 25
タックス・ヘイブン　230
脱産業化　165
脱熟練　168
脱呪術化　88
達成主義（業績主義）　**160**
達成的カテゴリー　**46**
旅　190, 213, 214
旅　人　214, 215, 217, 218
多品種少量生産と多品種変量生産　171
ダブル・コンティンジェンシー（二重の偶有性）　**32**, 53
ダブルバインド　**91**, 95
多文化主義　203, 227, 228
団塊の世代　**120**
単身者　133
単身赴任　170
男　性　225
　　──稼ぎ手モデル　240
　　──研究　145
　　──の家事時間　222
　　──本位社会　171
地　位　44, **52**, 55, 152
　　──と役割の分化　52
　　──を買う　223
地　域　190
地域主義　197
地域的共同性　197

小さな政府　195, 240
チェチェン戦争　184
チェルノブイリ原発事故　69
地縁　149
『地球の歩き方』　215
知識　**110**
知識人　101, **102**
知的財産　262
知的熟練　**170**, 173
地方人化　213
中央－地方関係　195
中核的労働者と周縁的労働者　270
忠孝　122, **134**
中心－半周辺－周辺　**27**
中範囲の理論　29
中流（ミドルクラス）　139, 269
中流意識　138
長時間労働　51
朝鮮戦争　181
徴兵制　145, 158, 180, 185
直系家族　**134**, 135, 139
地理的移動　213
賃金労働　221, 223
ツリー（樹状非交叉図式）　**65**
ディアスポラ　**215**
ディストピア（逆ユートピア）　**200**, 201
ディズニーランド　202, 216
ディーセント・ワーク　**243**
テイラーリズム（テイラー主義，科学的管理）　**167**, 169
テクノクラート　**161**
デジタル・ディバイド　71
データベース　**265**
データベース・マーケティング　265
鉄の檻　**100**
デマ　106
デュアルシティ化　**195**
テロ　183
天職　98, 100

転職　152
伝統　112, 113, 146, 184, 216, 217
──的支配　**54**
──文化　216, 217
　創られた──　113
同化と競争　162
動機　**25**, 26
討議（熟議）民主主義　230
道具的（合）理性　101, 230
統合失調症（分裂病）　91
当事者　133
蕩尽　80
同性愛　144
──者　26, 133, 176
闘争　19
同族結合　193
道徳的コミュニティ　229
『道徳の系譜』　94
透明化　177, 178
同類結合　201
都会の雑踏　21
時は金なり　82, 224
匿名性　199
都市　150, 190, 199, 200, 201, 203
──化　149, **194**, **200**
──空間　199, 202, 216
──社会　199
──的生活様式　**194**
──的なもの　204
──の異質性　201
──の死　**202**-04
──の定義　199
──のディズニーランド化　**202**
──の不安　200
都市社会学　200
トービン税　231
ドミナント・カルチャー　114
共働き　128
トライブ（族）　60, 203, 152

xxiii

トラウマ　113

◨　な　行

内戦　182, 183, 185
内発的発展論　69
ナショナリズム　114, 192, 240
ナショナル・アイデンティティ　197
ナショナルな同化　203
ナチス　175-77
名前の剝奪　174
難民　213
肉体労働　169
二次的逸脱　**125**
二重の偶有性　→ダブル・コンティンジェンシー
二世帯住宅　22
日米安全保障体制　186
2ちゃんねる　210
日経連（日本経営者団体連盟）　172
ニート　35, 139, 242
日本型福祉社会論　135, 248
日本的経営　**62**, **163**, 170, 171
　　──の見直し　172
日本人論　99
ニューエイジ　88, 227
ニューエコノミー　263
ニュース　206
人間生態学　196
認知症高齢者　250
ねずみ講　69
ネットカフェ　243
ネットワーキング　68
『ネットワーキング』　66, 70
ネットワーク　42, **52**, **65**-71, 151, 195, 199, 204, 232
　　インフォーマルな──　66, 68
　　援助──　**221**
年金　122-24, 238, 250
年功序列　62

年功賃金　170
年齢階梯性　**163**
能動的オーディエンス　209
農民層　136
能力　269
野宿者（ホームレス）　106, 107, 242
　　──への襲撃　107
ノスタルジー　46

◨　は　行

背後期待　92
排除　→社会的排除
ハイパーリアル（論）　**207**, 208, 211
ハイブリッドな（異種交配の）結合　201
配分の政治　228
バウハウス　48
派遣社員　172, 244
派遣労働（者）　172, 195
恥（スティグマ）　259
場所からの解放　192
場所からの（身体の）遊離　149, 192
場所の空間　**195**-97, **264**, 265
　　──への回帰　196
バックパッカー　215
パッシング　108, **111**
パート　172, 195
パノプティコン　**77**
ハビトゥス　76, 79, **111**, 112, 220
　　近代の──　222
パフォーマー　**47**, 49
『ハマータウンの野郎ども』　61
パラサイト　140
パラノイア的　211
パリ　216
ハワイ先住民　217
反アメリカ　217
反学校文化　**61**, 169
反官僚主義　229
パンク　114

反グローバリズム　214, 217
反　抗　169
反公害運動　69
晩婚化　118, **129**
反人種差別運動　228
反　戦　226
反戦運動　186
判断力喪失者　108
反福祉国家　240
ピアス　115
非婚化　118
被差別部落　95
非熟練労働者　169
非正規雇用　123, 172, 195, 258, **270**
非正規雇用化　172
非正規労働者　273
　　──の働きすぎ　173
被爆者　138
ヒューマン・キャピタル（人的資本）　70
ピューリタン　98
表出（的）機能　127, 131
表層演技　**84**, 85
平等化　193
平等主義　112, **160**, 161, 163, 165
貧　困　219, 220, 259, 272
　　──家庭一時扶助（TANF）　241
　　──線　**219**
　　──層　173, 185
　　新しい──層　195
貧民　→細民
ファシズム　105
ファッション　152
風景の反逆　218
夫　婦　118, 130, 131, 151
夫婦家族　**134**
フェア・トレード　259
フェミニズム　128, 129, 132, 226-28
フォーディズム（フォード主義）　**167**-69, 171, 240, 253

──的福祉国家　69, 122, 123, 128, **168**, 169, 239
ポスト──　123, **171**
複雑性の縮減　**54**
福　祉　238, 239, 246
　　──イデオロギー　240, 252
　　──から労働へ（welfare to work）　241
　　──の依存者　241
　　従来の──の終焉　241
　　積極的──　241
福祉国家　122, 181, 182, 208, 219, 226, 227, **238**-40, 242, 246, **270**
　　──体制　227
　　──の危機　240, 242
　　反──　240
福祉社会　236
物象化　**32**, 132
　　──された現実　32, 33
不払い労働　221
不平等　271
普遍主義　228
プライバシー　87, 174
プラグマティズム　**101**, 196
ブラック・パワー運動　227
フランクフルト学派　101
ブランド・イメージ　256
フリーター　123, 139, 150, 172, 195, 203, 244, 270, 273
　　生活困窮──　243
フリーライダー問題　55
ブルーカラー　**47**, 170
ブルジョア家族　138
ブルジョアジー（資本家階級）・ブルジョア階級　79, 136, **270**
ブルジョア市民社会　79
ブルジョア的規範　79
ブルジョア的身体　79
ブルセラ　138

フレキシビリティ（柔軟性）　**171**
　雇用の——　172
フレキシブルな労働形態　123
ブログ　261
『プロジェクトX』　170
プロテスタンティズム　88
『プロテスタンティズムの倫理と資本主義の精神』　98-100
プロトタイプ　**261**, 262
フロー（流れ）の空間　195, 196, **264**, 265
プロミネント　**177**
プロレタリアート　→労働者階級
文化　74, **110**-12, 153, 174
　——実践　114
　——戦争　227
　——帝国主義　**95**
　——的異質性　202, 203
　——的マイノリティ　195
　イデオロギーとしての——　112
　サボりの——　**169**
　対抗的な——　120
　烙印としての——　111
文化資本　112, 130, 140, **144**, 243
分　業　**18**
分　衆　254, 255
紛　争　→コンフリクト
平均初婚年齢　129
兵　士　180, 181, 185
平和学　185
ベーシック・インカム（基本所得）　272
べてるの家　251
ベトナム戦争　181, 226
ベトナムに平和を！　市民連合（べ平連）　186
ベトナム反戦運動　186, 227
ベバリッジ・プラン　239
包摂（inclusion）　241, 243, **271**
報　道　205-07
北米自由貿易協定　→NAFTA

保険統計学アプローチ　**267**
母子家庭　139, 241, 271
母子の愛情　137
ポストコロニアル　27
ポストフォーディズム　123, **171**
ポストモダニティ　48
ポストモダン　48, **104**, 108
　——状況　109
　——的世界　211
　——的な感性　210
　——的な人生観　124
『ポストモダンの条件』　104
母　性　136
ボランタリー・アクション　67
ボランタリー・アソシエーション（自発的結社）　67
ボランティア活動　223
ホロコースト　101
ホワイトカラー　**47**, 51, 162, 168, 170
　——・エグゼンプション法案　51
本家分家関係　193
本質意志　18
本質主義　114, **228**
本当の私　49, 273

ま　行

マイノリティ　92, 197, 215, 227, 228, 271
　——文化　203
　エスニック・——　47, 197, 227
　文化的——　195
マージナリティ　215
マージナル・マン（周縁人）　**47**, 49, **214**, 215
まじめ　→勤勉
マーシャル・プラン　182
マジョリティ　92, 270
マスメディア　108, 151, 192, 208-10
マニュアル信仰　55
マルクス主義　35

マルチ商法　69
マルチチュード（複数性）　**232**
見合い結婚　130, 143, 144
ミクシィ　196
未婚率　129
道づれ（コンボイ）　118, **121**, 123
緑の党　69
ミドルクラス　89, 140
　　——社会　139
水俣病　69
身　分　160, 192, 193, 269
　　——からの解放　149
見られていないかもしれない不安と見られているかもしれない不安　202
見る－見られる関係　45
民主主義　228
『〈民主〉と〈愛国〉』　102
民　族　21, 184
民族誌　→エスノグラフィー
民法改正　134
無意識　24, 74, **90**, 93, 95, 96
　　——の抵抗　129
　　植民地的——　**94**
無　縁　**150**
無償労働　223
無　尽　193
無のもの（ニヒツ）　100
無力化　**174**, 177, 178
明治民法　134
メディア・イベント　**207**
メディア環境　25, 190
メディア研究　209
メディア報道　206
メディア・リテラシー　**209**, 210
メリトクラシー　**161**, 269
メール　261
面倒な他者　10, 25
目標達成　33, 34
モダニズム　48

モダニティ　48
モダン　48
モッズ　115
持つ者と持たざる者　27, 94, 197, 268, 270, 271
もてる人／もてない人　144
物　語　74, 104-08, 122, 163, 210, 225, 256
　　——の構造分析　263
　　イデオロギーから——へ　104
　　大きな——　**104**, 108
　　家族の愛情という——　137
　　小さな——　104, 108
桃太郎　107
モラル・パニック論　35

や　行

役　割　**44**, 45, **52**, 55, 132
　　——規範　**53**
　　——分業　222
役割人間　120
やらせ　**205**, 206
ユ　イ　193
有閑階級　**222**
『有閑階級の理論』　222
有機的連帯　**18**, 21
友　人　118, 148, 149, 152, 221
　　——関係　150, 204
有名性　**268**
ユーゴ紛争　184, 208
輸出加工特区　230
ユダヤ人　101, 176, 215
揺りかごから墓場まで　239
要扶養児童家庭扶助（AFDC）　241
予期的社会化　**46**
予期の予期　54
抑　圧　91
　　——の移譲　**93**, 95
予言の自己成就　**36**
他所者　**214**, 215

欲求段階　219
弱い紐帯　152
40年体制　181

ら 行

ライト・ノベルズ　263
ライフコース　**120**–23
　——の脱制度化　123
　制度化・標準化された——　122
　フレキシブルな——　**123**
ライフサイクル　219
ライフスタイル　152, 153, 229, 254, 258, 264
　——の飛び地　153
ライフヒストリー　103, **120**, 121
ライフ・ポリティクス（生の政治）　**227**–29
烙印　→スティグマ
烙印としての文化　111
ラディカル・デモクラシー　186, **228**
ラブ・ストーリー　142, 144
ラベリング理論　35, **45**, 125
リアリティの多元化　48
利益社会　→ゲゼルシャフト
リクレイム・ザ・ストリート　231
離婚　220
リスク　146, 250, 267
　——管理　267
　——社会　250
　——集団　267
立身出世　122
リナックス　257
流言　37, **105**
流行　20, 152
リーン生産様式　171
倫理的コミットメント　55
ルサンチマン　94, 122
ルーティン　32, **92**
ルンペン・プロレタリアート　79

レイシズム　114
冷戦　181, 182, 186, 226
　——終結　182
レイプ文化　231
歴史　121, 138, 184
レゲエ　114
レズビアン　227
恋愛　87, 118, 141, 142, 144, 148
　——の全域化　143, 144
　——の欲望　141, 143
　——への欲望　142
　高齢者の——　144
　少年少女の——　143
恋愛結婚　130, 143, 144
老後　122
労使間の妥協と協調　239
労使協調　170
労使の妥協　168
老人　246, 247
労働　239
　——意欲　173
　——からの疎外　**168**
　——による自立　241
　——による絶滅　176
　——の細分化　167
　——の単純化　167
　感情——　**85**, 136
　長時間——　51
　賃金——　221, 223
　福祉から——へ　241
　フレキシブルな——形態　123
　無償——　223
労働運動　227
労働組合　56, 239, 270
労働者階級（プロレタリアート）　**61**, 89, 164, 169, **270**, 272
　——の無遠慮さ　89
　——の若者たち　62
労働者派遣法　172

労働者文化　79, 170
老齢期　219
ローカルな（社会）運動　197, 217
68年　226, 229
ロマンティスト　142, 146
ロマンティック・ラブ　146
ロマンティック・ラブ・イデオロギー
　　142, 144, 145

わ　行

ワイドショー　25, 151, 207
若者たちの島宇宙　26
若者バッシング　94
ワーキング・プア　139, 243, 258
ワークフェア　**241**, 242, 272
私らしい私　48, 49, 273
私らしさ　215
　　――を買う　216
ワールド・トレード・センター　24, 183
湾岸戦争　208

検索エンジン【人名】

あ 行

アイゼンハワー（D. D. Eisenhower） 185
アドルノ（T. W. Adorno） 101
天田城介 249
天野正子 67
網野善彦 150
新井克弥 215
アリエス（P. Aries） 160
有賀喜左衛門 193
有吉佐和子 248
アルヴァックス（M. Halbwachs） 138
アルチュセール（L. Althusser） 34, 36, 108
アンダーソン（B. Anderson） 208
石川真澄 205
石原慎太郎 108
石母田正 102
磯村英一 149
ウィリス（P. Willis） 61, 169
上野千鶴子 131, 149
ウェーバー（M. Weber） 11, 25, 26, 52, 54, 55, 88, 98, 99, 264
ヴェブレン（T. B. Veblen） 222, 253
ウォーラーステイン（I. Wallerstein） 27
江藤淳 102
エリアス（N. Elias） 80, 86, 89
エリクソン（E. H. Erikson） 44
エンゲル（E. Engel） 219
大塚英志 104, 263
小笠原祐子 60
小熊英二 102, 103
小倉敏彦 131
小此木啓吾 135

オルテガ・イ・ガセット（J. Ortega y Gasset） 164
オルブロウ（M. Albrow） 1
オルポート（G. W. Allport） 105

か 行

カイヨワ（R. Caillois） 80
カステル（M. Castells） 195, 263-65
カッツ（E. Katz） 151
金子郁容 68
ガーフィンケル（H. Garfinkel） 92, 108
加茂利男 217
香山リカ 139
柄谷行人 87
苅谷剛彦 165
カルドー（M. Kaldor） 183
姜尚中 217
北田暁大 202, 210
ギデンズ（A. Giddens） 145, 227, 229
ギトリン（T. Gitlin） 228
木村伊兵衛 221
久木元真吾 273
楠木ぽとす 219, 221
クライン（N. Klein） 259
グラノヴェター（M. S. Granovetter） 152
クーリー（C. H. Cooley） 58
クリステヴァ（J. Kristeva） 263
クリントン（B. Clinton） 241, 263
小泉純一郎 108
ゴッフマン（E. Goffman） 84, 86, 174, 175, 178
小森陽一 94

さ 行

佐江衆一　248
堺利彦　95
サダム・フセイン（Saddam Hussein）　183
サッチャー（M. Thatcher）　240
佐藤慶幸　67
ジェイムソン（F. Jameson）　211
シブタニ（T. Shibutani）　60
シュッツ（A. Schütz）　214
ジュネ（J. Genet）　126
昭和天皇　113
ジンメル（G. Simmel）　21, 48, 68, 103
スタンプス（J. Stamps）　66
セネット（R. Sennett）　123, 200
セン（A. Sen）　55
ソシュール（F. de Saussure）　34

た 行

高田保馬　27
竹内洋　122
竹内好　102
太宰治　13
チャップリン（C. Chaplin）　80, 167, 168
鶴見俊輔　102, 137, 225
テイラー（F. Taylor）　167
デュルケーム（E. Durkheim）　18, 20, 21, 107
テンニース（F. Tönnies）　18
ドゥボール（G. Debord）　207
土岐善麿　224
トクヴィル（A. de Tocqueville）　67
ドンズロ（J. Donzelot）　136

な 行

内藤朝雄　93
中井久夫　177
中川清　220
中野卓　121
夏目漱石　131
ニーチェ（F. W. Nietzsche）　94
ネグリ（A. Negri）　232

は 行

バウマン（Z. Bauman）　259
パーク（R. E. Park）　19, 196, 201, 214
バージェス（E. W. Burgess）　127
パーソンズ（T. Parsons）　15, 33, 36, 52, 53, 108, 127
バタイユ（G. Bataille）　80
パットナム（R. D. Putnam）　70
ハーディン（G. Hardin）　257
ハート（M. Hardt）　232
バトラー（J. Butler）　228
ハーバーマス（J. Habermas）　101, 208, 210, 230
バルト（R. Barthes）　263
ビン・ラディン（Usāma bin Lādin）　183
ブーアスティン（D. Boorstin）　206
ファノン（F. Fanon）　94, 95
フィッシャー（C. Fischer）　149, 150, 201
フォード（H. Ford）　167
フーコー（M. Foucault）　35, 77, 78
フランクリン（B. Franklin）　79, 224
ブルデュー（P. Bourdieu）　1, 111, 112, 114, 130, 220, 264
ブルーマー（H. G. Blumer）　61
ブレア（T. Blair）　229, 241
フレイザー（N. Fraser）　228
フロイト（S. Freud）　90, 91
フロム（E. Fromm）　93
ベイトソン（G. Bateson）　91
ヘブディジ（D. Hebdige）　115
ベラー（R. Bellah）　153
ベンサム（J. Bentham）　77
辺見庸　218

xxxi

ボガード（W. Bogard）　266
ホックシールド（A. R. Hockschild）　84,
　85, 88, 128, 136
ボット（E. Bott）　151
ボードリヤール（J. Baudrillard）　207,
　208
ホブズボーム（E. Hobsbawm）　112, 113
ポリトコフスカヤ（A. Politkovskaya）
　184
ホール（S. Hall）　209
ホルクハイマー（M. Horkheimer）　101
本田由紀　173

ま 行

マクルーハン（M. McLuhan）　261
正高信男　162
マーシャル（T. H. Marshall）　242
松浦理英子　141, 145
マートン（R. K. Merton）　29, 36
マルクス（K. Marx）　99, 270
マルクーゼ（H. Marcuse）　101
丸山真男　93, 95, 102
マンハイム（K. Mannheim）　13
道場親信　186
ミード（G. H. Mead）　58, 101, 196
宮台真司　25, 137
ミルズ（C. W. Mills）　15
ミロシェヴィッチ（S. Milošević）　208
ムフ（C. Mouffe）　228
森岡清美　120
森田洋司　162

や 行

山下晋司　216

山中速人　217
山之内靖　240
ヤング（J. Young）　267
湯浅誠　243
吉田純　199
吉見俊哉　202
吉本隆明　102
米山俊直　149

ら 行

ライアン（D. Lyon）　265
ライシュ（R. Reich）　263
ラウントリー（B. S. Rowntree）　219
ラクラウ（E. Laclau）　228
ラザースフェルド（P. F. Lazarsfeld）
　15, 151
ラッシュ（C. Lasch）　164
ラッシュ（S. Lash）　262, 264
リオタール（J-F. Lyotard）　104
リップナック（J. Lipnack）　66, 70
リップマン（W. Lippmann）　210
ル・コルビュジエ（C-E. J. Le Corbusier）
　48
ルーマン（N. Luhman）　53
レイン（R. D. Laing）　91
レーガン（R. Reagan）　240
レマルク（E. M. Remarque）　180
ロストウ（W. W. Rostow）　36
ロック（J. Locke）　81

わ 行

鷲田清一　76, 81
ワース（L. Wirth）　21, 200

unit 0

社会学への招待

　社会学者に一つの役割があるとすれば，それは教えを垂れることよりも武器を与えることでしょう。　　　　　　　　　　——P. ブルデュー（『社会学の社会学』）
　もしあなたが社会を批判せずに現状のままにしておきたいのなら，社会学をやめさせなければならない。　　　　　　　——M. オルブロウ（『グローバル時代の社会学』）

　この本は，社会学の入門書だ。だが，「社会学」が扱う「社会」とは何なのか。そして，そもそも「社会学」の「入門書」とは何なのか。
　なるほど，社会は，経済や政治や法律や自然環境のようには，対象化しにくくイメージしづらいものかもしれない。経済学者が「経済って何ですか」と問われるよりも，社会学者が「社会って何ですか」と聞かれることのほうが間違いなく多いはずだ。もちろん，だからといって，経済学における経済の定義がそれほど一般に知れ渡っているとは思えないのだが。要するに，多くの人々にとっては，社会というものがとらえどころのないものとして感覚されているようなのである。
　「社会が見えない」その最大の理由は，社会が縁遠いものであるからではない。そうではなくて，逆に，あまりにも私たちがそこにどっぷりとつかってしまっているので，観察や批評ができるほどの距離が取りにくいからである。もうひとつ，もう少し現代的な理由をあげれば，私たちの関心があまりにも個人化（→unit ⑱）されてしまっていて，他者のことなどもうどうでもよくなっているのかもしれないということもある。それでも，その「見えない」「関心をもてない」その社会に，私たちは組み入れられている。
　社会への感覚の出発点となるのは，他者と関係づけられていることへの気づ

きである。
　当たり前のように毎日買い物をして口に何かを入れている行為は，原材料をつくり，加工をし，運び，売る人々の営みのグローバルな連鎖によって成立している。あるいは，街を歩くということは，それなりに大人しく振る舞える人々がそこにいるという想定ゆえに，命がけの冒険ではない。自覚の有無にかかわらず，人が，異質な他者との関係の輪に入り，生存と存在を獲得していくフィールド。それが社会だ。
　なるほど，今日，製造者への消費者の信頼は揺らいでいるし，犯罪の発生件数が低水準である一方で不安はインフレ気味に膨らんでいる。あるいは，自分の居場所を社会の中に見いだせない若者が多くなったという指摘もある。それに連なる問題として，安定した仕事が得られず希望をもてない人々がいる。そしてそのような人たちには「自己責任」だから放っておけとの声が差し向けられてもいる。今ここに並べた現象は，他者との共存を可能にする社会という拡がりの，今日的な危機を表すものであるだろう。そして，そのような社会の危機によって翻弄されている私たちの姿は，私たちが社会なるものによってがっちりと捕捉されていることを示すものだ。
　しかし，そうはいっても，やはり社会は見えにくい。だから，社会学は，社会と人との癒着点にぐいっとバールを差し込んで，てこの原理で社会と人との間にあえて距離をつくりだそうとする。そうすることで，ようやく社会は，人にとって観察や分析の対象になるというわけだ。
　社会学では，「空気を読む」ことが求められているのではなく，「空気を読む」人々を観察しその人々がなぜ「空気」に従うのかを明らかにすることが求められる。「空気を読む」には，多くの人が「空気」を共有できるほどに均質化された集合体が前提になり，そのような均質性を生みだすメカニズムが存在しなければならない。「空気」の存在を確認し合えるような，コミュニケーションのパターンも共有されねばならない。そして，「空気」から離脱するよりも，融け込んだほうがいいという計算が成立しなければならない――その計算が妥当なものかはどうあれ。また，ひとつの「空気」によって支配された集合体は，「空気が読めない」人々を非難し嘲笑をあびせかける制裁の仕組みを発達させることによって，「空気」を維持するようにもなるだろう。そのような

見えない作用の効果として,「空気を読む」人々は現象している。社会学は,私たちの振る舞いや「心」に作用している社会的な力を,命題として論理として暴きだそうとする試みである。きっと「空気」は読めたほうがいい。だが,そこから距離をおいて,それに従うべきかどうかを決定できる自由はあるべきだ。社会学的に考えるということは,それが社会学の目的ではないのだけれど,結果的にそのような自由の余地を押し拡げる効果があるかもしれない。

だが,なぜそんなことをわざわざやらなければならないのか。「『空気を読む』社会を読む」地点よりも,「空気を読む」ところに漂っていたほうがやはり楽ではないか。そういわれれば,きっとそうでしょうというよりほかない。誰もが社会学をやらなければならない,などということはないのだ。

入門書の役割は,営業用のつくり笑いで「誰でもどうぞ」と勧誘することではない。多分,社会学を,そして社会学の入門書をお勧めできる人はというと,社会だとか社会学といった言葉に「何となく」惹かれてしまった体験をもつ人ではないかと思う。「何となく」社会学の授業を選択する,「何となく」社会学の本を書店で手に取る,その「何となく」なされる行為の奥底にあるものは何なのか。言葉として心の中に定着しておらず,そうであるから,機を逸すれば吹き飛んでしまうかもしれない社会への指向。そのようなものは確かにあると思う。社会学者自身がそのことの重要性についてどれほど自覚的かはあやしいけれど,社会学の入門書とは,そのふわふわとあるものに言葉を与えていくものにしなくてはならない。

最近の大学関係者の間では,大学を企業組織になぞらえカリキュラムを商品のように位置づける見方が流行している。そのような見方からすれば,その商品を購入することによって何が得られるのかが明示されなければならないことになる。同様に,今日では,社会学の入門書についても,その効果についての情報開示が期待されているのかもしれない。しかし,そのことについて安易な約束は正直したくない。社会学は,そもそも「1週間で3キロ痩せられる」だとか「運勢のパワーが増してパチスロで30万円儲けた」などといった類の効用を並べることができない。なぜならば,社会学を学ぶということは,人が成長する,変化するということに関わる営みであるからである(「3キロ痩せた」「運勢のパワーが増した」ことを成長とみなすには特別な解釈が必要である)。人は,

社会のいっそうの拡がりを見いだしながら，そこに自分を投げ入れ直して膨らみをつけていく。もちろん，社会科学の一領域である社会学の仕事は，いかなる条件がいかなる行為を導くのかを明らかにしていくことにすぎない（→unit ①）。だが，それは，言い換えれば，条件が変わることによって別の生，別の社会もありうることを明らかにすることでもある。仕方がないと思われていることは，実はそうではないのだ。そのような視点をもつ社会学がある人の成長過程に――それは死ぬまで続くものだ――どういうわけか絡んだとき，社会学はその人の成長に関わる何らかの要素をきっと付け加えることができるだろう。ただ，それぞれの人生には異なる始まりと異なる脈絡があって成長のあり方が多様であるだけ，社会学の有用性をわかりやすく一言でいうことなどできないのだ。

　本書が不親切であるのは，効用をわかりやすく提示しないことばかりではない。この本は，写真や図表も少ないし，マンガを引いてくだけたところを見せているわけでもない。何より文章も小難しさを残したままである。近年の社会学テキストにおいて取り組まれてきた「読者への配慮」については，不足しているほうに属するかもしれない。要するに，われわれには読者に対する媚態が欠如している。

　むしろ，逆に，われわれは，挑発含みの地雷を文章のあちこちに仕込むことに努力した。わかりやすくすることは大切であるが，そのことと「優しい」こととは違うのだ。優しげな体裁では，社会学がもつバールを突っ込むような暴力性を伝えることはできない。われわれは，古典的な理論や概念をできるだけ多く紹介しつつ，例を工夫し理解しやすくすることにこだわりながら，社会学がもっている毒をも含め社会学を提示しようとした。全体としてエッセイ調に流れてしまっている気もするが，伝えるべきことを伝えるにふさわしい文体を模索した結果そうなってしまったと理解していただきたい。結局のところ，大きな力から身を守る武器になるのは言葉である。そして，武器がなければ，愛する人々を守ることもできない。武器を手渡そうとするときに，笑顔は似つかわしくないのだ。

　また，この本は，「身近なこと」に焦点をあてて，読者にとっての親しみを喚起する構成にはなっていない（家族，学校，地域，職場と並べていけば親しみを

感じてもらえるなどという発想が見え隠れする入門書の認識には疑問がある。この本もまたそのような定型から自由になりきれていないのだが)。例示においては身近さも追求したが，本の全体像を考えるにあたっては，多くの読者にとって縁遠く見えているだろうことをも含めわれわれが考える現代社会のかたちを優先した。「収容所」や「戦争」などといったトピックを，読者にとっての親しみやすさに合わせて切り捨てることはしなかったということだ。もっと積極的にこのことの意味を強調すると，親しみがもてないトピックがそれぞれの読者の世界に挿入されることによって，親しげにある日常風景がこれまでとは違ったものに見えてしまう，そうした効果が読者に及ぶことをわれわれは狙った。しかし，それにしても，「収容所」や「戦争」は，本当に読者にとって遠いものなのだろうか。学校や職場やときには家族のような場所が，「収容所」のような息苦しい閉鎖空間になっていないとは限らない。あるいは，遠くの「戦争」と身近な地域における社会不安との関連がないとは今日では言い難い。

　もちろん，読者1人ひとりの「身近なこと」がくだらなく，テレビや新聞のなかの世界がおもしろいなどということは絶対にない。本書のなかでは，われわれが出会ってきた学生たちから聞いた言葉をわれわれなりに掘り下げてみた話をところどころに盛り込んでいる。書かれなかったことをも含め学生たちのそうした言葉は，社会のあるいは人間の秘密を解き明かす糸口を含むものだった。社会学は，私たちの平凡な日常を掘削し，地盤の下にあるものを暴く道具である。「身近なこと」がもつ深さ広さを，社会学を学ぶことを通して感じ取っていただければそれが一番うれしい。

第**1**章

社会が姿を現す

1 言　　葉
2 社　　会
3 社 会 学
4 社会学の論理

第 1 章 社会が姿を現す

この章の位置づけ

　私たちは，現実に合わせて見事につくられている。現実に不適合な存在であるかのように見える犯罪者でさえ，安全地帯から一方的に攻撃を加えることができ，「道徳的な私たち」を再確認することができる消費財として，求められているとさえいえるのだ。

　現実によって鋳造されたこの「私」は，現実に埋没した言葉をしか吐けないのか。いやそうではない。社会学をつくった人々は，身をよじるようにして現実から距離をとって社会を対象化し，現実を見通す方法を整えようとしてきた（もちろん，このことは社会学者だけがやってきたことではないし，社会学者にも「身をよじる」ことからは無縁なコンピュータ・エンジニア型の人もいる）。ややもすれば閉じられてしまう自分たちの世界に，容易に身内化できない他者というくさびをあえて打ち込んで，あてがわれた世界をこえる他者をも含んだ社会という拡がりについて言葉を生みだそうとしてきたのである（→unit ①，②）。たとえば，社会調査は，そのためにとられる方法の1つである。

　社会学は，社会科学の一分野として発達してきたし，社会科学の言葉のモデルは自然科学に由来するから，ある社会現象を何らかの原因の結果としてとらえようとする。unit ③で述べるように，社会学は，ある人々の行為や意識・無意識を，それが形成されたその人々の生活世界へ，さらにはそのような生活世界の背景をなす社会の構造へと因果の連鎖を辿っていこうとする。異なる次元にあるものを関連づけながら，原因を（多くの場合原因はひとつではない）探り当てようとするこの構えは，社会学における基本的な態度であるといえる。

　しかしながら，社会はそう単純なものではない。unit ④で述べるように，因果関係が循環し「卵が先か鶏が先か」といった風の結論に至ることもままあるのだ。現実が人をつくり人が現実を補強するという循環である。多分，社会なるものを言葉にしようとする場合，そのような出口のない事態はそのままに記述されなければならない。それでも，その記述という作業

によって，社会への認識は豊富化されるのだし，循環それ自体を対象化することができるようになるかもしれない。

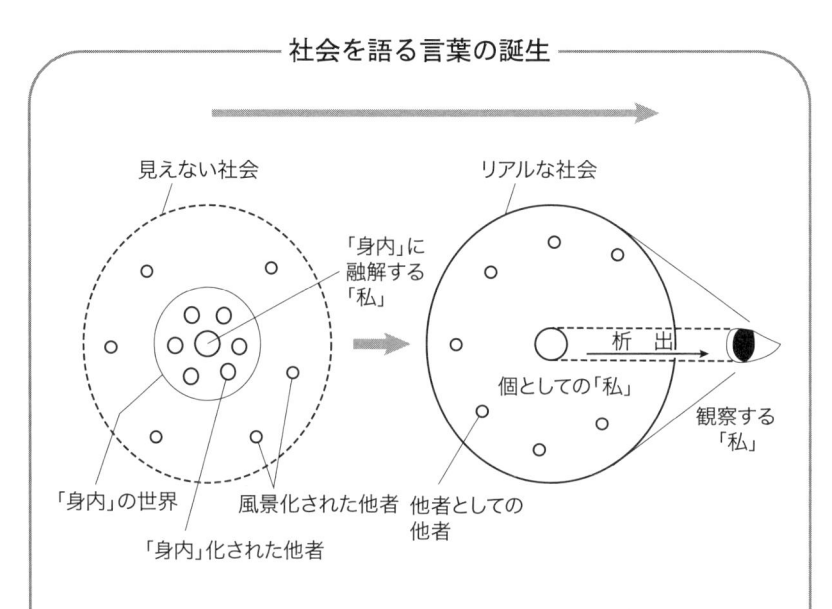

社会を語る言葉の誕生

見えない社会 → リアルな社会

- 「身内」の世界
- 風景化された他者
- 「身内」化された他者
- 「身内」に融解する「私」
- 個としての「私」
- 他者としての他者
- 析出
- 観察する「私」

すべてを知っているはずの「身内」が「私」とは異質な他者として立ち現れたとき，あるいは，異質な他者が「私」の世界に侵入してきたとき。それは，社会を語る言葉が生まれる契機ともなりうる。

unit 1

言葉

個を支える言葉

　学校のトイレで泣く，自分の部屋の壁を拳骨で突く，そんな風にして人知れず紛らわされてきた悔しさや憤りは，いったいどこへ行ってしまったのだろうか。それらは「なかったこと」であるのだろうか。飲み込まれた感情が鎮められていった一方で，悔しい思いを強いた現実は反復され続けているようにも見える。私たちは，こせこせとやり過ごすことでしか現実に対処できないのだろうか。

　本当のところ，私たちは，自分が否定されたという感情をそのまま荒々しい声や暴力に転換して，嫌な連中にぶつけることもできるのだ。しかし，そうしたところで現実を変えられる見込みはあまりない。怒りを爆発させたその人は，異様な存在としてからかいの標的となり，憎むべき人々をかえって盛り上がらせることだろう。不愉快な現実はますます強固なものになるばかりだ。

　そうであるから，多くの賢い人々は，現実なるものの変えようのなさをとっくに見切って，自己の保存に日々努めている。面倒な他者をうまく避け，悔しさや憤りを感じずにすむ場所に身を寄せて。しかし，葛藤が見えないその場所をひとたび離れれば，世間知らずのやわな自分がただひとつあるのみだ。現実というやつは，実に見事な腕力でもって，抗う術を知らないその人を使い捨て部品へと速やかに規格化してしまうことだろう。

　現実なるものについて，感覚的反応をこえた思考をあえてめぐらすことは難しい。その人が棲まう現実の大部分は，多くの場合，当人にとっては疑う余地がないほどに「当たり前」のこととしてあり，わざわざ言葉にするものにはならないからである。あるいは，たとえ疑問が生じたとしても，「当たり前」の

ことへと祭り上げられた現実は、「当たり前」であることを疑う言葉をまで用意してくれないのだ。それでも、そのとらえどころのない現実を言葉にして言い表すことができれば、悔しさや憤りの根っこを見いだすことはできるし、どこにどう手を加えるべきかを論じることが可能になるかもしれない。少なくとも、そのような部品らしからぬ過剰な言葉を抱えた人は、その言葉によって現実に埋没しきらない個である。

価値自由

　しかし、それにしても、現実に埋没することなく現実の把握へと向かう言葉は、どのようにすれば可能になるというのだろうか。ここでは、まず、M. ウェーバーが社会科学の原則とした**価値自由**について述べてみたい。ウェーバーは、価値判断（善悪の判定、好き嫌いの表明、美醜などの評価）と事実判断（何が事実なのかについての判断）とを峻別し、社会学を含む社会科学は事実判断をこそ仕事とするべきとする。だが、そうはいっても、どのような認識においても、価値判断を完全に除去することなどできない。それゆえに、ウェーバーは、事実判断を行う「私」がまず自身が捕らわれている価値を知りその価値がどこに根をもつものなのかを知ることを求める。そうすることで、認識における「価値からの自由」もようやく可能になるというのである（ヴェーバー 1998）。自由であるためには、そもそも何から自由であるべきかを知る必要があるのだ。

　たとえば、進学校の常識においては、学歴のない人生が徹底的に否認されることによって、大学に行くことが「当たり前」のものになっている。価値自由の原則は、そのような社会認識が広大な盲域をもつものであることへの気づきをまず求めるだろう（少子化によって全入時代を迎えたといっても大学にまで進学するのはまだ半分程度である。より上の年齢層をも含めれば大卒ははっきりと社会の少数派になる）。「当たり前」のことには、常に「誰にとっての」という限定がつくのだ。もし、大学への進学が「当たり前」のこととは言い難いことに気づくことができれば、けっして「当たり前」のことではないそのことが自分たちに限って実現した理由についてようやく問うこともできる。

　それでも、「何となく」大学に入ったという大学生が、「なぜ私は大学に進学したのか」を説明することはやはり難しいだろう。それほどまでに「当たり

前」は強力だからだ。だが，価値自由の原則は，その人にとっての「当たり前」をこそ対象化せよとあくまでもいう。そこで，次のように考えてみることにしよう。「当たり前」というその感覚は，周到かつ念入りに整えられたメカニズムによってもたらされている。そのようなメカニズムによって，「何となく」進学する大学生もつくられる。では，そのメカニズムとはどのようなものなのか。高学歴の親からいつの間にか受けた刻印，進学へと仕向けさせた学校の効果，大学進学が一般的であった地域社会の影響，「何となく」進学を選ぶ仲間たちへの同調，あるいはマスメディアを通じての特定の価値の浸透，そうしたもののいくつかによって，「私」の感覚はかたちを決められてきたのではないだろうか。こう考えてみることによって，私たちは，私たちにとっての「当たり前」の世界に小さな穴をあけることができる。学校生活をめぐる社会学的な事実認識においては，それと並行して，こうした自己分析的な事実認識が伴われるべきなのだ。そうすることで，自身が陥りがちな「偏見」を予期して，冷静な事実判断も可能になる。それが，価値自由に基づく事実認識なのだ。

　さらに，「当たり前」をうがつ問いは，なぜそもそもこの社会において学校へ行くことが自明視されるようになったのか（貴重な働き手である子どもを学校に取られることに抵抗がなかったはずはない），なぜより高い学歴をもつことが社会的な威信の高さを示すものになったのか（「士農工商」の順位と現代の序列とでは明らかにその原理が違っている）など，この社会の成り立ちをめぐる根源的な問いへと接続されていくかもしれない（→unit ⑳）。「当たり前」からの解放は，尽きることのない「なぜ」を触発するものなのだ。

　「なぜそうなるのか」という問いは，現実を揺さぶる不穏なものである（バーガー 1995）。そうした問いは，すべての現象にはそうなる理由があるという前提に立つものだ。ということは，理由に当たる部分が変われば，どんなに強固な現実もそうではなくなってしまうということである。現実に埋没しきらない個としての言葉は，その問いにおいて発生する。

恋と革命

　それでも，価値自由をわざわざ原則化しなければならないところに，社会科学の自然科学にはない困難が現れているとはいえる。社会科学の認識対象は，

「私（たち）」なのだ。「私（たち）」が「私（たち）」自身について認識しようとするとき、どうしても「私（たち）」の利害・価値観や逃避的心情に捕らわれて、「私（たち）」を都合よく正当化するものになりがちだ。「真理」や「定説」として語られる権威づけられた言葉も、その言葉の担い手の利害関係や生活歴によって束縛されているのが常である。軍需産業の資金援助によって当選した大統領が「戦争は避けられない」と言い続けねばならなかったり、世知に疎い優等生たちが「いまや貧困など存在しない」などと簡単にいってのけたりしたのも、そのためだった。もっともらしい言葉であればあるほど、その言葉を吐いた人に対し、「おまえは何者だ」という問いが差し向けられるべきなのだ。抽象的な論理や数字によって武装された言葉であってもそれは同じである。K.マンハイムは、言葉がその言葉を発する人の社会的位置に規定されることを**存在拘束性**と呼んだ（マンハイム 1971）。価値自由は「意識」すればできるような生易しいものではない。人はそれほど強くはないし、なにせその「意識」が存在拘束性を免れないのである。

存在拘束性から自由な言葉について、社会学とは無縁の場所で考え続けた小説家に太宰治がいる。彼は、自己正当化をこえる言葉を求め、のたうち回った。このくだらない社会につくられたくだらない人が何をいっても、そのくだらない社会と人を遠まわしに正当化する言葉、言い訳しか吐けない。彼は新しい社会と新しい人を求め古い社会と古い人を嫌悪したが、古い社会によって造形された古い人にどうやって新しい人としての新しい言葉が吐けるというのか（誤解を避けるために述べておくが、「若い」ということと「新しい」ということは同義ではない）。太宰は、新しい人たりえず挫折して滅びていく人を繰り返し描いた。だが、太宰が何とか手探りした出口を、たとえば『斜陽』（1948年）における「人は恋と革命のために生まれてくるのです」という女性主人公が述べるテーゼに見いだしてみたい（太宰 1950）。今日では「恋」ではなく「愛」という日本語が生ぬるい意味を与えられて選ばれがちだが（そして、そのこともまた解明されるべき謎であるが）、ここは絶対に「恋」でなければならない。恋とは他者に惚れ込み他者に翻弄されることである。手の内に入れることができない他者に振り回されそれでも他者にしがみつくことによって、ようやく「当たり前」の現実に埋没していた「私」は新しい世界へと移行することができる。それこ

そが，太宰のいう革命であった。

🔲 他者と出会う仕掛け

社会学も，「価値からの自由」のために他者と出会い他者に翻弄される方法を接ぎ木して，「客観」へと向かおうとしてきた。

たとえば，社会学において重視される**社会調査**という仕掛けは，そうした方法のうちもっとも重要なものということができる。調査とは，愛であれ憎しみであれ関心を寄せた他者と，一定の手続きを踏まえて出会い知ろうとする行為である。あえて日常的に出会う出会い方とは違うやり方で他者と出会い，他者との間に新しい関係性をつくりだして新しい言葉を生産しようとするのである。さらに，調べることに引き続いての，書くということにおいては，いっそう複雑な他者による翻弄が待ち受けている。そこでは，調査で出会う他者に加え，読み手という他者が加わる。単に代弁者になるでもなくまた読み手に媚びるでもない場所での書くという行為は，人を孤独（→unit ②，重要ポイント②）にし個を現実から浮かび上がらせる大切な機会となる。

もちろん，社会調査だけが他者と出会う方法なのではない。読書が他者（書き手や登場人物）と対峙する重要な契機となってきたことはいうまでもないし，ほかにも，雑踏のなかでなじみのない他者の語る言葉に耳を澄ましたり，気の合う仲間たちが聴かない音楽を聴き見ない映画を見たり，社会学を学ぶにあたってそんなことを心がけてみるのもいいかもしれない。

残念ながら，言葉は，後天的な獲得物である。天から降ってくるものではないし，はじめから身体に内蔵されているものでもない。自分が埋没する現実にあえて切り込もうとするならば，「当たり前」の世界の外側にこそ「当たり前」を語る言葉があると考えてみるべきなのだ。他者とは，そのような言葉を調達する回路である。面倒な他者を避けることで自己を保存しようと努めてきた人々にとっては，何ともやっかいな話ではあるだろう。しかも，調査であれ何であれここで述べた仕掛けが，新しい言葉を約束してくれるというわけでもない。あくまでも，それは，恋と同じく「賭ける」ものなのである。社会学に限らず，知への誘いとは，そのような孤独でリスキーな跳躍への誘いでしかありえない。

> **重要ポイント①**
>
> **社会学的想像力**
>
> C. W. ミルズは,『社会学的想像力』(1959年) において, 個人史上の私的問題を私的なものとしてそのまま終わらせるのではなく, 構造的あるいは歴史的な文脈と結びつけながら理解する能力の重要性を強調した (ミルズ 1995)。社会学を学ぶうえで当然のことが語られていると思われるかもしれない。だが, ミルズがそこにおいて, T. パーソンズの構造機能分析を現実から遊離した壮大な観念遊戯になっていると舌鋒鋭く批判したり, P. F. ラザースフェルドらの経験主義的な調査研究を自然科学の方法に形式主義的にこだわるあまり瑣末なものになっていると否定していることとをあわせ, 彼の主張の意味が噛みしめられねばならない。ミルズが述べているのは, 社会学に学問としての体裁を与えようとする理論の精緻化や調査技術の洗練という当然の企てのなかに, 社会学的想像力の喪失という落とし穴があるということなのだ。社会学を学べば社会学的想像力が身につくのではない。逆である。社会学を学ぶからこそ社会学的想像力を失わないようにしなければならないのだ。

理屈をいう権利

人は, 人生の大部分において, 与えられた現実をそれなりに納得し, それに見合った常識を見いだして生きていくものなのだろう。これを受動的とはいえないと思う。むしろ,「納得する」ということにも「常識を見いだす」ということにも, 静かな能動性が見てとれるはずだ。しかし, そこにおいて「できが悪いから」「男だから, 女だから」「日本人だから」,「仕方がない」「当たり前だ」「そうすべきだ」といった風の, 現実をただ受容するよう差し向ける宿命論――人をあきらめさせ, そのあきらめを他人にも転移させるよう促す規範的な論理――が形成されるとき, 人々はそれによって現実のなかに再び塗り込められていくことになる。だが, 宿命論は事実に照らして誤っているといわねばならない。直面するできごとを宿命として納得し「仕方がない」とあきらめる一方で, 人々は何か釈然としないものを澱のように心のなかに堆積させてきた。このこと自体, 宿命には収まりえない人の大きさを示すものなのだ。そして, 宿命論が支配する世界において, 何につけ「なぜそうなるのか」を問う社会学が, その不穏さにもかかわらず何とか一定の人々に対して訴えかける力をもてるとすれば, それはこの澱に根をもつ言葉である限りにおいてであるだろう。

友禅職人であった私（西澤）の父親は，少年の私に対し口を開くたび「屁理屈いうな」と述べていたものである。理屈のもつ破壊性に薄々気づいていたからこそ理屈を排し，彼にとっての「当たり前」の世界を維持しようとしていたのだろう。だが，私の「屁理屈」とはもちろん関係なく，斜陽産業とともにあった彼の世界は朽ちていくよりほかなかった。私は父親の忠告に背くことを主張したいと思う。人は与えられた現実をまずもって引き受けるよりほかない。だが，現実に呑み込まれ，理由もわからず踏みつけられていていいはずはない。理屈をいうことは私たちにとって権利なのだ。読書という密やかな交渉過程を通じ，理屈という武器の受け渡しをすることが本書の目的である。

読書案内

考える糸口

- 石原千秋『大学生の論文執筆法』ちくま新書，2006。

　日本文学者の石原千秋の文章論は，書くことと読むことをめぐっての社会性の目覚めを促すものといえる。大学とは何かをあらためて考えさせてくれる，石原千秋『学生と読む「三四郎」』（新潮社，2006）とあわせて。

問題を見つける

- 永江朗『「不良」のための文章術――書いてお金を稼ぐには』NHKブックス，2004。

　読み手を念頭におかない「非社会的な」文章を無駄に生産すべきでない。高校までの作文教育をすべて忘れて，レポートでも何でも書き出す前にこの本を。

unit 2

社　　会

社会という拡がり

　まだ20代であったときのことになるが，ある日の深夜，泥酔して意識をなくしていた私（西澤）は，知らない場所で身ぐるみ剥がされ転がされていることに気づいた。財布も鍵もなくしてしまった都会の単身者に，頼れる場所などどこにもなかった。とりあえず思いついたことは，タクシーを停めて（2台のタクシーは私の風体を見て当然のことだが走り去った），恋人というどうにも曖昧なつながりに頼ることだった。3台目の「親切な」タクシー運転手は，面倒な事態に巻き込まれることなく私が料金を調達してくれることに賭けたといえる。一方，無様で惨めな格好の私は，突然の訪問にもかかわらず，恋人が私の代わりに料金を払ってくれ家に迎え入れてくれることに賭けていた。そして，愚鈍な私は，そのような実験的体験をわざわざすることで，ようやく次のような結論に達することができたのである。社会のなかの「私」という存在は，賭けねばならないほどの不確かなつながりのなかで生かされている。そして，その在り難くも有り難いつながりこそ，社会という拡がりを示すものなのだ。

　かつて日本や世界という拡がりがそうであったように，社会もまた誰にとっても自明のものとしてあるわけではない。社会という拡がりの発見には，**孤独**が条件となる。孤独とは，周りとの接触が断たれている状態のことではなく，接触がありながら距離が埋められない状態のことをいう（→重要ポイント②）。親とは違う学校を出て違う職業に就いたり出生地から離れた土地で生活をすることが一般化した近代社会にあって，孤独は人間の常態となった。「私」はどこにあってもつながりをもつことができるが，そのつながりは何となくよそよそしくどこかはかないところがある。その不確かなつながりのなかで，近代人

は，独り投げだされたその拡がりを社会としておずおずと認識し始めたのである。そして，その社会において，私たちは，互いに腹を探り合いつつ交渉したり，見込みのない承認を取りつけようとしたりしている。要するに，他者に賭け続けている——ビジネスや恋愛がそうであるように。携帯電話やウォークマンのような孤独克服のテクノロジーが何をもたらしたのかは判然としないが，社会への認識が孤独な個人の思考から生まれるものであることに変わりはない。

近代化

F. テンニースの見た**近代化**は，「ゲマインシャフトからゲゼルシャフトへ」の大転換だった（テンニース 1957）。**ゲマインシャフト**（共同社会）とは，彼が仮定する本質意志によって結びつけられた統一体である。分離や反発が見られるにせよ，人々の全人格的な感情的融合を特徴としている。かつてあった，小さな村落での生活などが，やはりその例になるだろう。一方，**ゲゼルシャフト**（利益社会）とは，あらゆる結合にもかかわらず，人々は基本的には分離しており部分的で打算的な結合を特徴としている。それは，近代以降を生きる私たちの社会のことであるだろう。私たちの友人関係の多くは，鬼ごっこから棺おけ担ぎまでの道づれではなく，目的や利害を共有したパートタイムのつきあいにすぎないものである（→unit ⑲）。

E. デュルケームは，テンニースが見たその変動を，同じく人々の結合原理の変化に焦点を当てて，「機械的連帯から有機的連帯へ」と把握した（デュルケム 1989）。**機械的連帯**とは，相互に類似した諸個人による，同質性を根拠とする没個性的結合のことである。一方，**有機的連帯**とは，異質な機能を担う諸個人による，異質性ゆえに結びつく**分業**を介した結合のことである。誰の手によるのか知らないモノやサービスに依存し，またどこの誰に与えられるのかわからないモノやサービスを提供する，そうした分業の環に人々は深く組み入れられるというのである。有機的連帯のもとでの，どこか疎遠で，人格の一部分を通してのみ接し合い，計算づくであることを逃れえないような結びつきの優越は，しかし，それゆえに，互いに異質であることをむしろ根幹に据えることによって，社会としかいいようがない漠然とした地平に人々を組み入れ，「同じ人間」の範疇を大きく拡張させたのだ。

生成する社会

　近代化が私たちが知るところの社会をつくったとは一応いえる。しかし，社会は，過去につくられてすでにできあがったものとしてあるのではなく，常に人々の手によって構築・再構築されることによって，ようやく社会としての姿をもち続けることができる。**シカゴ学派**（→重要ポイント㉔）の社会学者，R. E. パークによる**ソサイエティ**（社会）発生をめぐる仮説（Park & Burgess 1921）は，そうした視点のわかりやすい一例である。ただし，それは，互いに他者である私たちが，親密になることによってではなく葛藤を通じて社会を産みだすとするものだ。

　シカゴの人口は，1850 年には 3 万人足らずであったが，工業都市として発展することによって，パークが活躍した 1920 年代には 300 万人をこえていた。そして，シカゴの住民には，英語を話せない北欧・南欧・東欧からの移民や仕事を求め南部から移住したアフリカ系の人々が大量に含まれていた。パークにとって，混沌としたそのシカゴこそ，社会の発生を観察できるまたとない「実験室」であった。パークの仮説は次のようなものである。まずもって，人々は，エスニシティ（→重要ポイント㉓）や階層（→unit ㉞）に基づいて棲み分け，それぞれ同質的な**コミュニティ**（共同体）を形成し特有の価値や規範，制度を発達させる。さらに，それぞれのコミュニティは，希少な財をめぐって**競争**を始めるが，やがて，顔の見えるライバルとの**闘争**へと移行する。闘争しつつも同一の都市に共棲せざるをえない状態にあって，コミュニティ間のコミュニケーションが促され文化や制度が共有されるようになる。そこに浮かび上がる共通の地平がソサイエティである。この**社会過程**は，新しい住民を次々と受けいれていく大都市においては，何度もあらためて辿り直されるものであるだろう。

　互いに異質であるがゆえに衝突するからこそ社会という地平が招き入れられると見るこの論理は，社会を成立させることの厳しさ，激しさをよく示している。しかし，その結末は，異質なものを滅ぼすことによって共同体へと回帰しようとする企てよりは，悲劇的ではない。パークの仮説から随分と時間がたった今日にあっても，共存の構想はこの社会という地平においてしか成り立たない。

拘束する社会

しかし，社会が人によってつくられるものであるとしても，ひとたびできあがった社会が，人の手を離れ私たちを翻弄し始めることも確かだ。デュルケムの『社会学的方法の規準』（原著1895年）における思考実験は，そうした社会の性質を的確にとらえている（デュルケム 1978）。

デュルケームは，個々人が個人意識をもつ一方で，個人意識に対して外在的かつ拘束的な**集合表象**（集合意識）が存在するとした。そして，集合表象により個人意識が受ける束縛を**社会的事実**と呼び，それを社会学の扱う対象とした。たとえば，流行（→重要ポイント⑲）は，私たち1人ひとりの好みから始まるものであるはずである。だが，ひとたびそれが集合化され流行になると，それは逆に私たちの好みを「外から」拘束する社会的事実になるのである。このデュルケームの発想は，多くの人々が陥りがちな社会なき社会観を否定するものだ。「みんなが善い心をもてば世の中はよくなる」などということはありえない。現実は，「善人を集めたところでそこに悪が生まれる」のである。デュルケームのこの議論は，人々の姿をシニカルな目で描いているようにも読める。しかし，彼がほんとうにいいたかったことはその後にあるのだ。人の手を離れてしまった社会は，人にとって外在するものであるがゆえに「客観的」に見ることも可能になる。人々の行為や思考や感情の様式（パターン）として観察することができる社会的事実を集め，分析し，社会の法則を見抜くことこそ社会学の役割である，と。デュルケームにとっての社会学とは，社会を人の手に取り戻す方法だったのである。

危機と幻想

しかしながら，私たちは，デュルケームのようには社会をまっすぐにまなざすことができないでいる。なるほど，新聞には「社会」面があるし，学校の教科にも「社会」がある。あるいは「社会問題」という言葉もある。だが，そこに並べられたトピックについて論じたところで，それが社会を論じた言葉になっているとは限らない。単なる問題ではなく，社会の問題であるとはどういうことなのだろうか。社会という拡がりは，「私」と異質な他者とが生存と存在を可能にするため構築されていく地平だった。社会を論じる言葉のなかでは，

> **重要ポイント②**
>
> **孤独と孤立**
>
> 　孤独も孤立も，相互行為の状態を人間の内面と関連づけながらとらえた概念である。孤独とは，社会生活のなかで他者と心が通わない状態のことである。これに対し，孤立は，社会生活の欠如や社会生活からの疎外を意味する。かつて，G. ジンメルは，都会の雑踏のなかにこそ孤独があると述べた。一方，シカゴ学派の L. ワースは，都市化が人々の孤立を促すとした。2 人の見解は，同じ現象について異なる局面から論じたものと見ることができる。私たちは，容易に人々と信頼を分かち合える結合をつくりえない，孤立化の力に晒されている。だが，それでも，私たちは，他者と出会おうとし社会へと加わろうとする存在であり続けている。そこに孤独が生まれる。孤独を否定的現象としてのみとらえるのは一面的であるだろう。私たちは孤独によって周囲にある人々が紛れもない他者であることを思い知るが，それは私たちが人と人とのつながりの意味・意義を知る契機でもあるのだ。

　さまざまなトピックは，そうした共通地平の上にのせ上げられて把握されなければならない。問題に対して，「なぜそうなるのか」という問いが発せられて，社会において作用する力が見通されなければならない。しかし，お茶の間という安全地帯からテレビの向こうの悪役をたたくことに熱を上げるというありがちな構図は，彼岸と此岸とをつなぐ社会という拡がりを拒絶したうえで成立しているといえるものだ。では，私たちは，どうすれば社会をつかむことができるのだろう。

　デュルケームは，有機的連帯への移行によって人々をまとめあげる価値が弛緩し，道徳的な無規制状態が常態化するとの指摘を忘れていなかった。そのような状態のことを，彼は**アノミー**と呼んだ（デュルケム 1989）。家族，学校，地域社会，企業，国家……，社会のなかのどのような圏域をとっても，アノミーが払拭されることはもうない。どこにでも危機は内包されている。そして，危機は，孤独に耐えられない人々に，「私」をまるごと許容してくれるような甘い共同体を幻想させる。それを幻想であると指摘したところで，話は終わるものではない。幻想が現実的な力を得て，強固な体制を成立させることもあるのだ。たとえば，国民国家は，均質な国民や民族という幻想に根ざして成立した，**想像の共同体**（アンダーソン 1997）である（→unit ㉖）。

あるいは，家族もまた幻想と密接不可分である。冷静に家族を見れば，互いに他者であるところの個人の集合体でしかない。多くの場合，両親は子どもに自らの異性遍歴を明かさないし，子どもは親に対し隠し事をすることで独立した人格であろうとする。家族は，けっして一体ではなく，一体であるかのような幻想とともにある集団なのだ（「演じる」ものとしての家族については→unit ⑰）。サラリーマンたちが用いる「家族サービス」なる言葉は，一体幻想の危機とそれでも幻想を維持しようとする涙ぐましい現代人の姿を照らし出している。

国家や家族をめぐる幻想は，私たちを突き動かすまさしく集合表象であるといえる。そこから逃れることは容易ではない。それでもこういうことはいえると思う。社会という拡がりを生きるがゆえの危機に晒されて，幻想を膨らませその幻想とともに破滅しさえする私たちは，国家的存在や家族的存在である以前に，やはり社会的存在であるのだ。そして，幻想を状況に合わせ実は柔軟に書き換えていたり（「帰化」した「日本代表選手」が受容されたり，二世帯住宅が普及していった過程には，「国民」や「家族」の再定義が伴っていたはずである），幻想そのものを分析の対象にしてしまうことができる私たちは，幻想を宿命のようにただ受け入れるだけの受動的存在ではない。

社会という拡がりを明瞭に想像できないのは，国家や家族の幻想によりかかってしか「私たち」を語れない私たちの言葉の弱さを示すものだろう。少々立派なことを述べようとすれば，「国家のために」「家族のために」などといった暗黙の規準を必要としてしまう脆さ。それを取り払ったところに言葉を築けない無力。幻想の大きな手を振りほどきつつ模索される社会を語る言葉によって，ようやく社会を浮かび上がらせることができる。

読書案内

考える糸口

□ 作田啓一『一語の辞典　個人』三省堂，1996。
人が世間に埋没していれば社会などない。個人の発生とパラレルに社会が生まれる。そのことを，難解ではあるがすっきりと示す。

問題を見つける

- 鶴見俊輔『ひとが生まれる――五人の日本人の肖像』ちくま文庫，1994（初出 1972）。

　E. エリクソンのアイデンティティ論（→unit ⑤）を下敷きにして書かれた 5 人の伝記。社会という拡がりに気づき，そのなかにある「私」に目覚める瞬間に焦点があてられる。

unit 3

社 会 学

🔲 いくつもの現実

　もう10年くらい前のことである。大学の1年生ゼミで，ある学生が，「飢餓やエイズは人類が増えすぎないためには仕方がない」といった主旨の発言をした。この発言について，しつこい私にはまだ少々こだわりが残っている。

　もちろん，彼は，「飢餓やエイズ」についてまったく知らないわけではなかった。あの年代であるならば，目に耳に入ってきていたはずだ。要するに，彼は，やっかいな他者についての問題を，言葉のうえで切って捨てて封じ込めてしまおうとしたのである。しかし，彼の前に，「人類のことを思うのならおまえから死ね」という他者が現れたらどうなのか。彼の発言からわずか数年の後，ニューヨークのワールド・トレード・センターで，豊かな「北」はそうした他者に直面することになる。

　彼が「南」の他者をどうでもいい存在として見たのは，当然のことだ。なぜなら，私たちが生きる現実の多くは，それぞれが「わかりたくない」ことを忘却しつつ，「わかりたい」ことを拾いだしてつくられていることが多いからである（この忘却については，存在論的不安をめぐる議論を参照→unit ⑪）。彼の世界も，そのようにしてつくり上げられている。彼が率直に表明したように，「飢餓やエイズ」は遠すぎるし触れたくもない話題なのだ。

　意識・無意識を介して構築された，個々人がひとまずまとまったものとして感覚している経験世界のことを，**生活世界**という。人々は，客観的に存在するただひとつの現実を共有しているのではなく，主観的に構築された生活世界のなかをそれぞれ生きる。それゆえ，同じ時空間に共在していたとしても，個々が空間と時間に与える意味は異なるものになる。同じ商店街を歩いている人の

なかには，顔なじみの商店で店の人と言葉を交わしながらよりやすくいいものを探し求める年配の主婦もいれば，ファーストフードショップやコンビニエンスストア以外の場所は記憶にも残らない学生たちが入り混じっている。両者は，それぞれ異なる現実を生きているのである。主観的であるということは，個性的であることをまったく意味しない。主婦の主観は，「主婦らしさ」や「母親らしさ」を彼女に求める家族のまなざしのもとでつくられる。街で出会う似通った主婦たちの存在も，彼女にとっての「当たり前」を強化するだろう。女性雑誌やワイドショーのなかにも，補強材料が転がっているのかもしれない。一方，ジャンクフード好きの学生も，似通ったライフスタイルをもつ同年代の友人がいることによって，その生活世界を「当たり前」にしているといえる。学生たちが触れるメディア環境（→unit ㉖）においては，ファーストフードショップを組み込んだ生活風景は，いたってノーマルなものである。そのようにして，生活世界は，主観的かつありきたりのものになっていく。

解　釈

　社会学は，ある人（びと）の行為の意味を（とりわけ行為を導いた原因を）明らかにしようとする。M. ウェーバーによれば，そのためにとられる方法は**解釈**である。解釈とは，一般には事柄の意味を取り出すことを広くいうが，彼の場合，特に人々の**動機**に着目して，生活世界から動機へ，動機から行為への因果連関を明らかにすることを指している（ヴェーバー 1972）。それぞれの生活世界において，それに適合した動機が形成され，行為が導かれているというわけだ。
　「エイズと飢餓」発言の動機とは何だったのだろうか。彼が生きている，そして生きてきた生活世界と関連づけたひとつの解釈を試みてみよう。あの発言がなされた大学が首都圏にあり，学生たちの多くが首都圏出身であった事実に着目しよう。その大学に集まった学生の多数派は，収入の近い核家族を集めてつくられた郊外の住宅地から通ってきていた。郊外社会論においては，郊外の均質性と共同性の弱さがいわれ，またそこに育つ若者たちの社交性・社会性の欠如が指摘されもした。宮台真司は，郊外の子どもたちが，面倒な他者との接触を避けつつ，仲間への「臆病な同調」を繰り返し「島宇宙」に閉じ込もりがちであると述べた（宮台 2000）。そのような生活世界においては，面倒な話を

禁止してコミュニケーションを「円滑」なものにしようとする配慮が，たえず要求されるだろう。そう考えてみると，かの発言の動機は，難しい話に陥らないよう釘を刺して，新入生が速やかに「仲良くなる」ための心配りであったといえるのかもしれないのだ。

　ウェーバーにとっての動機とは，生活世界と行為をつなぐ論理的回路であった。「若者たちの島宇宙」と「エイズ・飢餓発言」はそのままではつながらないが，「円滑なコミュニケーションを求める動機」を見いだすことによって原因と結果の関連を与えられるのである。私たちが「心」と呼ぶものはブラックボックスなのであって，そこにウェーバーの動機のような論理的回路を仮定することによってようやく行為の意味解釈も可能になる。それは見えない，だが，あるとすることによって説明づけることができる，そのようなものだ。

　動機に限らず，社会学者は，価値や規範（→unit ⑥），心性や心情，イデオロギー（→unit ⑬），無意識（→unit ⑪），ハビトゥス（→unit ⑭），アイデンティティ（→unit ⑤），ライフスタイル（→unit ⑲），思想（→unit ⑫）などなど多彩な論理的回路を用意して行為の解釈を行う。例の発言についても，動機以外の論理的回路を想定すれば，違った解釈も出てくるだろう。イデオロギーを問えば，貧者と同性愛者を嫌悪するアメリカの新自由主義（→unit ㉚）との近似性を指摘できる。そして，新自由主義的価値観が彼の生活世界にどの程度浸透しているのかを検討することになるだろう。無意識に着目すれば，自らの「女々しい」弱さを隠すために，偽悪的な威勢のいいせりふで「男らしさ」を誇示しようとするものだったといえるのかもしれない。そして，強者の前で弱者であることを思い知らされつつ「男らしい」強者を模倣せずにはおれない，彼が生きてきた世界に想いを馳せるべきなのだろう。

世界はひとつ

　因果のつらなりは，生活世界にまでさかのぼってそこで止まるものではない。私たちの生活世界は，**社会構造**を文脈として成立するものである。社会構造とは，社会を構成する主要なカテゴリー間関係のことである。日本の18歳の大学生による「飢餓やエイズ」発言は，世界のなかの豊かな「北」においてしか成立しえない，世界社会の「北」と「南」の構造のまっすぐな反映でもあった。

I. ウォーラーステインの近代世界システム論によれば，世界は西欧を中心として 16 世紀に成立したグローバルな分業システムによって覆い尽くされており，それぞれの地域は**中心 - 半周辺 - 周辺**の政治的・経済的なヒエラルキー（階梯）のなかに位置づけられている（ウォーラーステイン 1997）。植民地時代以来の搾取し支配する中心と搾取され従属する周辺の関係は，世界社会の基軸構造なのだ。世界には，**ポストコロニアル**（「脱植民地」ではなく「植民地・後」の意）の刻印がいまだ満ち溢れている。世界の一方には，持たざる者たちを無視・蔑視する持つ者たちがおり，もう一方には，持つ者への憎悪の心情を潜在的・顕在的に抱く持たざる者たちがいる。この両者の一対関係として，世界はひとつなのだ。

もちろん，風潮に逆らって，援助活動のために「南」を訪れる「北」の若者たちもいる。だが，彼ら彼女らがどういった人であれ，まずもって「北」の人としてまなざされるところから，「南」との出会いは始まらざるをえない。一方，「北」に素朴にあこがれ，移り住もうと試みる「南」の人々もいる。だが，「北」においてそうした人々が冷遇されていることはいうまでもない。社会という漠然とした拡がりのなかには構造化された関係がはりめぐらされており，私たちはそこから自由ではない。どこにあっても，私たちの出会いは，初対面にしてピュアではないのだ。

私たちが他者と出会うその局面を指し示す，つきあい，つながり，コミュニケーションなどの言葉は，社会学においては，**相互行為**（interaction，相互作用という訳語もある）という概念で一括されてきた。相互行為は，つきあいやつながりという言葉がもつ一般的な意味とは異なり，それが強いものか弱いものか，暖かいものか冷たいものかに関わりなく，互いに他を念頭においた個人間，個人・集団間，集団間の作用の及ぼし合いをすべて含んでいる。高田保馬は，社会関係と相互行為とを区別し，社会関係を相互行為の「用意」であると定義した（高田 1926）。そこでの社会関係とは，カテゴリー間の構造化された関係をおおよそ指しているといってよい。私たちが誰とどのようにつきあいどのような生活世界をつくりあげるのかは，まずもって用意されている社会関係をなぞりそこにおける「適切さ」に従って決められていくものなのである。

🔲 生活世界と他者

変えにくく強力な社会構造，そのもとでつくりあげられる生活世界とそこでのありふれた行為，私たちのやっていることはその連関に絡め取られ何もかも社会的に決定されている……。残念ながら（と正直にいっておこう），そうした力は圧倒的だ。しかし，すべてが決定されているとは簡単にはいえないことは，生活世界の成り立ちについて考えてみればわかる。すでに，現実が主観的でありながらも社会的につくられるものであるということについては述べた。だいたい，もし私たちがばらばらの主観的現実を生きているのだとしたらそもそもコミュニケーションなど不可能だが，現にコミュニケーションは成立してしまっているのだ。コミュニケーションが可能であるのは，生活世界が他者との関わりのなかで構築され保存される**間主観性**をもつからである（シュッツ 1983）。

生活世界が他者の存在に依存しているということは，生活世界を相互に支え合う他者が失われたとき，あるいは，生活世界の安定をかき乱す他者が出現したとき，日常的な感覚を支えていた生活世界の再構築が迫られるということでもある。専業主婦が夫の失業を契機に9時から5時まで働き始めたとき，マクドナルドになじんだ学生が大学の授業で話のうまい教員によって食品添加物の恐怖を繰り返し叩き込まれたとき，それまでの生活世界は「当たり前」のものではなくなってしまうかもしれない。カルチャーショック体験とは，そのようなことをいう。

社会学者は「誰」を聞きたがる人種ともいわれる（バーガー 1995）。「日曜日にはときどきフットサルをやります」「誰と？」。「この大学がいいとはよく聞いていましたから」「誰から？」。そこでの「誰」は，その人がいかなる生活世界を生きてきたのか，生きているのかを問う質問であるとともに，生活世界の解体・再編を誰が（何が）促しているのかを問う質問でもある。生活世界は他者に晒されておりそれゆえ意外に脆い。そこからこそ，宿命論をこえて人と社会のダイナミズムが展開するのだ（→unit ⑦）。

🔲 社会学という工場

人々の行為を生活世界と関連づけて解釈する，そして，さらに，生活世界のありようを構造的秩序と関連づけて解釈する。この連鎖をたどりながら，人と

> **重要ポイント③**
>
> **マートンの社会学**
> R. K. マートンが提唱した「中範囲の理論」は，彼自身の社会学の特徴をもよくいい表している。抽象的な理論の構築に埋没せず，かといって，個別領域で見いだされた事実にこだわりすぎず，経験的調査に裏打ちされた理論の構築に励め，ということだろうと思う。実際，マートンは，理論を体系化することよりも，準拠集団論や相対的剥奪論，アノミー論など調査から得られた事実に見合った，しかし，できるだけシンプルかつ応用力の高い説明枠組みをいくつも構築していった。社会学者の間での流行からすれば，マートンは今さら論じられるべき人ではないとみなされているのかもしれない。が，これは捨て去られたのではなく，名前も出ないほどに深く根づいたのだと考えるべきだろう。たとえば，「夢ばかり煽られて，何をしていいかわからないでいる若者の不満」について語っている社会学者は，マートンのアノミー論をなぞっているのである。

　社会についての事実認識を生産する，それが社会学の仕事だ。いまや社会学の認識工場は巨大化し，分業も複雑に発達している。工場内のそれぞれのラインには「都市」や「ジェンダー」や「理論」といった名前がつけられているが，ラインの数は増え専門性も高まり，隣のラインで何がなされているのかがわからなくなることがあるほどだ。そのためか，この工場のそこここの壁には「自明なものを疑え」とか「社会的事実を物のように考察せよ」といった偉大な先達の遺した言葉を大書した数種類の黄ばんだポスターが貼られていて，何とか一体感を保とうとしているようである。実は，この工場の生産性は高くない。この工場が，大量生産できるような定説をつくることになかなか成功しないばかりか，定説を引きずりおろすことに熱中するひねくれた労働者を抱え込んでいるからである。反例を見つけだして理屈を膨らませる，その繰り返し。それでは「これさえ読めば社会学がわかる」などといえるマニュアル本がつくれないのも当然だ。それにしても，わざわざこの工場は，ひねくれた性格の労働者を集めたのだろうか。そうではない。人々が日々生みだす何かにその都度ぴったりとフィットする言葉を与えなければならない社会学という仕事が，労働者たちをそうさせてきたのだ。定説に収まらない事実があったとして，否定されるべきはその事実ではなく定説のほうである。社会学は，やはり「科学の子」

なのだ。

読書案内

考える糸口
- 高根正昭『創造の方法学』講談社現代新書, 1979。

社会学者によって書かれた論理的に考えるということの道筋を示す基本書。30年ほど前に書かれたものだが，今なお古びていない。

問題を見つける
- 盛山和夫『社会調査法入門』有斐閣, 2004。

事実を導きだす過程における，解釈の重要性について強調する社会調査の入門書。コンピュータにデータをぶちこめば事実が取り出せる，などということはない。事実は，解釈を通して現れ出る。

unit 4

社会学の論理

「現実的」

　自分の将来の希望を話したり，自分の進路を親や先生に相談するとき，大人たちから「現実的でない」といわれた経験はないだろうか。ミュージシャンや俳優になることは「現実的ではない」と。個人的な決定だけでなく，会社，政治，行政など組織や社会全体の方向性に関する決定にしても，私たちは「現実的でない」選択肢を排除し，「現実的」な判断や決定を下そうとする。会社は人件費を抑えるためなるべく安いバイトを使う，投資家はリスクの高い投資はしない，政治家は票にならないことはしない，などなど。この意味で使われる「現実的」とは何だろうか。

　人間は自然的な現実と同時に，社会的現実に住んでいる。私たちが「現実的」というとき参照するのは多くの場合この社会的現実である。たとえば育児を終えた女性が企業で正社員として再就職するのは難しいという現実。高校中退者が中年にさしかかって正社員として就職するのは難しいという現実。これらの現実とは私たちの生きる社会的現実のことである。

　この社会的現実とは人間のつくりだしたものである。それゆえ自然的現実とは異なり，人間の営みによって維持され，人間の営みが変われば変化していくものである。その意味で社会的現実は歴史的なものである。しかしそれは同時に，私たちにとって変化しないもの，「自然」のように所与として受け入れるしかない，宿命のようなものでもある。だから「現実を知れ」という言葉は，しばしば「あきらめろ」と同義なのである。

　社会的現実の世界は人間がつくりだしたがゆえに本質的に不安定なものである。この不安定さにもかかわらず，社会的現実を恒常的なものとして維持する

ことを**制度化**と呼ぶことができる。大人たちの参照するあの現実とは制度化された社会的現実のことである。制度化には便利な側面もある。制度化されていない不安定な状況では相互行為をする際にリスクがともなう。相手の出方に応じて行為を決める，かけ引きのような流動的で複雑な相互行為（**ダブル・コンティンジェンシー**）をせざるをえないからである（→unit ⑥）。クルマで互いにすれ違うという単純な相互行為ひとつとっても，「左側通行」という制度がなければ，いちいち相手の出方を見て自分の進む方向を決めなければならず，混乱を引き起こしてしまう。相互行為を定型的なルーティンとして確立し，このような面倒な状況を回避してしまえば時間と労力は省かれ，状況はスムーズに進行する。個々人が自ら予測可能な行動をすることにより，社会の将来予測は容易となり，自己の将来計画を立てることができるようになるのである。

物象化された現実

ただし制度化はメリットだけではなく危険もともなう。制度化によって，オルタナティブな社会的現実，オルタナティブな世界への想像力の余地がなくなっていくからである。社会的現実（制度）が人間の産物であることを忘れ去り，自然的現実や神のつくった秩序のようなものとして固定化することを**物象化**と呼ぶが（バーガー＆ルックマン 2003）（→重要ポイント㉑），制度化には物象化の危険がともなう。さらに物象化によって，現在の社会が別の社会に変化するという可能性は限りなく小さいものとなろう。

制度化された社会関係の例として障害者と健常者の差異を考えてみよう。2005年にあるホテル・チェーン（東横イン）が条例で設置が定められている障害者用の客室を一般客用の部屋に改築したことが発覚した事件があった。このときホテル・チェーンの社長は，障害者用の専用客室をつくったとしても年に2，3人しか泊まらないので無駄になるからだと釈明していた。彼にとっては実際に障害者が宿泊客として訪れることが少ないのが「現実」であり，来るかどうかわからない障害者のために空き部屋を用意しておくことは「現実的」ではないのだ。

しかし障害者用の客室を潰すという行為によって，障害者がこのホテルを訪れなくなる現実をそのホテルがつくっているという側面もある。障害者用の客

室を潰せば，障害者にとっては，ホテルに泊まれないということがますます強固な現実となり，ホテルにとっては障害者はホテルに来ないという現実がますます「現実的」となるだろう。

このことは一ホテルだけに限らず社会全体にも広げて考えることができる。公共空間からの障害者の隔離が制度化されたなら，たしかに段差のスロープ，駅のエレベーター，障害者用の宿泊設備などの「ムダな」設備を省くことができ，人々の行き来やビジネスは加速されるだろう。だが公共空間を障害者に開放していない社会では，障害者が旅行やビジネスで宿泊することは難しい。そうなると，障害者はホテルを利用しないものだという考えが健常者一般の人々の間に広まってしまう。さらにこの現実が強固に固定化されれば，現実が変化するかもしれないという想像力の余地はなくなり，社会的現実は物象化される。そして障害者は活動的ではなく，施設や親もとにおとなしくとどまっているものだという先入観を補強することになる。このような社会は，結果的に障害者が社会で活動しようという意志を削ぐことになろう。障害者が宿泊する施設が少ないことは，どうしようもない（＝物象化された）現実となるからである。

社会はなぜ存続するのか

「現実的な態度」とは現実にもっとも適応した態度や行動のことだとすると，あのホテル・チェーンの社長は，ホテルの障害者用の部屋を潰すことによって「現実的」な態度をとった。しかし彼がそうであったように，社会の大多数の人々が現実にもっとも適応した態度をとることによって，現実はさらに強化され，固定化される。現実と現実的態度（現実への適応）は互いに原因であり結果なのである。

特定の起源に原因を求めず，このような因果関係の循環を記述することは，社会の現実を記述する社会学にとって，きわめて重要な手続きである。

T.パーソンズの**構造機能分析**はこのような因果関係の循環を記述する1つの方法である。彼はどんな社会，どんな集団もそれが存続する限り，「適応（adaptation）」と「目標達成（goal attainment）」——この2つは外的環境との関係処理の機能を果たす——，「統合（integrity）」と「潜在パターンの維持（latency）ないし緊張処理」——この2つは集団内部の調整の機能を果たす——，

この4つの機能要件を満たす必要があると考えた（それぞれの頭文字をとって **AGIL 図式**と呼ばれる）。さらに，彼はこの4つの機能要件は複雑な現代社会では分化しているとも考えた（パーソンズ＆スメルサー 1958）。

私たちはしばしば，ある集団はメンバーが共通の目標をもっていることにより維持されると考える。つまり，その集団のメンバーの抱く目標や理念が唯一の「原因」と考える。たとえば，ボランティア・グループはメンバーのこころざしによって成立し，維持される，と。しかし，いくら集団のこころざしが強くとも，内部でいさかいがあったり（潜在パターンの機能），集団維持のために必要な費用が不足したり（適応の機能），成員のコミュニケーションが阻害された場合（統合の機能），その集団は解体する。このようにパーソンズは目標達成を唯一の「原因」ではなく，複数の「機能」の1つと考えることによって，社会が存続する理由を客観的に記述することができると考えたのである。

障害者を隔離する社会がなぜ存続するのかも同じように考えることができる。経済的豊かさの拡大が至上の「目標」である社会では，この目標を達成するために，目標とは別に，工業部門の成長により国際競争に「適応」する必要がある。また国内の統合と緊張処理も必要である。障害者を社会参加させることは経済成長にとって「足かせ」となるので，障害者を生産領域から隔離・排除する政策が要請されるとともに，「統合」と「緊張処理」のために，障害者に対する温情主義的な政策が施行され，当事者の不満を和らげ，彼らを「納得」させるのである——戦後の福祉国家は良くも悪くもこうした社会であった。

パーソンズにとって，現実の構築と維持とは，このように4つの機能がうまく結合することに帰すことができるのである。

構造的因果律

フランスで発展した**構造主義**も，原因と結果の一方向的な因果関係を乗り越える試みである。構造主義の祖とされる F. ソシュールの言語学は原因（根拠）のない——恣意的な（arbitrary）——差異の体系（「構造」）として言語をとらえた（丸山 1983 参照）。「止まれ」の合図の色は赤である必要はなく，別の色との差異が際立てばよいだけである。これと同様，必ずしも花を「ハナ」と呼ぶ必要はない。ほかの単語との差異が際立っていればよいのである。L. アルチュ

> **重要ポイント④**
>
> **社会構築主義**
>
> 　一口に構築主義といっても，さまざまな知的潮流が流れ込んでいる。1つはJ. I. キッセらの社会問題構築主義がある。ラベリング理論が逸脱者の存在を前提に，逸脱者につけるレッテルが逸脱をさらに悪化させる点を問題にするのに対し，社会問題構築主義は逸脱者のカテゴリーそのものが社会的に構築されると主張する。とはいえ両者の主張はそれほど矛盾しているとはいえず，重点の置き方が違うといえるかもしれない。たとえばラベリング理論では「ニート」というレッテルが実際の「ニート」と呼ばれる人々に「ニート」という社会からの差別的なまなざしを内面化させてしまう点を問題にするだろうし，社会問題構築主義は，メディア・政治家・専門家が「ニート」カテゴリーを構築するプロセスを問題にするだろう。またカルチュラル・スタディーズ的な視点からラベリング理論を利用したモラル・パニック論も，メディアや政治が特定の逸脱を名づけ，人々の不安をあおることを問題にする。このほか，『監獄の誕生』(1975年) などにおけるフーコー的方法や，ソシュール言語学を応用した構造主義的記号論も構築主義を構成する潮流の1つである。

セールはこれと同様に，社会も根拠のない「構造」として把握できると考えた。

　従来，マルクス主義は社会を経済（「下部構造」）を中心に理解し，文化などの「上部構造」は経済のあり方によって決定されると考えていた。いわば経済が社会の根拠（原因）だったわけである。しかし，アルチュセールは文化などの「上部構造」は独自の論理で動き，「下部構造」を規定する場合もあると考えその相対的自律性を主張した。ただし，経済とまったく無関係に動くのではなく，両者は互いが互いの条件（原因）となって構造を形成していると考え，この両者の相互規定のあり方を**構造的因果律**あるいは**重層決定**と呼んだ（アルチュセール 1994）。

　たとえば日本でも数十年前までそうであったように（現在も程度は緩和されているとはいえ依然として当てはまるが），正規の労働市場における女性の排除（経済の領域）と，女性の専業主婦志向（文化の領域）の両者は，互いに互いの条件であり，どちらが先かをいうことはできない。両者の関係を構造的因果律としてとらえることができる。

変化の論理

　もちろん，パーソンズとアルチュセールは社会に対するスタンスはまったく異なる。前者は社会が安定していることを重視し，逆に後者はなぜ社会がこうも変わらないのかを問題にしたのである。前者は制度化を肯定し，後者は制度の物象化を危惧していたといえる。しかし2人とも自分たちの生きた第二次世界大戦後の安定した社会を前提としていた。それゆえ結局，社会が不安定化し変化する局面を主題とすることはできなかった。では変化や不安定化を記述する論理はあるのだろうか。

　一般に社会変動論や近代化論と呼ばれる議論は変化を記述しているとされる。パーソンズと同時代の経済史家，W. W. ロストウの**近代化論**を見てみよう。彼は近代化を経済発展と等値し，それを必然的なプロセスと考えた（ロストウ 1961）。いわば経済が発展し社会が近代化することは自然の摂理のようなものと考えたのである。このような社会変動論は，社会の変化の原因を経済成長に求めるという点で，すでに批判的に見た単線的な因果関係を前提としている。社会の変化も「風が吹けば桶屋が儲かる」のような単純な因果関係で理解することはできない。そして何よりもこのような楽観的な近代化論は，経済成長という価値観が疑われ，第三世界や先進国内部に貧困が広がる現在，急速に説得力を失っている。

　では，社会の変化をどのようにとらえたらよいのだろうか。実際に社会がどのように変化しているかを見ながら考えることにしよう。たとえばもう一度障害者の社会参加を考えてみたい。

　日本で障害者の社会参加が可能となったのは1970年代，障害者の運動を通じてである。それまで障害者は，親に面倒を見てもらいながら生きるか，施設のなかで管理されて生きるかしかなかった。しかし，70年代，障害者自身によって自立生活運動が始まり，少しずつ，街で健常者と同じように生きることができるようになっていった。その過程で次第に法や条例が整備され，社会全体が障害者を受け入れるようになってきたのである（中西・上野 2003参照）。この変化をどのように考えればよいのだろうか。

　この変化はR. K. マートンの**予言の自己成就**の論理に似ている。マートンの予言の自己成就は，変化する社会の因果関係の循環を表現するという点でわか

りやすい（マートン 1961，この循環の制御の困難さについては，長谷 1991 参照）。銀行の倒産はなぜ起こるのかを説明する際，彼は「この銀行は危ない」という予言が引き金となると考えた。この予言が成就するには，その銀行が実際に危ないかどうかは必ずしも重要ではなく，たんなる流言でもよい。というのは，この言葉を聞きつけた人々が預金を下ろしに殺到すれば実際に銀行は危機になり，予言は成就されるからである。このとき，実際の危機と，危機への適応（預金を下ろすこと）はスパイラル状に循環しているのである。もちろん，すべての予言が成就するわけではなく，このスパイラルが生じたときのみ予言は成就するのである。

　銀行の倒産という事例はたしかに不吉だし，例外的である。しかし予期できない変化それ自体を例外的なものとして考察から排除すべきではない（マートン自身はその傾向があるが）。障害者が街で暮らすことが可能な社会への変化も同様の論理で生じている。それは最初に一握りの障害者が自分たちは街で生活することができると「予言」することから始まり，後から新しい現実がついてきたのである。もちろん，銀行倒産と同じように，この予言はつねに成就するとは限らない。したがって予測不可能な変化である。しかし，言葉が行動とともに組織される場合，そこには物象化された現実を変更する荒々しい力を認めることができる。なお言葉と現実のこのような絡み合いは，哲学者 J. L. オースティンによって言語行為（speech act）ないし行為遂行的（performative）発言として言及されているものである（オースティン 1978）。

　戦後の安定した社会が終わり，私たちは不安定で将来の予測が不可能な社会に生きている。この不確かな現実をいかにとらえることができるかが社会学に問われているのである。

読書案内

考える糸口

□　中西正司・上野千鶴子『当事者主権』岩波新書，2003。
　　自立生活が不可能とみなされていた障害者のなかから，親から離れて生活する者が出てくると，社会通念も変わり行政サポートも当たり前となっていく。社会の変化（社会変動）を考えるために。

📖 問題を見つける

- 柄谷行人「序説――ネーションと美学」『定本 柄谷行人集 4』岩波書店，2004。

  ネーション（国民），ステート（国家），資本の 3 つの領域が相互に条件づけ合う三位一体として近代をとらえる。重層決定された構造からの逃れがたさを理解するために。

- ウェーバー，M.『プロテスタンティズムの倫理と資本主義の精神』（大塚久雄訳）岩波文庫，1989。

  前近代社会からの資本主義の発生は新しい宗教（プロテスタンティズム）をてこにして初めて可能となった。社会の安定（停滞）と変動（近代化）を考えるために。

KeyWords 1

- ☐ 価値自由　11
- ☐ 存在拘束性　13
- ☐ 社会調査　14
- ☐ 孤　独　17
- ☐ 近代化　18
- ☐ ゲマインシャフト　18
- ☐ ゲゼルシャフト　18
- ☐ 機械的連帯　18
- ☐ 有機的連帯　18
- ☐ 分　業　18
- ☐ シカゴ学派　19
- ☐ ソサイエティ　19
- ☐ コミュニティ　19
- ☐ 競　争　19
- ☐ 闘　争　19
- ☐ 社会過程　19
- ☐ 集合表象（集合意識）　20
- ☐ 社会的事実　20
- ☐ アノミー　21
- ☐ 想像の共同体　21
- ☐ 生活世界　24
- ☐ 解　釈　25
- ☐ 動　機　25
- ☐ 社会構造　26
- ☐ 中心－半周辺－周辺　27
- ☐ ポストコロニアル　27
- ☐ 相互行為　27
- ☐ 間主観性　28
- ☐ 制度化　32
- ☐ ダブル・コンティンジェンシー　32
- ☐ 物象化　32
- ☐ 構造機能分析　33
- ☐ AGIL 図式　34
- ☐ 構造主義　34
- ☐ 構造的因果律　35
- ☐ 重層決定　35
- ☐ 近代化論　36
- ☐ 予言の自己成就　36

第2章

社会につながる

5　私
6　集団・組織
7　群　れ
8　ネットワーク

第2章 社会につながる

> **この章の位置づけ**

　そもそも「この私」という現象も，他者なしにはありえないという話からこの章を始めたい（→unit ⑤）。何かを自称しさえすればそれが「私」になるということはない。ある「私」を「私」として定着させるためには，それを承認してくれる他者が不可欠なのだ。だから，私たちは，何かに帰属することによって，帰属先のメンバーに自分を受け入れてもらい，また，その帰属集団の一員であることを周りに示すことによって社会の中に居場所を得ようとする。いまだに，進学や就職や結婚が人生の一大イベントとなっているのは，そのためである。「私」が「私」であるために他者を必要とするというそのことは，人が「集団生活」から逃れることができない根源的な理由であると思う。

　しかし，「集団生活」における「集団」のかたちは，さまざまにありうる。今日では，社会と個人の間にある「集団」のありようもいくつもに分化した。そうした「集団」の種差は，単に何かを得るための手段の違いではなく，社会への関与のあり方を規定し「私」の質をも左右する。

　縦に序列化され横に専門分化した組織は，20世紀を通じて社会を覆い尽くし，依然として人々に対し圧倒的な力をもつ集団であり続けている（→unit ⑥）。しかし，人々が生きる世界が複数化・多元化することによって，組織が人格をまるごと包摂する事態は緩和され，インフォーマルにつくりあげられた緩やかな集合体のもつ意味も大きくなる（→unit ⑦）。ビジネスや社会運動においても，「知人の知人」が一種の資源となり広く動員されることによって大きな力が発揮される可能性がいわれるようになった。個人や集団を点として，点と点とを結んで取り出されるかたまりとして抽出されるネットワークもまた，現代的な「集団」の形態なのである（→unit ⑧）。緩やかな集合体が卓越すれば，帰属によって証明される「私」とは違った「私」の形態が登場することになるだろう（→unit ⑤）。

　「集団」は，今なお，人を新しい世界へと連れて行く，そういう契機であり続けている。もちろん，そのこととともに，「集団」それ自体のもつ

個人の意見を圧殺する力や「集団」を動員する権力について踏まえておかなければならないことはいうまでもない。

集団から社会へ

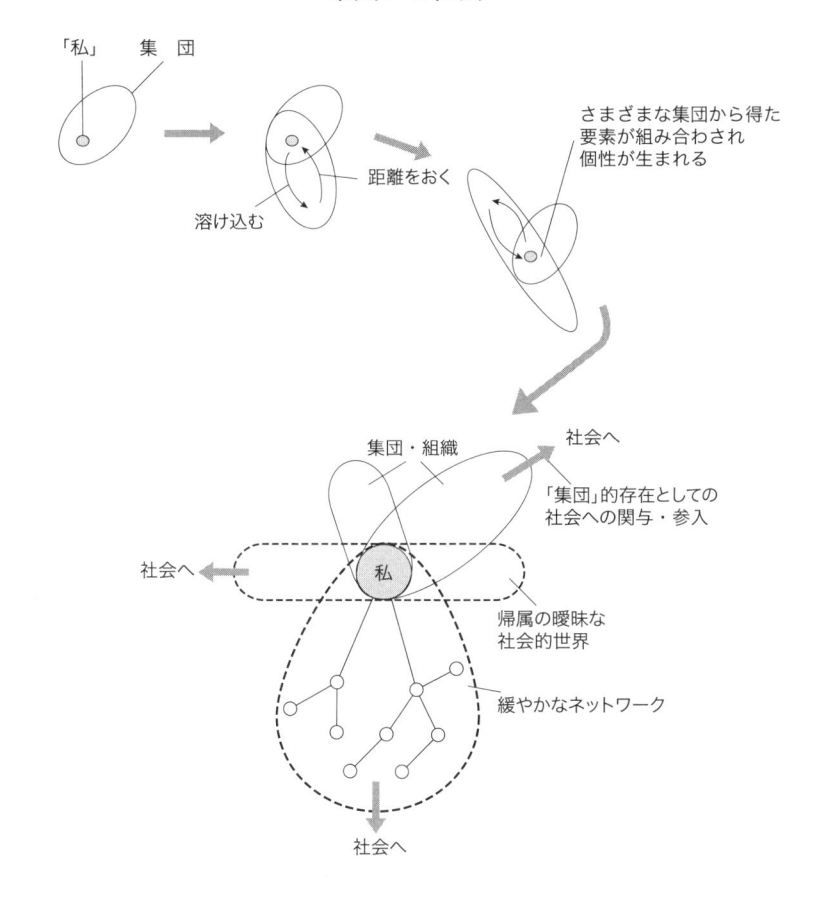

「私」　集団

溶け込む

距離をおく

さまざまな集団から得た要素が組み合わされ個性が生まれる

集団・組織

社会へ

「集団」的存在としての社会への関与・参入

私

社会へ

帰属の曖昧な社会的世界

緩やかなネットワーク

社会へ

unit 5

私

🔲 アイデンティティ

　私たちは,「何か」であることを求めてやまない。しかも,「何か」であるためには,「誰か」を必要としている。E. エリクソンが心理学的概念として定着させた**アイデンティティ**という言葉は,他者への依存を免れない「私」のありようをとらえたものだった。アイデンティティとは,個人が他者との関わりのなかで獲得する,まとまった自己の感覚のことだ。アイデンティティ確立の要件は,自らがその存在を他者に呈示すること,そして,それを承認する他者が現れることである。**自己呈示**にせよ承認の取り付けにせよ,それらは厄介な挑戦である。だが,私たちは,倦むことなくこの挑戦に憑かれてきた。

　「何か」になろうとすることを通じて,私たちは,否応なく社会へと組み入れられていく。アイデンティフィケーションの一般的な方法は,自己をある**社会的カテゴリー**の一員とみなしてそれらしく振る舞うことで他者の審判を仰ごうとするものである。社会学者が好むいい方をすれば,特定の**地位**にはそれに「ふさわしい」とされる**役割**が付着しており,「私」はその役割を演じることでアイデンティティを得ようとするのだ。もちろん,すべての人が俳優のように次々と新しい役割を演じ分けられるわけではない。役割はそのまま人格に浸透し,いつしか身体化されていく。演技のはずの振る舞いはいつしか素になる。

　アイデンティフィケーションにおいて参照される社会的カテゴリーは,他のカテゴリーとの差異によって定義される。「男」とは「女」と違う何かであり,「エリート」は「無知な大衆」とは違う何かである。「男」「エリート」カテゴリーは,「女」や「無知な大衆」なしには意味をなさないし存在しようがない。カテゴリカルなアイデンティティは,どのようにしても「私にはないものをも

つ」他者や「私がもつものをもたない」他者なしには成立しないし、もしそのような他者が存在しないのであればでっち上げられることになる。そこにおいて想像される他者は、往々にして**ステレオタイプ**（紋切り型のイメージ）通りのものになりがちだ。シンプルなアイデンティティが、シンプルな他者のイメージを必要とするのだ。

相互行為とアイデンティティ

社会が用意する役割には、善玉も悪玉もある。逸脱研究における**ラベリング理論**（→unit ⑮）は、自己と他者との相互行為（見る‐見られる関係）を通じ、悪玉が捻出される過程を描きだしている（ベッカー 1978 ; 宝月 1990）。なりゆきで悪玉を演じた少年は、他者のまなざしによって「本物」と認定されることにより「根っからの不良」になる。つい些細な罪を犯してしまったとか、あるいは、貧しい家庭の子であるとかマイノリティであるとか、そうしたことをもって疑り深く少年たちを舐め回すまなざしはそもそもある。そして、少年が実際に非行をやってのければ、それみたことかと「不良」のラベルが貼られ、そのラベルに規定されたアイデンティティが形成されていく。他者からの承認を得ることができなかった人々にとって、「不良」こそがようやく得られた社会的な承認なのだ。

教師が善玉かといえば異論はあるだろうが、少なくとも善玉であることを期待されてきたとはいえると思う。教師もまた、自己と他者との相互行為によって教師になることができる。まず、教師のアイデンティティは、学生や生徒に依存している。日々、その人を教師として承認してくれる学生や生徒をもつことによって、教師としてのアイデンティティをようやく保てる。同僚として受け入れてくれる他の教師の存在も欠かせない。学校外の他者からのまなざしも、教師を教師らしくしているかもしれない。銀行のローン窓口で教師が信用ある職業であることをほのめかされたとき（銀行員の本音は知らない）、近所の商店街で店の人から「先生」と呼ばれるようになったとき（「先生」という言葉には往々にして馬鹿にする意味が含まれている）、確実に教師であることは「私」にとって譲り渡すことができないアイデンティティになっていく。

社会的カテゴリー

要するに、アイデンティフィケーションの方法として選び取られてきたのは、社会的に提供されたカテゴリーに自己を縫いつけて、それでもって「何か」であることを手っ取り早く示すことだった。そして、それは、実際たやすくアイデンティティを獲得することができる方途だった。その際、参照されるカテゴリーには、生まれながらの地位であるかのように与えられた**属性的カテゴリー**もあれば（国籍、ジェンダー〔→重要ポイント⑯〕、エスニシティ〔→重要ポイント㉓〕などがそうである。ただし、現実には移動が存在する）、人生の到達点として与えられる**達成的カテゴリー**（受験を経て入学した学校、就職活動により採用された企業など。ただし、ある時点での達成はその後において属性化しやすい）もある（属性主義と達成主義については→unit⑳）。前者は、「あるがまま」にそうであると観念されやすいため、潜在的に求心力をもち多くの人々の意識・無意識をとらえてきた。後者は、制度的な選別を経たものであるため、自己と他者との差異をより明瞭に示す根拠として汎用されてきた。

他者の承認が不可欠であったとしても、アイデンティフィケーションの過程が個々の内面を経由してなされる以上、想像上の帰属という意識状態は当然ありうる。マスメディアを通して知った職業やライフスタイルに憧れて自分を変えていったり、過去へのノスタルジーに心を奪われ現状から遊離していく心性は、近代以降の社会にあっては常態というべきものである。**準拠集団**という概念は、現時点での非所属・所属を問わず、想像を介して行為を方向づける集団のすべてを拾いだし、その影響力についての議論を可能にした。特に、未来において帰属するであろう、あるいは未来において帰属したいと思う集団は、それを準拠集団としての**予期的社会化**を促す（マートン 1961）。就職が近いことを感じ始めた多くの学生は、「内定」をとった後も髪の色を落としたままにして、背筋を伸ばして話すようになっていく。予期的社会化がなされているのだ。非所属の集団に想像において帰属しそれになろうとするこの継起は、まさにアイデンティフィケーションの過程である。しかし、想像上の帰属が個人に影響を及ぼすということと、望む通りのアイデンティティを獲得するということは、やはり話が別である。

多元的リアリティ

　一見，安定したものに見える，社会的カテゴリーを利用したアイデンティフィケーションの方法も，近代以降の生活世界のありように根ざした困難さを抱えている。近代において，人を取り囲む拡がりは身近な集団から人類全体にまで同心円状に重なりながら用意され，私たちはそれらに同時帰属するようになった。そして，「住民であること」と「国民であること」と「人類であること」との間に齟齬が生まれる事態は当然ありうるのだ。また，**社会移動**（多くの場合，階層間の移動のことをいうが，地理的移動を含めることもある）が当然の現象になることによって，ひとつの人生のなかに相互に異質な生活世界が畳み込まれるようになった。学歴のない親に育てられた，高学歴の**ホワイトカラー**（事務・管理系労働者のこと。ホワイトカラーとはそのシャツの白い襟のこと。現業系労働者は**ブルーカラー**という）は，いつの間にか親とは違う世界の住人になっていることに気づかされるものである。また，**生活世界の複数化**（バーガーほか 1977）が進み，しかも，経験する複数の生活世界はそれぞれの間の異質性を容易に解消できない。家庭と職場で顔を使い分けるなど，誰もがやっていることだろう。一言でいえば，私たちは，**多元的リアリティ**を生きているのである。

　多元的リアリティを生きるその人は，まずもって**マージナル・マン**（周縁人）として描きだされてきた。マージナル・マンとは，相異なる複数の文化の影響下にあってどちらに帰属するのかはっきりしない文化的雑種の存在をいう（パーク 1986）。さまざまな文化が雑居する大都市での生活や社会移動は，人をマージナル・マンにする。マージナル・マンは，アイデンティティの危機にある引き裂かれた存在としてとらえられてきた一方で，分裂を閉じ合わせようとするそのエネルギーが雑種という新種をつくりあげる創造力の源となっているとも考えられてきた。文化領域におけるエスニック・マイノリティの活躍が，その周縁性（マージナリティ）と結びつけられ論じられることも多い。しかし，いくつもの仮面を演じ分ける**パフォーマー**（ゴッフマン 1974）になれるなら，マージナル・マンの苦悩とは無縁のままにいられるのかもしれない。わざわざ雑種という新種をつくりださずとも，いくつもの仮面の内側で感覚される「本当の私」で満足することもできるかもしれないのだ。このことについては後述しよう。

　いずれにせよ，多元的リアリティは面倒な日常ではある。その面倒と引き換

> **重要ポイント⑤**
>
> **モダニティとポストモダニティ**
>
> 　モダンやモダニズムというとなぜか懐かしいイメージがある。日本でもモボやモガなどモダン（近代）という語が大衆化したのは1920年代とかなり昔である。近代的なものとは伝統的な社会を乗り越え、普遍的なものを志向する精神である。当時の最先端のル・コルビュジェやバウハウスの近代建築は、装飾をいっさい廃し、ひたすら生まじめに機能性を追求しようとした。機能とは普遍的なものであり世界共通の言葉である。したがって伝統的な世界から人々を解放するものと考えられた。しかし同時に普遍は抑圧でもありうる。伝統的な生活様式を駆逐する際、暴力的な包摂がともなう。ある人にとって普遍的であるものは別の人にとっては普遍的でないかもしれない。このように近代とは解放と抑圧の両側面を併せもっていた。ポストモダンとは、こうした近代（化）の抑圧を批判するかたちで1970年代に登場した考え方である。ポストモダンの考え方は、抑圧された声や個別性を尊重しようとするが、その一方で普遍性を放棄することによる相対主義の弊害やポストモダン的な批評のクリシェ（決まり文句）化が指摘されている。

えに私たちが得ているものが**個性**である。個性は、生まれつき埋め込まれているものなどではない。個性は、他者との交わりから素材を得て生みだされる、社交的な製造物である。G. ジンメルによれば、私たちは、私たちが帰属してきた社会圏（家族も仲間集団も学校も職場もそこに含まれるだろう）から文化的要素を受け取っている。要素の供給源が複数あることによって、いったんある社会圏に埋没したとしても、「自らのなかでの社会圏の個別的な交差によって、自らの特性をとりもどす」ことができる。ジンメルは、個としての性質を生みださせるこの内的な作用を**社会圏の交差**と呼んだ（ジンメル 1998：113）。ジンメルにおける個性とは、さまざまな社会圏への「種属の諸要素が人格のなかに互いに集まるさいの量と組み合せとの特殊性」なのだ。そこにおいて、個性をより個性的なものにするのが、多元的リアリティなのである。

私らしい私

　リアリティの多元化は、消費社会の高度化によっていっそう強められた。大量生産・大量消費の**大衆消費社会**においては皆が「世間並み」「普通」であることを消費によって追い求めたが、それが充たされるとともに、消費は差異を

つくりだし個性を獲得するための行為としての意味を強くもつようにもなった（→unit ㉘, ㉜）。消費様式の変化は、アイデンティフィケーションのあり方にも大きな影響をもたらした。第1に、「世間並み」「普通」の規準が不明瞭になることによって、「世間並み」「普通」への不足やそこからの逸れを否定する根拠が弱まった。圧倒的な「世間並み」「普通」とそうではないものとの境界に位置するマージナル・マンの苦悩は軽減され、パフォーマーとしてしばらくはやり過ごせるほどに社会は弛緩した。第2に、訴求力をもった社会的カテゴリーへの縫合によってではなく、「私らしい私」や「本当の私」を追い求めるアイデンティフィケーションの形態が、はっきりと見られるようになった。

「私らしい私」には、アイデンティファイする対象がないゆえに、アイデンティティという言葉は似つかわしくないようにも見える。しかし、「私らしい私」を承認する他者が不要になるわけではないのだ。アイデンティフィケーションの方法としては、「私」をそのままに認める他者を条件とすることは、社会的カテゴリーを介在させるよりも厳しいものかもしれない。ほかならぬ特定の他者への配慮や関心によって相互に結合した圏域を**親密圏**というが（齋藤 2000）、「私らしい私」の承認は、親密圏をともにする他者によってようやく可能なものだ。だが、親密圏は、誰にでも同じように与えられるものではない。これまで親密圏と家族はほとんどイコールであるかのようにも思われてきたが、生活基盤がより脆弱な階層において家族の形成・維持が難しいことがはっきりしてきた。「私らしい私」を享受できる人々とそれが許されない人々への分解が推測される（このことは消費社会における貧困の問題とも関連する→unit ㉜）。「私らしい私」から疎外された「私」が、属性的な社会的カテゴリーへと回帰するのか、それとも新たな居場所を発見して「私らしい私」を保存し合う「私たち」が探り当てられるのか（→unit ⑲）。個人にとっても社会にとっても、それは分岐である。

読書案内

　考える糸口

　□　浜田寿美男『「私」とは何か——ことばと身体の出会い』講談社, 1999。

心理学者による，かつて卵であった「私」がこの「私」になるその間の飛躍について論じた本。「私」の成立にとっての他者のもつ意味が確認される。

問題を見つける
□ 井上俊・船津衛編『自己と他者の社会学』有斐閣，2005。
「私」という現象をテーマに論じた社会学のテキスト。おすすめ。

unit 6

集団・組織

組織のリアリティ

　2007年1月，政府は，一定以上の収入のホワイトカラーへの残業代支払い義務を撤廃するホワイトカラー・エグゼンプション法案の提出を見送った。この法案はホワイトカラーに「自由な働き方」を可能にするというものだったが，いっそうの長時間労働や過労死の増加を不安視する意見は強く，「選挙の年」ということもあり，政府もいったんは矛を収めたのである。

　事前に法案について審議した厚生労働大臣の諮問機関において，導入を強く主張した使用者（財界）側委員の「過労死は自己管理，自己責任の問題」という発言は，特に強い反発を集めた。誰もが知っているように，雇う者と雇われる者との間の関係は，対等な強さをもつ個人間の契約関係ではありえない。また，少しでも組織において働くということを経験した者であるならわかるように，組織のなかで「自己管理，自己責任」を貫くことはたいへんに難しい。組織のなかの仕事とは，それが本当に自分の意志であるのかどうかを納得する間もなく，集合的な力に促されながらなされていくものだ。組織のなかにあって私たちは「弱い個人」であらざるをえないが，「弱い個人」の「弱さ」は個人の性質にではなく組織のもつ現実的な力に由来する。それが組織のリアリティだろう。そして，そのような共通了解があるからこそ，労働者を保護する労働法制が社会的にも要請されまた長く支持されてきたのだろう。しかし，「自己責任」発言は，組織のリアリティを無視して，組織の責任をすべて個人に転嫁するものだった。それゆえにこそ，反発を招いたといえる。しかし，組織のリアリティを語る言葉が貧しくなれば，威勢のいい「自己責任」論がますます席捲し，「弱い個人」を保護する仕組みはいっそう解除されていくかもしれない。

集団・組織とは何か

相互行為の相手が定まってくると，そこには他と区別される圏が生まれる。個を点として，ある基準のもと相互行為があると判定されれば点と点を線で結ぶ。そうして取りだされるかたまりのことを**ネットワーク**と呼ぶ（集団を点とする場合もある。この緩やかな集合体の意味については→unit ⑧）。さらに，そこに，①成員に目的の共有がなされ，②目的の実現に向けて協働がなされ，③地位と役割の分化が進み，④暗黙であれ明示的であれ成員をまとめあげる規範が生まれれば，それを特に**集団**という。そして，①から④の特徴がさらに強化されれば，**組織**として区別され論じられるようにもなる。集団と組織の境界線は不分明だが，成員資格が厳格で，上下への地位・役割の分化が進み，管理者・組織者と全体を管理する部署の存在が明瞭である場合，やはりその集合体は組織というべきだろう。

M. ウェーバーは，近代社会の支配的原理は**合理性**であると考えた。合理性とは，信仰や信念，偏見にこだわらず，目的や価値に照らし合わせ条件や手段を理性的に計算しつつ，最大の効果を導きだそうとする思考や行為の性質のことをいう。そのような合理性の浸透は，迷信や慣習に基づく制約を除去し，科学や技術を飛躍的に発達させて，自由な経済活動が行われる領域を押し拡げた。そもそも組織は，大きな目的を追求するために合理性に基づいてつくりあげられた手段である。そして，そのような組織が，近代において社会を覆い尽くしたのは必然であった。もはや私たちの生活は，組織と無縁ではありえない。

集団・組織への包摂

一定の閉鎖性をもつ集団・組織は，成員の内面と行為を方向づけて統合する仕掛け・仕組みを発達させる。会社のなかでは，上司が上司らしく部下が部下らしくなり，営業職が営業職らしく研究職が研究職らしく振る舞う。だが，そのように分化した**地位**と**役割**を包括して組織がまとまりをもつのはなぜなのだろうか。その点を考えるうえで，T. パーソンズの**社会システム**論が参考になる（パーソンズ 1974 など）。システムを構成する要素は役割である。組織においては，ある地位の担当者が交代したところで，新しくその地位につく人がなすべき役割はほとんど変わらない。新任の係長はやはり係長らしく振る舞おうとし，

部下もまた係長として接する。そこにおいて持続している役割間の相互行為パターンが、システムとして把握される。そして、そのようなシステムがいかにして生成し、また、維持されるのかが問われることになる。

　パーソンズは、価値や規範の内面化を重要視した。システムにまとまりをもたせるためには、**役割規範**（その役割にふさわしい行為を要請する規範）を注入して内面からそれらしく行為させたり、あるいは、**賞罰（サンクション）**を用いて役割からの逸脱を抑制させたりといった機能がどこかで遂行されなければならない。実際、どのような組織であっても、組織の規模が大きくなればなるほど、人事や査定、福利厚生などのいわば内向きの、しかし組織への求心力を高める重要な部署が整備されていくことになる。部署という単位やもっと小さな職場において、いつの間にか誰かが宴会係や説教係をやっているというのも、システムが自らを維持するためにそのような役割を差し向けているのだと考えることもできるだろう。かくして、愛社精神溢れた社員からなる、一丸となった会社もできあがるというわけだ（パーソンズはシステムのなかの役割をAGILの4つの機能にまとめることができるとしている→unit ④）。

　しかし、組織人の行為は、それほどまでに内面から決定されているものなのだろうか。確たる方向づけなど与えられないまま「組織のなかを泳いでいる」というのが、実態に近いのではないだろうか。また、組織成員の流動性が高まっている今日的状況において、組織戦略としても内面からの統合が説得力を失っていることも確かである。それでも、組織が統合されているとすれば、それはいかなる力によるものなのだろうか。

　N.ルーマンの社会システム論は、「組織のなかを泳いでいる」人々がつくりあげる組織を記述するうえで有益である（ルーマン 1988 など）。ルーマンの議論は、コミュニケーションから始まる。どのようなコミュニケーションであっても、「腹を探り合う」部分を完全には排除できない。「私」の行為は相手の反応によって左右されるが、相手の行為も「私」の反応によって左右される。結果、コミュニケーションは常に両すくみである（そのようなコミュニケーションの状態は、**ダブル・コンティンジェンシー**〔二重の偶有性〕〔→unit ④〕と呼ばれる）。パーソンズは、それが価値・規範の共有によって緩和・解消されるものとしたが（要するに両者が社会システムに組み込まれることによって解決されると見たが）、

ルーマンはそう見ない。むしろ、コミュニケーションの両すくみ状態こそ、その状態を前提としてシステムを発生させるものなのである。そのような状態であってもコミュニケーションが成立してしまうには、互いに相手の行為を予期しているだけでは不足で、「私」の行為への相手の予期が予期されなければならない（予期の予期）。社会システムは、役割の制度化を進めて予期の予期を容易にし、**複雑性の縮減**に向けて展開する。高度に役割が制度化された組織は、予期を予期できる空間となり、組織人は簡単に「適切な」振る舞いを選ぶことができるようになる。そのようにして、結果的に、いったんそこに帰属してしまえば、その内部ではそれなりに「わかりやすい」宇宙が成立するのである。しかし、実際のところ、そこにおける「わかる」という判断は、個人による推測にすぎない。現実世界が複雑であるにもかかわらず、組織が本当に単純化してしまえば、組織は外界に対応できなくなってしまう。そこで、システムとしての組織は、縮減を進める一方で、複雑性を保持し続けて変化に備える。そうであるから、組織人は、昨日まで「当たり前」と思っていたことを突然「君のやり方は古い」と否定され、組織によって裏切られたりもする。

官 僚 制

組織は、ある意味、実にうまくできている。そして、私たちは、見事に組織の一員へと馴化される。しかし、私たちは、組織のなかで「流される」ことを宿命に帰してしまうことができない事態に直面していることも確かだ。「自己責任」論からは距離を置きつつ、ウェーバーの**官僚制**（→unit ⑧）論を検討しておきたい（ウェーバー 1960, 62）。

官僚制とは、大規模な組織が発達させる、目標達成のうえで合理的な（能率的といってもよい）管理・運営のあり方のことである。ウェーバーは、**支配**の形態を類型化している（ウェーバー 1970）。理に適う根拠をもって制定された規則に基づく支配のみを正統であるとみなす**合法的支配**、支配勢力の神聖さ、神々しさによって支配が正統であるとみなされる**伝統的支配**、支配者の特異な資質によって人々の情緒に訴えかける**カリスマ的支配**の3つである。これらのうち近代において優越する合法的支配は、たとえどのような長をいただいていたとしても、基本的には官僚制を卓越させるものであった。しかも、ウェーバーに

> **重要ポイント⑥**
>
> **合理的な愚か者**
> 経済学者 A. センの言葉。あなたがもし自らの利得の最大化に向けて「役に立つ」ことを選び続けるとして、また、他の人々も同じように利益向上のため合理的に（理に適うように）振る舞っていくとして、そのような行為の集積が全体の利益水準を引き下げ誰もが損をするという結末を迎えてしまうことがある。給料は上げたいが組合活動はごめんだ、迷惑施設は困るが反対運動まではどうも、そういう損得勘定によって人は自らが動くよりも成果への「ただ乗り」を選ぶ。その結果、成果それ自体が乏しくなり、全体にとって望ましくない結果が生じてしまう（社会学ではこれを「フリーライダー問題」という）。損得に敏感に反応する人たちこそ、合理的な愚か者だというわけだ。この問題に対して、センは、他者への共感と倫理的コミットメントという、損得を離れた（しかし人間には備わっているとセンが見た）要素の重要性を指摘する。あるいは、合理的選択理論では、それぞれの行為を合成し利益を最大化する制度の設計や名声や賞罰（サンクション）のような誘因を挿入して参加動機を高めていくことが実践的提言として述べられる。

よれば、そのような組織のあり方は行政機構においてのみ見いだされるというものではなく、企業、政党、医療機関、労働組合、宗教団体などなど要するに近代の巨大化した組織であるならばどこにでも見られるものである。官僚制的組織では、縦と横に高度な分化を見せるが、そこで地位と役割を与えられた人々は、定められた規則とマニュアルに従って機械のように正確にことを遂行していくことが求められる。個性に依存した非合理性は除去され、権限や職務はすべて規則化・マニュアル化されるのである。そうすることによって、巨大な組織は、活動を恒常的に維持し目的を達成し続けることができる。名物社長のカリスマ性によって成り立っていた企業は、名物社長の死とともに滅びるのだ。ウェーバーは官僚制的組織のことを**生きた機械**と呼んだが、「機械」となって情を排することによって、組織は上意に速やかに反応できるのだ。そうして、企業は市場の変化に即応できるし、官庁は政権交代にも対応可能になる。市場経済と民主主義は、組織の官僚制化を必要とするのである。

だが、そのような**形式合理性**（技術的な合理性）の徹底は、皮肉なことに、**実質合理性**を低下させさまざまな非合理を生じさせる（マートン 1961）。機械の部品となった組織人は、規則万能主義とマニュアル信仰にとりつかれ、新しい事

態，予測不能の事態に対処できず醜態をさらす。また，巨大組織に身を隠す個人は，判断を忌避し組織の惰性に身を委ねるようになりがちだ。結果的に，巨大組織は，無責任が支配するところとなりやすい。もちろん，さまざまな企業犯罪もこのような官僚制を背景として生じている。企業や官庁の犯罪の当事者は罪悪感が薄いことを特徴とする。それは，組織においては「適切な」行為であったのだ。責任感を喪失した人々が組織という閉塞空間の常識に身を委ね滅びていく，そういうシーンに私たちは居合わせている。ときに当事者として。

かくして，組織という閉域は，自らを改革することはできない。それゆえ，組織は，もし自らを改革しようとすれば，組織を攪乱する外部を必要とするだろう。選挙の結果に翻弄されずにすむ官庁組織が非合理性に侵されていくのと同様，株主総会が形骸化し労働組合が御用組合化した企業は澱んでいく。組織の「生理」に逆らいつつ外部に自らを晒す民主主義がどう実現されるのか。それは今なお課題であり続けている。それとともに，過労死や企業犯罪について考えるうえで，個人や家庭がどう組織とつきあうのかという課題もある。経済的に依存している組織に対して，それを相対化する視点が獲得・維持される社会的条件が探し求められなければならない。家族や地域・都市の社会学的研究も，このテーマとは無縁ではないのだ（官僚制への対抗原理としてのアソシエーション，ネットワークについては→unit ⑧）。

読書案内

考える糸口
- 高木仁三郎『原発事故はなぜくりかえすのか』岩波新書，2000。

組織の合理性が非合理を生む事態を具体的に論証している。組織にはびこる「赤信号みんなで渡れば」の論理を批判する，桜井哲夫『〈自己責任〉とは何か』（講談社現代新書，1998）とあわせて。

問題を見つける
- 犬塚先編『新しい産業社会学――仕事をとおしてみる日本と世界（改訂版）』有斐閣，2003。

職場をめぐっては，産業社会学や労働社会学がカバーしてきた。産業社会学のテキストとして。

unit 7

群　れ

🏠 群れの潜在力

　1994年，住友系メーカー3社に19年から34年間勤める高卒の女性社員12人が，男性との昇進・賃金格差をめぐって異議申し立ての声をあげた。彼女たちは，それぞれの会社を相手として，まず労働省（当時）大阪婦人少年室への調停申請，そして損害賠償を請求する訴訟をやってのける。裁判の途上で，彼女たちは，同じ壁にぶち当たっている女性たちに向けて講演やメディアを通じ発言し続け，英語も勉強してニューヨークに乗り込み国連女性差別撤廃委員会でスピーチを行った。裁判は，一審では敗訴だったが，2003年12月の住友電工裁判以降二審で流れが変わり，会社が解決金の支払いと昇格を認めることで和解するに至っている。

　社会学的に興味深いのは，平凡な人々が屹立していくその過程である。彼女たちが知り合ったのは，3社が入居するビルにある，住友グループ社員用の社員食堂だった。何となく声を掛け合い食事をともにするようになり，やがては似た境遇同士共通の不満について語り合うようになる。給料の上がらなさ，昇進の機会を奪う不条理，結婚や出産を機に始まるいやがらせ，そうしたものが個人の問題ではなく会社の，社会の問題であることが見通され，食堂のなかの集まりは男女雇用機会均等法の勉強会へと発展していく。労働組合はまったく力にならなかった。企業と一体化した組合は，会社には男女差別などないと繰り返すばかりだ。結局12人は自力で会社を相手に闘うことになったのである。女性を性別役割分業（→unit ⑯，㉘）によって配置し，組織人を組織に同化させるそうした圧力は，当時のそして今なお持続する構造的な拘束である。彼女たちのなしたことは，構造的な秩序に対し人が「一矢報いる」ことができる条

件を示していると思われる。それは，人が群れるということそのものがもつ，潜在的可能性である。

この本ではここまで，どちらかといえば構造化された関係の決定力を強調してきた（→unit ④）。私たちのつきあいは，カテゴリー内，カテゴリー間において「ふさわしい」とされるものの範囲で形成されがちである。そして，それは，ほとんどの場合，構造化された関係の反映物である。しかし，一方で，私たちのつきあいは，固有の生活世界を発達させ，画一的でありきたりの社会をかき乱していく拠点となることもある。ここでは，相互行為の世界について考えることで，構造に対し齟齬を孕みつつ現れ出る行為について述べてみたいと思う。

社会化と個人の誕生

人は，**社会化**されることを通じて，社会的存在になる。だが，社会的存在になるということは社会への同化を意味するものではなく，社会へと個人として参入することなのだ。個人たれない存在は社会化が不充分な存在にすぎない。G. H. ミードが述べる社会化は，人が他者との相互行為を通じ個人となって社会に入るその局面をとらえている（ミード 1995）。

子どもは本能をもった生物学的存在として生まれてくる。本能によって胎盤を押し分けドリルのように回転しながら母胎の外に出る。しかし，そのような子どもも，異様に長い乳児期に大人たちの世話のみで生きるうちに，生物による自然の世界から人間による文化の世界へと移植される。

ミードは，まず，子どもが社会化において強い影響を受ける人物を，**重要な他者**と呼ぶ。即座に思い浮かぶのは家族だろう。C. H. クーリーは，家族や仲間集団など対面的なコミュニケーションの場を**第一次集団**と類型化し，人の成長過程におけるその意義を強調したが（クーリー 1970），家族との一体性や親密性を強調するだけでは人間の成長の秘密には迫れない。家族は，ほとんどの子どもにとって特別に重要な他者ではあるが，母親，父親，きょうだい，祖父母などを含む家族はけっして一枚岩なのではなく，それぞれが異なる世界を背負っている。さらには，保育園・幼稚園や学校の友だちや保育士・教諭，近所の友だちや大人たち，テレビ番組のキャラクターなどの影響も無視できない。こうしてあげた人々の間では，当の子どもに期待する振る舞いはやはり食い違

っている。この食い違いこそが重要で，やがて子どもはその期待を自分なりにとりまとめ「一般的な期待」を想像しつつ振る舞わなければならなくなっていく。子どもは，個別の重要な他者の直接的影響から距離をとりつつ，**一般化された他者**による自己拘束へと移行するのである。そうして，その子どもは，第一次集団をこえた社会という地平のなかに生きる，小さな個人となるのだ。重要な他者は複数いて，しかも，一般化された他者へのとりまとめは個々の子どもに委ねられている。ここに個人が個性（→unit ⑤）をもたざるをえない根拠がある。

　人の群れは，そこに群れた人の数だけ個性を内包しているはずである。しかし，群れは，個性を抑圧し群れを均質化する力をも有している。それでも群れは，集められた個性の分だけ群れがつくり上げる世界を豊富化できる可能性を潜在させているともいえる。そして，群れは，個が持ち込んださまざまな要素を組み合わせながら，独自の文化をつくり出すことがある。

相互行為と文化

　私たちは，現実そのものをではなく意味を介して現実を体験している（→unit ⑭）。現実そのものから切断されているという人の性質は，意味を体系づけて自明の世界を築き上げ，そこに落ち着こうとする性向をともなっていた。宗教は，そのような性向に応え，現実世界をまとまりのあるものとして受け入れさせる体系立った理論である。だが，多元化したリアリティ（→unit ⑤）を串刺しする首尾一貫した意味体系を提供することは難しく，意味の問題は個人に任せられるようになる。超越的な価値もそのようにして**世俗化**されていく。しかし，個人に委ねられるといっても，意味は常に間主観的に存在する（→unit ③）。それゆえ，「ローカルな」領域において，価値や規範を共有する生活世界が発生し，意味の小さな供給装置になる。人が群れるその場所において，構造には収まりきらない過剰な何かが生まれるのである。それが構造への抵抗につながるか同調につながるかはともあれ。

　シカゴ学派（→重要ポイント㉔）以来，社会学においても蓄積されてきた地域や職場の**エスノグラフィー**（**民族誌**）は，人々が支配的な価値や文化を転用しながら固有の**サブカルチャー**（→unit ⑭, ㉕）を発生させていく事例を豊富に提

供している。エスノグラフィーが焦点をあてるのは，人々の織りなす**社会的世界**である。社会的世界という用語はシカゴ学派において頻繁に用いられていたものだが，後になって，T. シブタニによって，行為の準拠枠となるものの見方の共有という緩い定義が与えられている (Shibutani 1986)。これによって，この語は，集団や組織のみならず，インターネット空間や消費生活における「族」の世界まで含め今日では影響力の大きい世界を対象とするものになった。今日では，サブカルチャー研究は，巨大な目録をつくり上げつつある。

構造への「抵抗」

小笠原祐子の『OL たちの〈レジスタンス〉』は，60 社の大企業勤務の OL（正社員・一般職の女性社員）や元 OL たちへの聞き取り調査から，OL の社会的世界を描きだしたエスノグラフィーである（小笠原 1998）。OL たちは，あくまでも「会社妻」としての補助的・従属的な存在に押しとどめられ，管理職への登用も期待できない。それゆえに「構造的劣位」にある「弱者」であるということができる。しかし，「弱者」であることには，怖いものなしという側面もある。昇進のために評判をたえず気にしなければならない男性たちとは違うのだ。OL は，気に入らない男性の場合，いわれた仕事以外のことはやろうともしない。また，ゴシップや「総スカン」，バレンタインデーのチョコレートなどインフォーマルな相互行為を通じて，男性社員が気にする評判を左右することもできる。そのようにして，OL は，職場における影響力をもとうとする。OL は，単なる従属的存在ではなく，大切にされる，尊重される存在であろうとするのである。

しかしながら，OL たちは，まず，団結しない。職場の女性たちは仲がよさそうには見える。昼食も，休憩も，何もかも「一緒」。まさしく「群れている」。だが，そこでの弱者のつきあいは多分に儀礼的で，新聞のテレビ欄を読んで人気ドラマの筋を押さえておいててきとうに話を合わせるような，そんな会話が繰り返されるのだ。不安定で周縁的な地位に置かれた彼女たちは，年功や学歴や職場での勤続年数や「若さ」といった序列を示すいくつかの指標のもと，水面下で競い合い見下し合う，そのような緊張を孕んだ相互行為のなかを泳がねばならない。また，小笠原が結論づけているように，OL たちの「抵抗」が成

> **重要ポイント⑦**
>
> **シンボリック・インタラクショニズム（象徴的相互作用論）**
>
> 　H. G. ブルーマーが 1937 年に自らの立場をいい表すために初めて用いた言葉。社会は，すでに確立されてしまったものとしてあるのではないし，人は，社会によって一方的につくられる存在ではない。人々は，互いにものごとの意味を解釈しながら，コミュニケーションを成り立たせている。他者とのコミュニケーションは，意味を見いだしたり修正したりする機会である。「私たち」というカテゴリーも社会という拡がりも，そのような相互作用のなかで境界が探られたえず再定義されるものなのである。幼児を連れた母親が公園で声を掛け合うためには，互いの存在が「敵」ではなく「味方」として意味づけられる必要がある。そして，そのような意味が見いだされるためには，眼で見ることから始まる相互行為が必要なのだ。意味を介して人々に見いだされていくものとして社会現象をとらえ，その過程を研究対象としていくシンボリック・インタラクショニズムの視点は，社会学のなかに定着している。たとえば，構築主義（→重要ポイント④）は，その今日的展開であるだろう。

功し彼女たちが大切にされ尊重されたとしても，それは旧来の構造的な性役割を補強するものなのであり，彼女たちが構造的劣位にあることは解消されることがない。小笠原の調査以降，補助的存在としての OL は数を減らし，派遣社員やアルバイトとしての女性の雇用が増えつつある。正社員という地位を失った彼女たちによって，どのような「抵抗」がなされているのか（あるいはできないでいるのか）は気になるところである。

　小笠原も述べているように，この結論は，P. ウィリスの『ハマータウンの野郎ども』(1977 年，原題は『労働することを学ぶ』)（→unit ㉑）と似通っている。ウィリスのこの著明な研究は，イギリスの**労働者階級**出身の「落ちこぼれ」中学生（＝「野郎ども」）が，労働者階級の父親たち譲りの**反学校の文化**に照らして，学校的なものを否定し自ら進んで労働者となっていく過程を明らかにしている。彼らは，「男らしい」ひとりの労働者として生きていくうえで役に立たない「知識」を拒絶し，「女々しい」優等生たちを罵倒する。父親との結びつきにおいて，「野郎ども」の交友関係において，盛り場での労働者階級の大人たちとの接触において，彼らは，「現実的な」指針を与えてくれる反学校の文化になじみそれに依拠して学校的なものに「抵抗」しているのだ。だが，反学

校の文化は，結局は，くっきりと**階級**（→unit ㉞）に分かれた社会構造を反復し強化するものであるともいえる（ウィリス 1996）。そして，『ハマータウンの野郎ども』出版のすぐ後に，**新自由主義**（→unit ㉚）の先駆となったサッチャー改革のインパクトを受けて，労働者にさえなれない若い失業者が大量に排出されることになった。

　皮肉な結論は認めたうえで，OLたちの，労働者階級の若者たちの「抵抗」を単に構造の補完物としてしまうのは不充分だろう。従属者としての役割がそのまま人を従順な奴隷にするわけではなく，「私」を貶めたくないという欲望は，行き場を求めてさまようのだ。それは，条件次第では構造への抵抗的な同調となるが，別の条件のもとでは構造に対する抵抗へと転化されうる。あの住友のOLの事例はそのような一例である。

権力と相互作用

　多元的リアリティは，社会の多様化を促す条件であった（→unit ⑤）。だが，逆にいえば，生活世界が一元化されるなら，くっきりと境界づけられた一定の拡がりのなかで人々を同質化することができることになる。実際，洗練された管理権力は，そうなるように集団や社会に対し介入してきた。何もおどろおどろしい国家の企てを例にする必要はない。終身雇用で年功序列，企業内福利厚生といったいわゆる**日本的経営**（→unit ㉑）の仕組みは，働く人々の人生をまるごと会社に回収し（男性であるならば昇進・昇給は暗黙の了解であった），家庭をも会社に接合して，趣味や娯楽の領域まで内部化するものだった。住友のあの社員食堂もまた，住友グループへの帰属意識を高めるものであったはずである。しかし，皮肉にも，そこは，不平不満を長い間飲み込んできた女性社員たちを出会わせ，構造への抵抗が現出する場となった。もちろん，女性社員であっても，会社への忠誠心から自由であるはずはないだろう。それゆえに，直接雇用されている会社が複数にわたっていたということが，彼女たちが会社から距離をおいて個として語り合うことを許容させる条件となったといえるかもしれない。それはそれとして，群れることを可能にする場所の発見・確保は，群れの自律性にとってキィとなるものであると思われる。

読書案内

考える糸口

- 阿部真大『搾取される若者たち——バイク便ライダーは見た！』集英社新書, 2006。

　バイク便ライダーの社会的世界を描いたエスノグラフィー。働くことによって得られる誇りが, 構造を不可視化させ温存させてしまうという問題がそこにもある。

問題を見つける

- 松田素二・川田牧人編『エスノグラフィー・ガイドブック——現代世界を複眼でみる』嵯峨野書院, 2002。

　100をこえるエスノグラフィーが紹介され, それぞれに簡潔な解説が加えられている。ざっと目を通したうえで, 関心をもったエスノグラフィーに直に当たりたい。

unit 8

ネットワーク

🔲 同心円モデルをこえて

　自分の国のことを知らない者は世界を舞台に活躍できない，などの類の一見もっともな教えがある。この考え方は知るべきことの重要性を同心円状に規定している。すなわち「身近」なことをまず知るべきだというが，裏を返せば「遠く」のことは後回しでよいという言明に転化する。このような考え方を同心円モデルと呼んでおこう。このモデルは素朴であるが浸透している。子どもたちは，次のように自分は全体社会のどこにどのように帰属しているかを教わるだろう。自分はまず家族や学校に所属し，それを取り囲んで地域という「より大きな」上位社会集団があり，その上位に「より大きな」国がある，と。

　たとえば全国の小中学校で配布される道徳副教材『心のノート』(2002 年) には，自分と向き合うことが，家族や近隣の人々との感情の絆を育み，やがて国土を愛することが可能となり，地球への愛に向かう……，などのように順次，自分が帰属する社会の単位を同心円状に拡大し，自己と社会の関係を想像するよう子どもたちに説いている。そこでは「自分→家族→ふるさと→国→世界」と，自己との身近さの順序，社会単位の大きさの順序が前提とされる（中学生版 p. 114）。

　こうした考え方によって想像することが困難になるのは，同心円モデルでは説明できない他者の存在である。近所に住む友人に「外国人」がいるとき，子どもたちは彼を同心円のどこに位置づけてよいか困るだろう。国際結婚した夫婦の場合，同心円モデルはもっとも遠い存在とされる者がもっとも身近な者なのである。とすれば，私たちは「近さ」や「遠さ」という距離感を同心円モデルとは違ったモデルで考える必要がある。

ネットワーク（→unit ⑥）とは中心のない関係性を表す。だからこそネットワークという考え方によって，同心円モデルでは見逃されてしまうような留学生の友人のような他者との関係を記述することができるのである。端的にネットワークとは異質な他者との出会いの経験であるといえるかもしれない。

　ネットワークは人と人の関係である必要はない。モノの秩序についてもネットワークはありうる。経済活動のグローバル化にともない，メイド・イン・ジャパン，メイド・イン・アメリカなどの，製品の製造国を特定することがますます困難になりつつある。たとえば，自動車の組み立てが日本でなされたとしても，その部品は世界各地で生産されている。さらにこれだけにとどまらず，その部品もまた別の国でつくられた部品や原料によってつくられている。こうした「グローバル・ウェブ」，つまりネットワークを経由した製造過程にとって，1つの中心地を表示する「メイド・イン・……」という表示はほとんど意味をなさなくなりつつある。人間もこれと同じであると考えればよい。たとえばニュージーランドに移民として移り住んだインド人の子どもがさらにオーストラリアに移住した場合，彼は何人なのだろうか。グローバル化にともない「メイド・イン・国籍」として特定の人間をくくることはますます難しくなっているのである。

ツリーとセミラティス

　同心円モデルと呼んだ人間関係についての考え方は，官僚制的組織原理と結びついている。官僚制（→unit ⑥）の組織は，小さなピラミッド（セクション）がそれぞれ「中心」（頂点）をもち，さらにそれらのピラミッドによって大きなピラミッドが構成され……，と入れ子状に指揮命令系統が構成される。これによって命令は混信することなく上意下達で行き渡る。

　こうしたヒエラルキーは，人間関係の近さ／遠さを規定する。同じ部署内の人間同士のコミュニケーションは活発だが，併置される他の部署の人間との関係は疎遠であり，彼らとのコミュニケーションはきわめてまれとなる。こうした分断が「縦割り」や「セクショナリズム」なのである。このような縦割りヒエラルキーを都市論では**ツリー**（樹状非交叉図式）と呼ぶことがある（アレクザンダー 1984；市川 1993）。図8-1では平社員（2）が別の部署の平社員（3）と

図 8-1　ツリー（樹状非交叉図式）

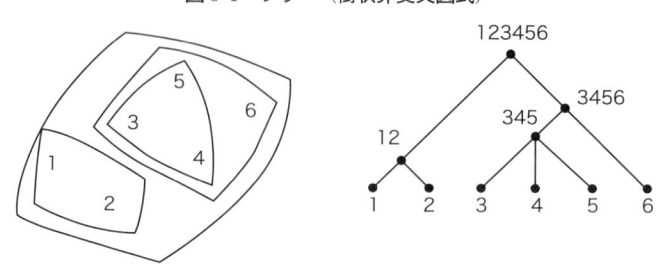

（出所）　アレクザンダー 1984；市川 1993 より。

コミュニケーションをとるためには，(12)，(345)，(3456)，(123456) という上司（あるいは社長）を媒介する必要がある。近代社会は行政組織だけでなく，私企業や政党などの組織全般をこうした官僚制組織として発達させたのである（→unit ⑥）。

これに対して，ネットワークは柔軟で水平的・横断的なコミュニケーションを可能にし，官僚制の縦割りの弊害を克服する新たな組織原理として導入された。たとえば会社などの職場で，もともとは仕事後の居酒屋などで機能していたインフォーマルなネットワークが，セミ・フォーマル化したということもできる。ネットワークという概念が日本に導入されたのは，J. リップナックと J. スタンプスの『ネットワーキング』(1982 年) によってであるが，そこでは官僚主義的な硬直性を乗り越えるものとしてネットワークの有用性が説かれていた。都市論では機能的に設計されたツリー状の計画都市へのアンチテーゼとして，このようなネットワークを**セミラティス**（網状交叉図式）と呼ぶ。そっけないツリーに対して，セミラティスは無数のインフォーマルなコミュニケーション・チャンネルが重なり合い，交叉する豊かなイメージとして描かれている（図 8-2）。

アソシエーション

しかし歴史をさかのぼれば，官僚制に対抗する自発的でインフォーマルな組織原理として，**アソシエーション**（結社）と呼ばれる組織形態がある。アソシエーションとは人々が自らの意志で自由に結びつき，そして自由に離れる，そ

図 8-2　セミラティス（網状交叉図式）

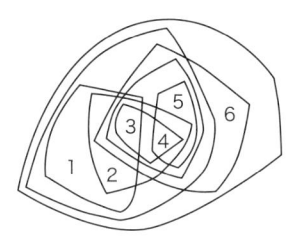

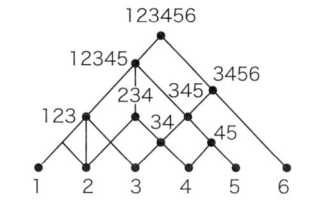

（出所）　図 8-1 に同じ。

のような関係のことである。たとえば A. de トクヴィルは 19 世紀においてアメリカにその発展形態を見いだす（トクヴィル 1987）。この意味でネットワークとアソシエーションは，概念としてきわめて近い。いわば，ネットワークとは再発見されたアソシエーションともいえる。佐藤慶幸はアソシエーションのなかでも，個人の自由と自律に立脚し，国家や経済システムの官僚制原理に対抗する運動体を特に**ボランタリー・アソシエーション**（自発的結社）と呼んでいる。そして，ボランタリー・アソシエーションがボランタリー・アクションのネットワークを通じて形成されることを強調している（佐藤 1991；1994）。リップナックとスタンプスは，ネットワーキングの実践をおもにアメリカの市民運動のなかに見いだし，佐藤は日本の生活クラブ生協の活動にこれを見いだしている。この市民運動の組織原理は中心をもたない，水平的な関係であり，恒常的なものというよりは，柔軟でアドホックなものである。

　こうした官僚制への対抗原理としてのアソシエーションにはさまざまな系譜がある。たとえば，19 世紀フランスにおいて，カフェやセルクル（circle）と呼ばれた新興ブルジョアによるアソシエーションが存在していたという指摘もある（澤田 1997）。また，天野正子は 1950 年代の日本において，一般市民が学習や文化活動にかかわる「サークル」と呼ばれる自律的で緩やかなネットワークの隆盛があったことを描いている（天野 2005）。天野はこうした活動は，新しい社会運動（→unit ㉙，㉞）のさきがけとなり，やがて生活クラブ系の生活者ネットワーク運動に連なっていったことを示唆している。さらに現代の NPO などの市民活動はこうしたアソシエーションの延長に位置づけることができるだろう。

🔲 ネットワーキングと社交

では、このようなインフォーマルなネットワークはどのように形成されるのだろうか。ここでもフォーマルな官僚制組織と対比することができる。フォーマルな組織において人々の関係は自発的なものとはいえない。それは上から与えられる。学校のクラス分けは自分たちの思い通りにはならないし、会社の部署も自分の意思によるものとはいえない。これに対して、ネットワークは自発的に（＝ボランタリーに）関係性を維持し、参加し、また去ることができる。

しかし自分から関係をつくるということを苦手とする日本人は多い。たとえば日本人は年齢の違う人と友達になることをなかなかしない。おそらく同心円的思考や官僚制的な関係のつくり方に慣れきってしまっているからかもしれない。まったく新しい人と関係をつくるには勇気がいる。サークルに入る際に部室のドアを初めてたたくとき、あるいは老人ホームでボランティアをしたいと申し出るとき、あるいはウェブ上のまったく会ったこともない人とやりとりを始めるときなどがそうだ。新しい関係を形成するときには、その関係に自分がなじめなかったり否定されるかもしれないというリスクがある。金子郁容はボランティアを始める最初のステップはこのリスクを引き受けることだとしているが、これはあらゆるネットワーキング（ネットワークづくり）に関してもいえるだろう（金子 1992）。

またネットワークの維持はフォーマルな組織原理に基づく関係を無効にする。私がどこかの会社の社長であっても、国会議員であっても、こうした属性は、フォーマルな組織を離れた以上は無視される。もしこれが重視されるとすれば、そのネットワークは自発的な関係によって形成されているとはいえないだろう。

フォーマルな属性をカッコに入れてつきあいを維持するというこのネットワークの特徴は**社交**に似ている。G. ジンメルは社交の場において相互行為を維持するために、自分の社会的地位に基づく権力を行使することはできないとしている（ジンメル 1979；山崎 2006）。社交で人気を維持するためには、むしろ機知に富んだ話術などのほうが重要である。そこには外の社会とは関係ない独自の評価のルールが備わっている。インターネット上のチャットや匿名掲示板も、その人の社会的地位はカッコに入れられ――というより、互いに知らないことのほうが多い――、会話や書き込みの内容だけが評価される。友人のネットワ

> **重要ポイント⑧**
>
> **環境と環境社会学**
>
> 　20世紀に入り近代的な「豊かさ」「便利さ」を追求するイデオロギーによって，コンビナート建設，化学肥料や農薬の使用，クルマ社会の到来など，高度な産業化が推し進められた。しかしこうした発展は自然環境に負荷をかけることになり，1960年代になると公害や環境問題というかたちでその矛盾を露にした。日本でも足尾鉱毒問題など，近代化とともに公害は拡大してきたが，それらが問題として広く認知されたのは水俣病が顕在化し反公害運動が高揚した60年代からである。その後チェルノブイリ原発事故を目の当たりにし，原発建設に反対する市民運動も生じた。欧米でも近代化への反省とともにエコロジー運動が活発になるなか，独仏では緑の党が結成され従来のフォーディズム的福祉国家とは異なる「豊かさ」をめざし，EUの政策に強い影響力を行使している。環境社会学は比較的新しい研究分野であり，開発を推進し環境破壊をもたらす国や企業と，それにより被害を受ける住民との間のコンフリクトに注目してきたが，最近では内発的発展論（鶴見・川田編1989）など地域に根ざしたオルタナティブな発展の提示も試みられている（飯島1993；海外の研究動向に関してはハニガン2007を参照）。

ークやボランティア・ネットワークの維持も同様に，彼が社長であろうとも議員であろうとも原理的には関係ない。その人と一緒にいて楽しいとか，同じ価値観を共有しているとか，その関係性に備わっている評価の固有のルールだけがネットワークの関係性を維持させる。

ネットワークの両義性

　しかしネットワークやアソシエーションは，必ずしも官僚制に対抗するものではないし，理想的なものというわけではない。たとえば，疑わしい儲け話を友人や知り合いにもちかけ，その友人がまた別の友人にもちかけ，結果的に彼らを騙すことになるねずみ講やマルチ商法のような手口は，ネットワークを悪用するビジネスといえる。

　ネットワークが官僚制の補完原理として機能することもしばしばである。たとえば，自発的な人々のサークルがやがて「QCサークル」として，半強制的な従業員のインフォーマルな活動となり企業の労務管理のなかに取り込まれていった。これらの活動は，上意下達の官僚制機構の弊害を，現場の創意工夫に

よって打ち破ることに主眼があったが,同時にこれに参加しないことは,協調性の欠如とみなされ,人事考課でマイナス要因となった(→unit ㉑)。『ネットワーキング』のリップナックたちはやがてこうした QC サークルをビジネスの場でのネットワーキングの応用として称揚するが,それが抑圧的な要素をはらんでいたことには触れていない(リップナック & スタンプス 1994)。

近年,ネットワークやアソシエーションを**ソーシャル・キャピタル**(=社会関係資本)としてとらえようとする動きがある。ソーシャル・キャピタルとはヒューマン・キャピタル(人的資本)論から発展した概念である。ヒューマン・キャピタル論は個人の知識,能力,健康などを経済資本とならぶ蓄積可能な資本とみなすが,ソーシャル・キャピタルは「集団内部または集団間の協力を円滑にする共通の規範,価値観および理解をともなうネットワーク」のことであり,信頼と互酬的なネットワークを資本として概念化する試みである(OECD 2002;パットナム 2006)。

ソーシャル・キャピタルの考え方によれば,個々の住民が知識や能力あるいは美徳をもっていても,彼らが互いに孤立している場合,地域住民の間にはソーシャル・キャピタルは蓄積されないとみなす。このことは地域だけでなく,社会全体についてもいえる。社会全体で人々が積極的にさまざまなアソシエーションに参加し,ネットワークを維持している社会はソーシャル・キャピタルが蓄積され,豊かな社会であると考えるのである。ソーシャル・キャピタルの提唱者の R. パットナムは,アメリカでは第二次世界大戦前と比べソーシャル・キャピタルが衰退していることに危機感を抱いている(パットナム 2006)。たとえば一見活発に見える NPO なども,その多くはリーダーを中心とする官僚組織化し,メンバーが小切手を送るだけの関係でしかなくなっているという。

しかしソーシャル・キャピタルの蓄積はネットワークと同様,それ自体を理想的な社会関係のあり方とみなすことはできない。たとえば犯罪者のネットワークも彼らにとってはソーシャル・キャピタルを形成しているといえるかもしれない。パットナムは,ソーシャル・キャピタルを質的に分類することを試み,結束型と橋渡し型に分類する。結束型とはたとえば宗教的な集団のように排他的なアイデンティティと同質的な集団を強化する内向きの指向をもつ。他方,橋渡し型とは,かつての公民権運動のように外向きで,人種や階級などの社会

的な差異を横断するネットワークである。しかしこの2つの側面はどんな社会的ネットワークにも見られる。たとえばオンライン・チャットは一見，地理的な距離，性別，年齢，信奉する宗教を横断し，橋渡し的にも見えるが，他方，教育水準などに基づく「デジタル・ディバイド」という排他性をもつ（パットナム 2006：21）。したがってこの分類もただ傾向を示すものにとどまり，ソーシャル・キャピタルの質はそれがどのように利用されているかというコンテキスト（文脈）に依存するといえるだろう。

読書案内

考える糸口
- 金子郁容『ボランティア――もうひとつの情報社会』岩波新書，1992。
- だめ連編『だめ連宣言！』作品社，1999。

ネットワークは他者との偶然の出会いから始まる。身構えず他者に開かれていることの大切さを理解するために。

問題を見つける
- 天野正子『「つきあい」の戦後史――サークル・ネットワークの拓く地平』吉川弘文館，2005。
- 『現代思想（臨時増刊）戦後民衆精神史』青土社，2007。

大学サークルだけがサークルではない。戦後，ミニコミなどを通じて自分たちの声を発した，数多くの学習サークルがあった。そのバイタリティに触れてほしい。

第2章 社会につながる

KeyWords 2

- ☐ アイデンティティ 44
- ☐ 自己呈示 44
- ☐ 社会的カテゴリー 44
- ☐ 地　位 44, 52
- ☐ 役　割 44, 52
- ☐ ステレオタイプ 45
- ☐ ラベリング理論 45
- ☐ 属性的カテゴリー 46
- ☐ 達成的カテゴリー 46
- ☐ 準拠集団 46
- ☐ 予期的社会化 46
- ☐ 社会移動 47
- ☐ ホワイトカラー 47
- ☐ ブルーカラー 47
- ☐ 生活世界の複数化 47
- ☐ 多元的リアリティ 47
- ☐ マージナル・マン 47
- ☐ パフォーマー 47
- ☐ 個　性 48
- ☐ 社会圏の交差 48
- ☐ 大衆消費社会 48
- ☐ 親密圏 49
- ☐ ネットワーク 52
- ☐ 集　団 52
- ☐ 組　織 52
- ☐ 合理性 52
- ☐ 社会システム 52
- ☐ 役割規範 53
- ☐ 賞罰（サンクション） 53
- ☐ ダブル・コンティンジェンシー 53
- ☐ 複雑性の縮減 54
- ☐ 官僚制 54
- ☐ 支　配 54
- ☐ 合法的支配 54
- ☐ 伝統的支配 54
- ☐ カリスマ的支配 54
- ☐ 生きた機械 55
- ☐ 形式合理性 55
- ☐ 実質合理性 55
- ☐ 社会化 58
- ☐ 重要な他者 58
- ☐ 第一次集団 58
- ☐ 一般化された他者 59
- ☐ 世俗化 59
- ☐ エスノグラフィー（民族誌） 59
- ☐ サブカルチャー 59
- ☐ 社会的世界 60
- ☐ 労働者階級 61
- ☐ 反学校の文化 61
- ☐ 階　級 62
- ☐ 日本的経営 62
- ☐ ネットワーク 65
- ☐ ツリー 65
- ☐ セミラティス 66
- ☐ アソシエーション 66
- ☐ ボランタリー・アソシエーション 67
- ☐ 社　交 68
- ☐ ソーシャル・キャピタル 70

第 **3** 章

社会に組み込まれる

```
 9 身　　体
10 感　　情
11 無 意 識
12 意　　識
13 物　　語
14 文　　化
```

第3章 社会に組み込まれる

> **この章の位置づけ**

　個性なるものが私のなかにそもそも埋め込まれている、などということはない。だから、放っておけば発現してくれるということはない。現代人である私たちは、「ほかではない私」の存在をどこかで信じている。しかし、私たちは、徹頭徹尾社会の色に染め上げられており、「ほかではない」はずの行為や意識は、結局のところ、ありがちなものになる。

　私たちは、身体（→unit ⑨）、感情（→unit ⑩）、無意識（→unit ⑪）といった意識化しにくい、されない領域を媒介して、知らず知らずのうちに社会に捕捉されている。一方、意識（→unit ⑫）は自己制御可能な領域とみなされがちであるが、往々にして、私たちは、社会が与えた役割に「ふさわしい」意識と「もっともらしい」振る舞いを自ら身につける。さらに、言葉を拾い集めてそのような自分を正当化してくれる物語（→unit ⑬）をつくりあげ、自らの人生を宿命と納得しようとする。そのようにして社会への組み込みのメカニズムは一応完了することになる。

　私たちは、モノや事柄それ自体とは出会わない。それらは意味によってくるまれており、私たちは、意味を介してモノや事柄と接する。文化（→unit ⑭）は、そうした意味の層において生起するすべての人間的現象を対象とする言葉である。ある動物を食べるのか恐れるのか愛でるのかは、その人の経験知の問題というよりも文化の問題なのだ。身体、感情、無意識、意識、物語を横断して、文化は、それらに相応の内容を与えるものといえる。

　この章では、社会の人への拘束力をとらえ、拘束のメカニズムを中心として述べている。ただし、拘束のメカニズムは完璧ではない。その破綻や矛盾にも言及することになるだろう。社会によって生みだされたものによって既存の社会が揺さぶられるという逆説的なメカニズムも、社会は内包しているのだ。

Introduction 3

「心」の位置

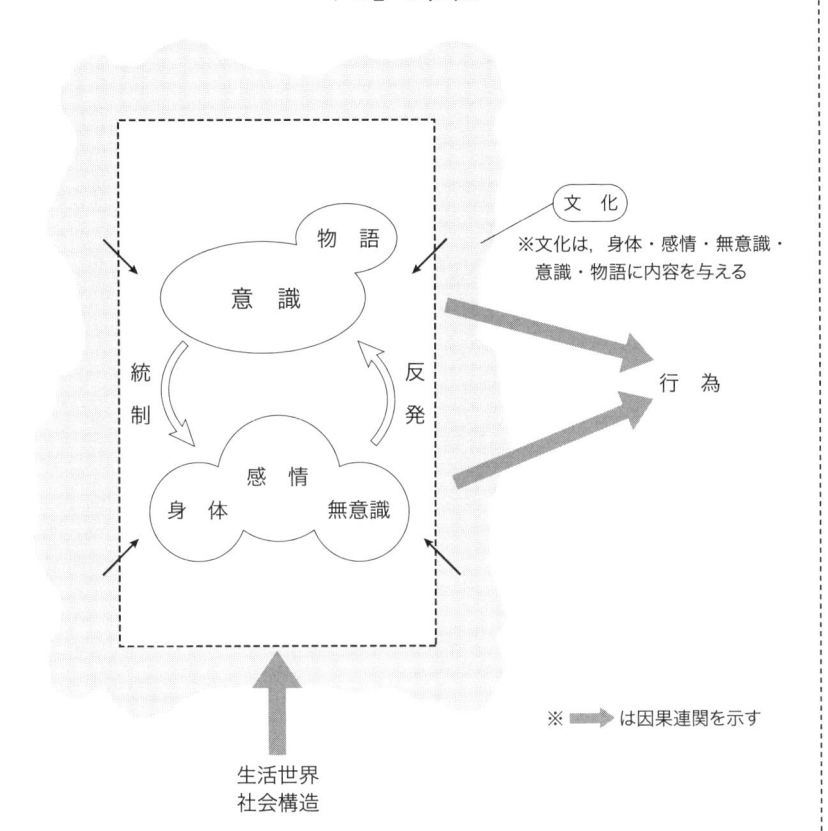

```
        物 語
      意 識
   統          反
   制          発
      感 情
   身 体   無意識
```

文化
※文化は，身体・感情・無意識・意識・物語に内容を与える

行 為

生活世界
社会構造

※ ➡ は因果連関を示す

unit 9 身体

身体の観念化

　私たちは自分の体に命令し，管理しようとする。たとえば，女性であれば「ほっそりとした体」になりたいためのダイエット。男性であれば筋骨隆々の「たくましい体」をめざしたボディ・ビルディング。「健康」のための節制，禁煙，ジョギングの習慣。あるいは「快楽」のためのセックスの指南書。これらは一例にすぎないが，私たちは日々，何かしらの「理念（観念）」のもとに，自分の身体を支配しようとしている。

　しかし，頭ではわかっていても，体がいうことをきかないということがある。私の身体は必ずしも私の考えには従わない。私（たち）の命令に従わせ，管理しようとすると身体はいうことをきかず，反乱を起こすかのようだ。たとえば，ダイエットを試みるたびに長続きせず暴飲暴食をしてしまったりする。本来，食とは観念によって管理するものではなく，日常生活のなかの流れやリズム——たとえば家族との共同の食事——にまかせるべきもののはずなのに，強迫観念的に私の命令に従わせようとすれば，身体は方向喪失し「悲鳴」をあげる。鷲田清一が指摘するように，いま「私たちの身体はがちがちに観念化され」てしまっている（鷲田 1998）。

道具化される身体

　身体とはハビトゥス（習慣）（→unit ⑭）の座である（ブルデュー 1990）。たとえば，自転車に乗ったり車を運転したり水泳をしたりすることがそうだ。最初に慣れるには努力や試行錯誤が必要だが，一度慣れれば行為の流れに身をまかせさえすればいい。また身体は私たちの感覚が生じる場である。私たちは身体

の五感を通じて外の世界を認識し働きかける。だが，感覚も実は習慣や文化によって規定されている。私たちは世界をあるがままに見ているのではなく，習慣や文化によって規定された枠組みを通じて，「見えるもの」と「見えないもの」をふるいにかけているのである。

　しかし，そうであるがゆえにハビトゥスの座としての身体は，権力にとっても無視することのできない対象となる。人々の放縦な身体を規律正しい身体に矯正することができれば，生産活動は効率的なものとなり，社会全体の産業化や開発が可能となるからである。M. フーコーはこうした権力を**規律訓練**（あるいは規律権力）と呼ぶ。

　この権力は，同じ身体を対象としたものであっても，かつての君主による主権の荒々しい暴力行使——フーコーはこれを主権権力と呼ぶ——つまり「脅し」と「恐怖」という手段による支配権力に比べ，温和で，理性的であるように見える。なぜなら，規律権力は個人の身体に直接働きかける（たとえば鞭打ち刑のように）のではなく，各人の「観念（理念）」に働きかけ，身体の放縦さを各人に自発的に抑制させ管理しようとするからである。そこには身体の観念化（鷲田 1998）という操作が不可欠なのである。フーコーはヨーロッパでは 18 世紀において，監獄，少年院，学校，工場，兵舎，病院などの施設の発明を通じて，身体をめぐる権力のモードが，主権権力から規律訓練へと徐々に変化してきたと分析しているが，このプロセスで身体の観念化が進行したといえる（学校については→unit ⑳，工場については→unit ㉑，その他の収容施設については→unit ㉒）。

　J. ベンサムが考案した**パノプティコン**と呼ばれるドーナツ型の収容施設は，規律訓練のメカニズムを教えてくれる。この装置は訓練されるべき囚人たちをまず特定の空間に監禁する。監禁といってもかつての，人々が何をしているのかわからない薄暗く雑然とした牢獄にではない。人々は監視されやすい整然と区画された明るい個室のなかに置かれる。中央にある監視塔からは囚人の姿がよく見えるが，逆に，囚人たちは中央の監視塔の看守を見ることはできない。こうすることによって，この装置は囚人たちを孤立化させ，看守に見られているかもしれないという不安な気持ちを抱かせる。この不安な気持ちを消すために，囚人は自らが規律正しい身体を積極的に生みだし，維持し続けるはずだ。

こうして規律正しい身体は暴力的な手段に訴えることなくつくりだされる（フーコー 1977）。

　ところでこうした規律権力＝身体の観念化は，身体を自己（主体）に対するモノ（客体）とみなす態度を前提とする。より正確にいえば，身体を自己に逆らう障害物とみなし，そうした身体を観念の力で制御し征服しようとする態度である。身体の観念化とは，裏を返せば，身体から切り離された，身体の主人たる「自己」という概念の成立をともなうのである。このことは，身体のなかでも性（セクシュアリティ）（→重要ポイント⑯）を自己管理する主体が確立される際に明白となる。性的放縦さを弱め，特定の性の形態（異性愛，夫婦間の関係）に封じ込めようとする際，威力を発揮したのが，告白であったとフーコーはいう。告白者は，自分の不品行やよこしまな感情を反省の意識とともに再構成し，告白する。この装置は最初はキリスト教の懺悔などで制度化されていたが，やがて，医療，学校，裁判，監獄，さらには手紙や文芸などで広がっていった。このとき，自己の身体の「主人」としての主体が誕生したのである。

　しかし，規律訓練で見たように，この「主人」は実は権力の指令に従っている。彼は自己の行動を反省すべきものとして把握するよう促されるのであるが，その反省の意識によって主体は負い目＝負債を負う。したがって厳密には彼は自分自身の「主人」とはいえない。彼は，負債を抱えた「主人」なのである。いわば彼は権力の指令に従う代理人にすぎず，「雇われ店長」のような存在なのだ。「雇われ店長」には本当の意味での自律性はない。フーコーが指摘するように「主体」subject とは「臣下」の意味でもあるのだ（フーコー 1986）。

　「雇われ店長」は常に本社の指定するノルマに追われながら従業員を管理する。身体の「主人」の場合もそうだ。ただしこのノルマは本社が指定するのではなく，人口統計学，心理学，公衆衛生，社会学などの科学が指定する。これらの科学は規律訓練とともに発達した。それは，集合的な身体や集団的な生——人口のあり方——を「客観的」に把握し，人々の身体の「正常値＝ノーマル」を提示し，身体を正常化（ノーマライズ）するよう促す。これらの知＝学問は，身体の観念化を促進する権力の一部でもあるのだ（フーコー 1986：5章）。

身体をめぐる攻防

しかし身体の道具化の次元，つまり身体の積極的活用が産業化・近代化の1つの側面であるという議論だけでは，規律訓練を十分に説明することはできない。身体やハビトゥスのあり方は階級（→unit ㉞）に固有の身体を体現している。ブルジョア階級の身体とは，きちんとした身なり，品行方正，勤勉，要するにレスペクタブルな（＝ちゃんとした）身体なのである。彼らは「観念化」によって自分たちの身体を律しようとする。ブルジョア的身体に対し，労働者階級や下層階級の身体は，ブルジョアジーの支配する市民社会にいまだ回収されない。ブルジョア的規範からすれば，それは「だらしなく」「怠惰」な身体である。19世紀の階級闘争はこうした2つの身体の闘いでもあった。規律訓練とはブルジョア的身体を労働者や下層階級の人々にもたせようとする試みといえる。

18，19世紀のヨーロッパでは，労働者や，都市下層民たち——細民（貧民）やルンペン・プロレタリアートと呼ばれていた——は，反規律訓練的なエートス（精神構造）の労働者文化を形成していた。彼らは日曜日だけでなく月曜日になっても朝から安い酒場で酒を飲み，気ままに自主的な休み（「聖月曜日」）をとってさえいた（喜安 1982）。18世紀において，若きフランクリンは，ロンドンで印刷工として働いていたときに，朝食時にビールを飲む労働者たちに出会い，その習慣をやめさせようとしている（フランクリン 1957）。このような文化は，単なる経済的な効率の悪さとなるだけでなく，19世紀になるとブルジョア市民社会から自律した独自の生命を獲得し，しばしば都市の騒乱や革命の発火点となった。またそれゆえブルジョア市民社会から不気味なものとみなされ，だからこそ規律訓練によって権力に従順なハビトゥスを注入しなければならなかったのである。

日本でも1920年代に，時間厳守など労働者の職場規律の注入の試みとともに，文部省が中心となって始めた生活改善運動は，労働者たちの生活態度における規律化をめざしている。たとえば，衣食住や社交における時間厳守の徹底，贈答などの虚礼廃止，さらには生活における居住空間の「洋風化」——座布団からイスへ，土間から台所へなど——（柏木 1995；橋本・栗山編 2001）が奨励された。

> **重要ポイント⑨**
>
> **暴力とスポーツ**
>
> 通常，スポーツにはルールがあり，危険な行為を抑制している。だが，N. エリアスによれば，中世における民衆のスポーツはほとんどケンカに近いものであった（エリアス＆ダニング 1995）。たとえばボクシングは素手で殴り合っていたし，フットボールにおけるボールの奪い合いは取っ組み合いであり，重傷がつきまとっていた。すなわち近代化の歴史を通じてスポーツにおいて徐々に暴力が抑制されていったと考えられる。この過程は，イギリスの政治において，暴力の時代が終焉し，非暴力的な議会政治が成立した過程とパラレルである。しかし，現在においても程度の差こそあれ，スポーツには危険がつきものであり，この危険性こそがスポーツに興奮をもたらすものであることも事実である。たとえば，R. カイヨワは，「遊び」を，アゴン（競争），アレア（偶然），ミミクリ（模擬），イリンクス（眩暈）の4つに分類したが，イリンクスにはスキーや登山など危険を楽しむスポーツが含まれる（カイヨワ 1990）。また闘牛などの生死を賭けたスポーツにG. バタイユが古代社会に見いだした蕩尽（祝祭的な生の消費）を見いだすことができるかもしれない。

20世紀初頭のアメリカにおいても，フォードをはじめとする大工場は，東欧や南欧出身の移民を労働者として雇う際，アセンブリーラインでの機械のリズムに順応して働く身体をつくりだすのにきわめて苦労していた。その多くが農村出身の彼らはその文化を持ち込み，親戚の結婚式のとき，何日も続くお祭りのために1週間も仕事を休むのが普通だったという（バチェラー 1998）。20世紀初頭のチャップリンの『モダン・タイムス』(1936年)は工場が要求する機械のリズムにどうしてもうまく「慣れる」ことのできない労働者の身体を面白おかしく描いているが，その身体とは規律訓練に抵抗する身体でもある。

私の身体は私のもの？

すでに述べたように，身体の観念化とは，身体に命令し，管理し，何らかの観念に従わせることであった。身体の観念化の根底には「自分の身体は自分のもの」という身体の自己所有の前提がある。自分の資産と同じように，私たちは自分の身体を意のままに扱うことができるし，自分の命令に従うはずだ。しかし，そもそも身体は「自分のもの」なのだろうか。

鷲田は身体とは，一種の「緩衝地帯」，「あそび」であるという（鷲田 1998: 178）。この「あそび」はいわば「観念」からの命令，勉強せよ，働け，ダイエットせよ，身体能力を高めるためにドーピングも厭うな，こうした命令を宙吊りにし，「いいかげん（良い加減）」にすることができる。この身体とこの緩衝地帯を自己が所有し，隙間なく監視し，管理しようとすると，私は常にこの「命令」を達成できない自分を発見し，際限なく自分を追いたてることになる。

　また身体は私に所属し，私に管理されるものだとすれば，あらゆる身体行動は私の責任となってしまう。このような想定のもとでは，自分の身体行動は常に他者に対して何か（敵意，服従，愛情など）を意味することになる。他人の前でのちょっとした失敗が何か重大な意味をもつかもしれない。私たちはこれにどこまで耐えることができるだろうか。この緊張に耐えられない身体は痙攣し摩滅する。身体が悲鳴をあげるとはこういうことである。

　J. ロック以来，所有権の根拠は自分自身の身体を使った「労働」に帰せられるのが一般的である。「私（の身体）が生産したものは私のもの」，つまり身体の自己所有はあらゆる所有の原点なのである（立岩 1997）。しかしもし身体が自分のものとはいえない——とはいえまた別の誰かのものともいえない——のなら，自分の身体の労働によって「生産」されるものを自分の所有物だと主張することも難しくなる。

　近年，身体を取り戻す実践の再評価といえる動きが目立ってきた。身体の取り戻しとは，身体を自己所有することではない。身体の自己所有とは，身体を自己とは分離したモノや道具とみなし，そうした身体を征服しようとする態度のことであった。これに対し，身体の取り戻しとは，むしろ身体に逆らわないということである。身体と自己を連続したものととらえる態度といえるかもしれない——身体の「自己決定」の名のもとに主張されることは，身体の自己所有と身体の取り戻し，この両方を意味することがあるのでややこしい。ヨガや太極拳などは直接的な身体の取り戻しの実践であるが，田舎暮らしやスローライフなどのライフスタイルに惹かれる人々も，身体を取り戻す実践を志向しているといえよう。

　しかしヨガや田舎暮らしは，少しハードルが高いかもしれないし，それゆえそれ自体が「観念」に反転してしまうこともありうる——「健康のためのジョ

ギング」のかわりに「ヨガ」が代入される。身体の取り戻しの実践は，個々人の努力だけでは難しく，集合的な営為であるときにはじめて持続可能なものとなるのだろう。

　このような文脈で考えると，近代化の過程で規律訓練が訓育しようとしたあの「怠ける身体」は，身体の自己所有の道徳とは異なる，別様の身体感覚に根ざしていたものとして再評価されうるかもしれない。たとえばかつての生活改善運動では，あらかじめ約束や連絡もなしに突然知人宅を訪問し，だらだらと無為に雑談することなどが「時は金なり」（→unit ㉘）に反する生活態度として戒められたという（小山 1999）。それは自己の身体の境界を堅固に守ること，自己の時間を奪われないこと，そしてプライベートな領域に簡単に侵入させないことなどを忠告するのだ。逆に考えれば，約束なしに訪問すること，あるいはこうした訪問を快く歓待することは，閉ざされた身体の自己所有とは異なった，他者に開かれた身体感覚——身体の共有とでもいうべき——を前提としているといえないだろうか。

　身体の自己所有が私的所有制度の原点であるとすれば，身体の自己所有のオルタナティブへの想像力は，社会のあり方を組み替える可能性を秘めているはずである。

読書案内

考える糸口

- 鷲田清一『悲鳴をあげる身体』PHP 新書，1998。
  現象学的なアプローチから身体の社会性を論じる。身体の「知」，身体の豊かさを知るために。

問題を見つける

- 後藤吉彦『身体の社会学のブレークスルー——差異の政治から普遍性の政治へ』生活書院，2007。
  障害学を出発点に身体の社会学へと突破する試み。身体をめぐる近年の議論が整理されている。

unit 10

感　情

感情を表現する

　感情の社会学は可能だろうか。感情や情動は心のなかの現象とされ，ふつう心理学の対象とみなされている。

　私たちが自己の感情と接する様態から考えてみよう。まず何らかの感情を「もつ」ことがあり，次に感情を「表す」ことがある。そして最後に感情を「つくる」場合もありうる。感情には3つの側面，すなわち「もたれる（もつ）」感情，「表される（表す）」感情，「つくられる（つくる）」感情が存在することになる。

　このうち「もたれる」感情は心理学の対象である。私たちは，心のなかに喜怒哀楽といった感情を「もつ」。それはもちろん，自分を取り巻く人間関係，生活，社会などの環境に起因するかもしれないが，感情自体は何か外部の世界から独立した「内面」のなかに存在し，ナチュラルなものとみなされる。それゆえ心理学の特権的な対象とみなされているのである。

　しかし，感情は「もつ」だけではなく「表す」こともできる。「表す」とは他者に向けての行為であり，その行為は常に他者との関係のなかでなされる相互行為の一部である。そうである以上，感情のこの側面は社会学の対象となる。

　しかし，心理学からはこう反論されるかもしれない。「もたれる」感情がまず先にあり，それが必然的に外部に「表される」。したがって感情を「表す」ことは「もつこと」に付随する反応にすぎない，と。だが，たとえば，悲しい感情を「もつ」ことと，悲しい感情を「表す」ことは同じではない。たしかに怒りにまかせて相手を殴るという場合はありうる。しかしむしろ日常生活では，怒ったフリをしたり，逆に怒りをグッと抑え，平気な顔を保とうとすることの

ほうが多いはずである。また「大げさに」泣いたり，逆に涙を「こらえたり」することもあろう。「もつ」感情と「表す」感情の不一致は，ことさら特別なことではない。

　この不一致は「演技」と呼ばれる。E. ゴッフマンは自己呈示をする際，表と裏で態度を使い分ける人間を描いている。たとえばフロア（表局域）では客に愛想よく振る舞い，厨房（裏局域）では客を酷評するレストランの店員（ゴッフマン 1974）。このような態度の使い分けは，いわば他者を騙す行為のようにも聞こえ，それゆえどこか倫理に反するように見える。しかしこうした使い分けをしたことがない者はいないだろうし，これをしなければ円滑な相互行為が破綻するだろう。

感情をつくる

　感情を「表現」するだけではなく，積極的に「つくる」場合がある。泣くフリをするのではなく，私たちが「心から」泣くように自分を仕向けるときなどがそうだ。たとえば葬式で故人が死んだという実感がわかないとき，在りし日の故人の具体的な思い出を喚起することによって，初めて悲しみを感じることができる。好きになりたくない——手が届かない——のに好きになってしまった相手への感情を「整理」することもある。こうした場合，あえて相手の欠点を探したり想像したりすることによって無理やり嫌いになろうとするのではないだろうか。感情は記憶や想像と分かちがたく結びついており，私たちはこうした記憶や想像の力によって，自らの感情を増幅したり抑えたりしているのである。

　A. R. ホックシールドは，感情の社会学を提起した『管理される心』で，感情の管理の技法として，外見的な演技だけに頼るうわべの演技を**表層演技**と呼び，これと区別して，自己の内面に働きかける「演技」を**深層演技**と呼んでいる（ホックシールド 2000）。表層演技が「身体」に直接働きかける管理だとすれば，深層演技は「こころ」に働きかける管理といえる。また表層演技が他者を「騙す」ことだとすれば，深層演技は「自分を騙す」（ことを通じて結果的に他者を騙す）ことだといえる。表層演技が他者に向けられた行為だとすれば，深層演技は他者だけでなく自己にも向けられた行為といってもよいだろう。

このような深層演技は仕事の際に効果を発揮する。感情は「商品化」されることがあるのだ。ホックシールドは仕事の際——とくに客との相互行為の際——使われる感情管理を**感情労働**と呼ぶ。たとえば，嫌な客に愛想よく接しようとするとき，表面的な演技ではすぐに破綻する。そのようなとき，私たちは深層演技を使う。飛行機の客室乗務員は，わがままな客に接するとき，「彼はただの子ども」と仮定法的に想像し，その客に対する自分の態度を和らげることができる。

深層演技を使った感情労働は自己への働きかけであるとするなら，接客業務だけではなく，あらゆる仕事に応用可能である。どうしても好きではない仕事は接客業務に限らない。講義するのが苦手な大学教員がいたとしよう。彼はこの「嫌だ」という感覚を，過去の記憶——学生の優秀なレポートの記憶——や，未来への想像力——学生が将来，この講義から得た知識を役立たせてくれるはず——などを動員して，消し去り，ポジティブな感情を鼓舞しようとするだろう。また事務的な書類を書くような単調な仕事でも，「この仕事はきっと誰かの役に立つはず」という想像力によって耐えることができるのである。

感情管理の困難

ホックシールドによれば表層演技にも深層演技にもそれぞれ固有の困難がある。表層演技について見てみよう。外面だけの言葉や行動によって表層演技を首尾よくやりおおせたとしても，それは他者を騙していることになるのではないだろうか。こう思ってしまう人は，表層演技をしてしまう自分について，誠実さという点で罪の意識を感じることになるだろう。深層演技にも困難がある。自分の心に働きかける深層演技をする人は，深層演技によってつくられた感情と本物の感情との見分けがつかなくなり，混乱したり葛藤することになるだろう。遊び仲間と一緒に遊んでいるとき楽しいと感じる自分と，自宅で冷静に日記を書いていると彼らのことがそんなに好きではないと感じる自分。どちらの自分が本当の自分といえるのだろうか。分裂した自分を分裂したままで維持することは難しい。自己の純粋な感情を重視する人間はさらに困難を抱えるだろう。彼がたまたま義務的な感情（ホックシールドはこれを感情ルールと呼ぶ）に合致した感情を抱いた場合，その感情は作為的な打算によるものではないかと自

分の感情に猜疑の目を向け苦悩するだろう。「あなたへの愛／友情には打算はない」といい切れる人はいるだろうか。

感情管理の歴史

そもそも私たちは自己の感情をなぜ管理しなければならないのだろうか。表層演技も深層演技も、自己の感情の管理は他者に対してなされる。とすれば、他者に対して不適切な感情を示すことが好ましくないというのがひとまずの理由である。しかし、なぜ他者に対して、不適切ではあっても「ありのままの感情」を示してはならないのだろうか。

実はその答えはアプリオリには出てこない。つまり感情を管理しなければならないというルールは自明のものではなく、歴史的なものなのである。N. エリアスはヨーロッパにおいて、近代以前（市民社会が成立する以前）の社会では、人々の相互行為において感情を管理する必要がなかったとする（エリアス 1977, 78）。たとえば、中世の戦士たちは感情を抑制することなく、互いに傍若無人に振る舞っていた。後に絶対王政のもと、宮廷社会が編成され、彼らの行為は抑制されると同時に、感情の表出も抑制させられたのである。貴族たちは互いに無礼がないように自己の感情を抑制しなければならなくなったのである——たとえば『忠臣蔵』の物語は、江戸時代、挑発に乗って江戸城内での抜刀禁止の規則を破ったことが発端である。こうした宮廷社会のルールは、やがて近代市民社会の成立とともに一般化し、私たちの社会のルールとなった。

たとえば学校や職場の人間関係において、相手が傷つかないかを心配するあまり、イライラしつつもズバッといってやりたい気持ちを抑えてしまうことはないだろうか。電車のなかなどの公的空間では、他者の行為に過度に関心をもたないよう配慮する規範をゴッフマンが儀礼的（市民的）無関心（civil inattention）と呼ぶように、「市民的」であることは、他者へ配慮し、相手への干渉を排することである（奥村 1998；ゴッフマン 1980）。またそれは同時に、自分も他者からの介入によって自己の感情（内面）に干渉され傷つけられたくないという自己の感情への配慮でもある。かつての戦士同士の「闘争」は「内面」のなかに封じ込められ、心の「葛藤」——たとえばちょっと「イライラ」すること、あるいは無意識的な葛藤——としてのみ生き延びることができたのである。

「闘争」が「(内面の) 葛藤」に封じ込められたとき，はじめてプライバシーを重視する「心理 (学) 的な」人間が誕生したのである (片桐 1996)。

この「心理 (学) 的人間」は孤独な人間である。孤独は通常ネガティブな感情 (さみしさ) として経験される (→重要ポイント②)。それゆえ人間は自分の殻 (自意識) を破ろうとするが (たとえば恋愛などによって)，往々にしてそうした努力自体が自意識にとらわれてしまう。だが，そのようなものが孤独に開き直る場合がある。そのときネガティブな孤独の意識は転倒され，孤独感 (疎外感) こそが美しいとでもいうような倒錯的な美学が生まれる。柄谷行人によれば，近代文学という制度はこのような倒錯した感情とそれを後生大事にもち続ける主体を生みだす装置なのである (柄谷 1988)。

感情管理の現在

現代社会では，かつてのようなこうした厳格な感情管理は徐々に緩やかになり，人と人との距離が縮小されてきたと考えることができる。特に欧米ではファーストネームで呼び合う関係を非常にたやすく形成し，性行動もオープンになってきた。このような変化を「インフォーマル化」と呼ぶ場合もある。しかし，これをもって自己抑制が解かれてきたといえるかについては論者によって解釈が分かれる。オープンな関係においては，いっそう自覚的なより高度の自己抑制が必要といえるからである。そうなるとこの高度化された感情管理から脱落する者も出てくるだろう (奥村 2001；崎山 2005)。

この傾向は，自分の殻を破って職場や恋愛の場で人と積極的にかかわること，つまり「社交的」であることが積極的に奨励される現代の傾向と親和的である。「就活」では明るく快活に自己PRすることが要請される。私たちは「明るい」人格であることが評価される「市場」にさらされるといってもいいかもしれない。その反面「脱落者」，つまり内気 (shyness) や内向性という感情の持ち主は「ネクラ」とされ，社会的成功や昇進あるいは恋愛や結婚におけるマイナスの要素とみなされる。社交的であることが好ましいとされる感情ルールが設定され，自らの感情を「仕向ける」ことが要請され，これを満たすことができない者には罰が用意される。

この延長には次の段階がある。内気さは「病気」というレッテルを貼られ，

> **重要ポイント⑩**
>
> **スピリチュアリティ**
>
> 　M. ウェーバーはその宗教社会学で，人間の歴史が長期的な合理化によって，呪術的な性格を徐々に脱し，ついには普遍的な世界宗教（キリスト教，イスラム教，仏教，儒教）に至るものであったと，世界の脱呪術化を論じている（ヴェーバー 1972）。そしてその延長に，キリスト教，なかでも現世を積極的に支配しようとするプロテスタンティズム特有の合理的精神が，近代資本主義を生みだす条件となっていったと考えた。しかし，近代化の過程が十分成熟したと思われている現代，近代化とは矛盾する再呪術化の動きがある。たとえばオウム真理教などのカルト宗教がある一方で，ニューエイジ的なサブカルチャーが宗教と融合した，スピリチュアル的なもの（前世など超自然的なものへの信仰）もある。グローバル化や新自由主義によって伝統的な生活世界や，安定した人生を保証する制度（たとえば福祉国家）が解体されると，そこに生まれた存在論的不安の代償として再呪術化やスピリチュアリティへのベクトルが強まるといえるかもしれない。ただし，再呪術化やスピリチュアリティは，反体制的・社会批判的な側面（たとえば中国の法輪功）や近代合理性を問い直す側面（伝統的な知の再評価）を有していることにも注意したい。

治療の対象にもなるだろう。実際近年，「内気さ」や「恥ずかしがり」には，医学の診断マニュアルを通じて「社会恐怖症（social phobia）」や「社会不安障害（social anxiety disorder）」などの病名（レッテル）が新たに付与されている。以前は単なる「引っ込み思案」にすぎなかったものが，現在では治癒されるべき病気として社会的に認定されつつあるのだ。この「病状」の自覚をもった個人は，自らの「病」を「治す」べく，ハウトゥ本，自己啓発セミナー，さらには抗うつ剤の服用にすがるかもしれない（Scott 2006）。

感情は個人的？

　感情は個人のものかあらためて考えてみよう。感情は個人の属性と考えられがちであるが，感情管理を「1人で行うことはめったにない」（ホックシールド 2000：87）。ホックシールドは客室乗務員が仲間同士で励ましあい，感情を管理することがあると指摘している。

　また，感情は「交換」されることもある。他者に助けてもらったりした場合，その有益な行為に対し，お返しとして相手に私たちは感謝をし敬意を表明する。

個人におけるのと同様に，社会のレベルにおいても感情管理は難しい問題である。お返しの敬意が不足すると相手に借りをつくることになり負債感，つまり負い目を感じる。受け手は感謝が少ないと，援助を出し惜しみしたり，「いじめ」が生じるかもしれない。

　感情が個人の属性であることに対する根源的な批判としてエリアスの議論をもう一度見てみよう。彼のいう互いに自制しあう社会，つまり孤独な人間の総和としての市民社会が成立する以前，感情はどう経験されてきたのだろう。おそらく，感情は個人のものというより集合的なものだったのではないだろうか。現代社会でも市民社会的な規範が強い領域と弱い領域では感情の集合的な経験の度合いは，異なると考えられる。たとえば，階級に関してはブルジョア（ミドルクラス）が，ジェンダーに関しては男性が，市民社会的な規範に強く拘束され，それゆえより孤立した人間として感情を経験するだろう。反面，労働者階級や女性にとっては相対的にこうした拘束は緩やかであり，彼／彼女らは，ミドルクラスの人々とは別様の，つまり感情を封じ込めるのではなく，感情を共有する経験を豊かにもっているかもしれない。たとえば，労働者階級の「無遠慮さ」はその表れといえないだろうか。こうした社会的な感情のあり方についてまだ十分に議論はつくされてはいないのだが（奥村 1998）。

読書案内

考える糸口
□ エーレンライク，B.『捨てられるホワイトカラー――格差社会アメリカで仕事を探すということ』（曾田和子訳）東洋経済新報社，2007（原著 2005）。
　就職活動で自分を売り込むときテンションを上げなければならないのは，日本でもアメリカでも同じ。

問題を見つける
□ 岡原正幸ほか『感情の社会学――エモーション・コンシャスな時代』世界思想社，1997。
　日本における感情社会学の最初の成果。「愛情」を距離を置いて分析する試みの1つとして。

unit 11

無　意　識

🔲 存在論的不安

　私たちは自分のことは自分が一番よく知っていると思っている。なぜなら自分に一番近い存在は自分だからだ。しかし自分のなかに自分で認めたくないネガティブなものをもっている場合はどうだろうか。

　社会調査では当人にとってネガティブな情報を聞きだすのは難しい。自分に都合のよい部分しか話さないのが人間というものである。もちろん当人が自覚的に都合の悪い部分を隠している場合もあるが，厄介なのは自分で自分をだましている場合である。このとき，当人の「本心」は当てにすることができない。そこで当人を理解するためには，彼の意識から逃れたさまざまな痕跡——いいよどみや矛盾など——を手がかりに，なぜ彼がそれに触れたくないのかを見つけていく必要がある。

　S. フロイトは，人間は必ずしも自分（たち）についての事実を求めるとはかぎらないことも明らかにした（フロイト 1977）。彼によって始められた**精神分析**という臨床知は，人間とは本質的に自己をだます存在であるという人間観に基づく。そして自分が自分をだますプロセスは**無意識**と呼ばれる（意識していたらそもそもだましは成立しない）。精神分析的な知が，「実証的な」学問や現象学などのように人の意識に照準を合わせる研究方法と鋭く対立するのはここにおいてである。

　ところで人が知りたくない（意識に上らせたくない）と感じるものとはどのような性質の情報だろうか。

　私たちは自分の存在の意味を肯定し，自分のアイデンティティを保ちたいと感じている。つまり他者から認められたい，否定されたくない，敬意を払われ

たい，私は取るに足らない人物とみなされたくない，と。これらの欲求は人間の条件ですらある（アイデンティティについては→unit ⑤）。とすれば，意識に上らせたくないものとは，それを意識してしまうと自己のアイデンティティに齟齬をきたし，当惑を呼び起こしてしまうような情報だといえるだろう。たとえば，今はまっとうに生活している人の過去の犯罪歴などがそうである。この場合，本人が意識的に他者に対して隠すこともあるが，積極的に忘却し，記憶から汚点を消し去ることもある。この心的操作はフロイトが抑圧と呼ぶものである。

しかし汚点やスティグマ（烙印）によって，自己のアイデンティティが傷つき当惑するということは，いったいどういうことだろうか。R. D. レインは，人は通常，自己が世界のなかに存在し，かつ時間的にも持続し，一貫したまとまった存在だという揺るぎない感覚をもつという。自己と世界の存在へのこうした信頼は「すべての確かさのもととなる確かさ」である。レインはこのような基本的な感覚を「存在論的安定」と呼ぶ。そして逆にこの感覚を喪失した状態は**存在論的不安**（ontological insecurity）である。自己のアイデンティティが揺らぐということをつきつめれば，それは存在論的不安という根源的で底なしの不安を抱えるということである（レイン 1971；ギデンズ 2005）。

注意しなければならないのは，この不安は自己を取り巻く他者との関係，すなわち生活世界そのものの不安定性に起因するということだ。

たとえば G. ベイトソンは統合失調症（分裂病）の子どもの家族の間に見られる次のような特徴的なコミュニケーション・パターンを指摘する。たとえばそこでは，母が娘に対し「お前を愛している」と抱きしめながら，身をこわばらせている，そのようなコミュニケーションが観察されるという。娘は，リテラルなレベルでは「お前を愛している」というメッセージを受け取りながら，メタレベル（言外のメッセージ）では「お前を嫌いだ」という相矛盾するようなメッセージを同時に受け取る。ベイトソンはこのような状況を**ダブルバインド**（二重拘束）と呼ぶ。このような状況が持続的に生起すれば，娘は母への信頼と信頼の裏切りの交代をめまぐるしく経験し，母との関係は分裂したものとなるだろう（ベイトソン 2000）。娘は自己を安定した一貫性をもった存在として経験することができなくなり，存在論的不安を感じることになる。

このような不安は，普通に生きている人にとって無関係に見えるかもしれない。しかし，私たちはさまざまな場面でダブルバインドを抱えている。たとえば，それまで男性によって占有されてきた公的領域（「男性社会」）のなかで仕事をするようになったキャリア（管理職候補）の女性は，一方で男性と対等に張り合わなくてはならず，男性と「同じ」仕事をするよう要請される。しかし，他方，私生活では妻や母親として男性とは「異なった」存在であることを要請される。彼女たちは「女を捨てよ」と同時に「女らしくせよ」という2つの矛盾したメッセージを経験するのである。このようなとき，女性は自らの女性性をどのように扱ったらよいかわからず，極度の緊張や不安を抱えることになる（竹村 2000：2章）。

　一般にマイノリティが自己のアイデンティティを肯定するために，マジョリティの基準に合わせ，マジョリティ「並み」になろうとすれば，あるがままの自分（たとえば女性性）を否定しなければならず，このような自己分裂を経験する。

　自己の一貫性の解体とそれにともなう不安は，どんな人ももちうるものである。しかし日常生活でこの不安に直面しないのは，人は**ルーティン**（決まりきった行為）の流れとして日常生活を生き，不安をカッコに入れているからである。日常のルーティンは不安からの「保護膜」として機能している（ギデンズ 2005）。日常の相互行為において，他者の反応がルーティンから外れた場合，「保護膜」は破れる。H. ガーフィンケルが学生に家族に対し下宿人のように振る舞うよう指示した実験で明らかにした背後期待（ガーフィンケル 1989）は，まさにこの「保護膜」である。家族に対し，冷蔵庫を開けていいかどうか丁寧に尋ねたり，いちいち挨拶したりすると，家族は日常生活で自明の前提としていた期待や信頼が破られ，何か漠然とした不穏なものを感じるだろう。

　日常的なルーティンとそれに支えられる社会は，私たちの存在論的不安を意識から締めだすための制度であるといえる。

権威主義的性格と抑圧の移譲

　私たちが存在論的不安に直面し，自己の存在の意味を喪失しかけた場合，これを回避し，再び自己の存在の意味を取り戻すためには，他者を否定すること

によって自己の優越感を取り戻すことがもっとも手っ取り早い方法であろう。

　身近な例として,「いじめ」を考えてみよう。いじめには明確な理由がないし,たとえあったとしても取るに足らない理由が多い。いじめという行為は,目的と手段という明白な意図をともなった行為ではなく,存在論的不安という無意識の次元から発せられる行為だからである。内藤朝雄は,いじめる側に共通して見られるのは,日常生活における漠然としたムカつきや苛立ちであり,この感覚の根源にはいわばブラックホールのような底なしの「欠如感」(存在論的不安) があるという。いじめは,この穴を弱者への暴力を通じていっときだけ埋め合わせ,つかの間の全能感に達するが,すぐに苛立ちやムカつきの感覚が戻ってくる。いじめでは自己の内部の不安を埋め合わせ,全能感を満たすためになされるという隠された動機が大きな比重を占めるのである (内藤 2001, いじめについては別の側面から unit ⑳, ㉒でも触れる)。

　これと同じことは社会集団に関しても当てはまる。E. フロムによれば,ドイツでナチズムを積極的に支持した層は,労働者階級でも上層中産階級でもなく,没落しつつある下層中産階級であった。彼らは第一次世界大戦の敗戦によりドイツ帝国という権威の後ろ盾を突如として失い,自己に関する不安に陥った。フロムによれば不安それ自体は積極的な自由の条件でもあるが,彼らは突如としてぽっかりと空いたこの不安に耐えられず,弱体化した自我の欠如を埋め合わせるために,いわば人工的な権威としてのナチズムを要請したのである。フロムは自由からの逃避のために人工的な権威を求める性格を**権威主義的性格**と呼んでいる (フロム 1965：6 章)。

　政治学者丸山真男は,戦争に突き進んでいった日本人の行動原理を**抑圧の移譲**と呼び,同様の分析をしている (丸山 2006)。縦の上下関係のなかで他者との関係を解釈する強い傾向がある日本人は,幕末以来この上下関係の秩序のなかに対外関係をも位置づけようとしてきた。「上」(西欧＝列強) から抑圧され,見下されていると感じた自己 (日本) は,アジアという「下」に抑圧のはけ口を見いだしたのだった。「劣った者」が「より劣った者」を見いだすことによって,自己の存在論的安心を確保する技法といえる。また彼は,戦場での陸軍兵士の残虐な行為も,従来日本の内部において抑圧を移譲すべき場所をもたなかった最下層の人々が,いったん優越的地位に立つとき,のしかかっていた全

> **重要ポイント⑪**
>
> **ルサンチマン**
>
> 私のようではないおまえが憎いという怨恨の感情のこと。道徳の淵源として論じられる。F. ニーチェ『道徳の系譜』(1887年) において，抑圧された弱者が支配階級への「想像上の復讐」としてキリスト教道徳をつくりあげたとしたことが，ルサンチマン論の始まりになる。ルサンチマン概念が社会学的に重要であるのは，道徳を社会的に形成された集合的感情の表れとして論じる視点を与えたことにある。持つ者と持たざる者との関係が構造的に固定されれば，持たざる者たちは持つ者へのルサンチマンを抱くようになりまた持たざる者の存在を正当化する道徳を生みだす，というような（一方で，持たざる者をたたく持つ者の道徳は，単純なサディズムだろう）。いじめや若者バッシングなど，ルサンチマン論が応用できそうな問題は多い。

重圧から一挙に解放されようとする爆発的な衝動によってなされたのだとしている。

　日本は西欧列強に抑圧されながらも，アジアの内部においては支配者としての全能感を鼓舞してきた。敗戦によってアジアの植民地を手放したとき，日本はこの劣等感とその裏返しの全能感を破棄するきっかけをもちえたが，同じ構造は現在も続いている。日本は戦後の冷戦構造のなかでアジアの反共の防波堤として再び「支配者」の地位をあてがわれ，かつての植民地支配に基づく全能感と優位性を徹底的に破棄するにはいたらなかった。もちろん，1人ひとりの日本人にそのような感覚をもっているか尋ねても否定するだけかもしれない。しかしなかには心理の奥底に維持され続けたことに気づく人もいるだろう。小森陽一は，自己に対して隠されたまま抱かれ続ける旧植民地地域へのこのような差別意識を**植民地的無意識**と呼んでいる（小森 2001）。日本が自己──の存在論的不安──に出会うことを拒否している限り，アジアとの隣同士の関係は植民地的無意識にとらわれたままであろう。

無意識と社会運動

　抑圧が無意識のレベルでなされるのであれば，抑圧への抵抗や葛藤も無意識のレベルでなされることがある。

　F. ファノンはアフリカや西インド諸島の植民地社会では，支配者からの抑

圧だけではなく，自分自身による抑圧がより問題であると考えた。植民地社会ではさまざまな文化的表象（たとえば白人の子どもが主人公の絵本）を通じて黒人の子どもたちは白人中心の価値観を押しつけられた。そして，これを内面化した黒人自身が黒人性を否定し，劣等コンプレックスや自己憎悪を抱くという矛盾がいたるところに見られたのである。文化を通じたこのような植民地支配は**文化帝国主義**と呼ばれる。支配される者たちは，このとき文化帝国主義的な白人中心の価値観を受け入れる代償に，自分や親兄弟を否定しなければならないダブルバインド的な状況に投げ入れられたのである。ファノンは，ここに無意識のレベルでの葛藤が生じ，それが精神疾患となると考えた（ファノン 1998）。

　この精神疾患を治すには，自己抑圧を解除するほかはない。しかし植民地で自己の抑圧を解除するとは，植民地支配から脱することにほかならない。植民地における精神疾患は植民地解放闘争を通じてしか癒されない。ファノンの処方箋はこのように政治的なものである（ファノン 1996）。

　丸山真男もファノンも西洋文化に呑み込まれそうになる後発国や植民地の人々の「癒し」を論じている。だがファノンが提唱する政治的な「癒し」は，日本人が植民地に対して行った抑圧の移譲による癒しとはまったく異質である。抑圧の移譲の場合，否定された者は，自分よりさらに「下」を見いだし，抑圧することで癒される。これに対してファノンの考えでは，「上」から抑圧する者，あるいは抑圧する世界と闘うことで初めて癒されるのである。

　日本でも抑圧の移譲とは異なるタイプの運動の契機を見いだすことはできる。1918年の夏，日本各地で未曾有の民衆蜂起，米騒動が起こった。この蜂起は民衆の政治への不満から自然発生的に生じ，全国に一気に広がった。当時，日本は大逆事件による弾圧の余波（「冬の時代」と呼ばれる）が続いていたが，米騒動はこうした抑圧を吹き飛ばし，大正デモクラシーへの露払いとなったのである。堺利彦はこれを見て感嘆し「無意識なる普通選挙……労働組合の要求だ」と評したという（松尾 2001）。

　この無意識的な要求は，民衆の自己肯定への要求でもあったことに注意したい。米騒動には多くの被差別部落の人々も参加していた。当初，暴動は無意識的な抑圧のはけ口であったかもしれない。しかしこの実力闘争によって米価の引き下げが行われ，政治の世界が変わりつつあるのを目の当たりにした彼らは，

水平社を結成し，上からの「融和」ではなく下からの「解放」を要求し始めたのである（松尾 2001）。

　無意識とは権威や支配を受け入れる素地となるだけでなく，支配への反発や抵抗が生じる場でもある。この意味で無意識とはさまざまな力がぶつかり合う戦場なのである。

読書案内

考える糸口
- フロイト，S.『精神分析入門（改版）』上・下（高橋義孝・下坂幸三訳）新潮文庫，1999（原著 1917）。

社会学に直接応用するのは難しいが，自己を貫く見えない力をとらえようとするフロイトの苦闘に一度は触れておきたい。

問題を見つける
- フロム，E.『自由からの逃走（新版）』（日高六郎訳）東京創元社，1965（原著 1941）。

権威に従ったほうが自分に不安を感じなくてすむ。しかしそのメンタリティがナチスへの道を開いたと論じる。自由や自律がなぜ忌避されるのかを考えるために。

unit 12

意　識

🗐 カメレオンの皮膚

　「あの人がなぜそうするのか」を明らかにしたいとき，いきなりその人になぜそうするのかを問うて，一言で答えを得ようとしてはならない。とりあえずの回答はあるだろう。だが，私たちはいちいちなぜそうするのかを考えながら行為しているわけではなく何となくそうしている。つまり，まず**意識**があって，そこで意識された通りに行為がなされているとは限らないのだ。それゆえ，ある人がなぜそうするのかを知りたいのであれば，それが迂回であるように思えても，その人がどのような生活世界を生きておりまた生きてきたのかについて情報を得て，解釈を加えるよりほかにない（→unit ③）。

　やっかいなことに，私たちは，「私」の意識が「私」を動かしていると根拠もなしに信じ込んでいるようなのだ。意識に統御されない「私」など，恐ろしくて認めることができないということなのだろう。泥酔して意識を喪失した翌日の動揺などは，いくらかの人々には通じる話だと思う。しかし，泥酔などしなくても，社会学者の提示する数々の命題のなかでは，意識なるものは特権的な地位をとっくに剝奪されてしまっている。「結婚の相手は階層的な類似性によって決定される」とか「加齢によって人は政治的に保守化する」などといった命題は，人の意識なるものがカメレオンの皮膚ほどのものに過ぎないといっているようなものばかりである。それで説明がつく現実があるのだから仕方がない。「心を入れ替えれば生活を向上させることができる」などと述べる道徳家たちと社会学は，相容れるところがない。人の意識は神秘の現象ではない。それを「心」だとか内面だとか言い換えても同じことだ。それは，社会に向けて無防備に開かれており，隅の隅まで社会によって染め上げられているものだ。

しかし，意識の力への無根拠な信頼は否定するとしても，私たちの意識は，私たちの行為に何もつけ加えない無意味なものといい切ってよいのだろうか。

◻ プロテスタンティズムの倫理と資本主義の精神

長い歴史のほとんどにおいてそうであったように，人類は，習慣に従ったそれなりの暮らしを望んできた。しかし，資本主義は，多くの貨幣を得ようと懸命に働く，特殊な人口を必要とする異様なシステムである。M. ウェーバーは，そのような近代特有の**資本主義の精神**（→unit ㉘）がなぜ西欧にのみ発生しそして実際に資本主義を全面的に展開させていったのかを，『プロテスタンティズムの倫理と資本主義の精神』（1904-05 年）において論じている（ヴェーバー 1988）。ウェーバーによれば，キリスト教のなかでもプロテスタントとりわけカルヴィニズムを信じた人々（ピューリタン）が，宗教を信仰した結果として資本主義の精神をもつ傾向が色濃くあるのだという。カルヴィニズムが金儲けを奨励したわけではない。カルヴィニズムでは，人が背負う「原罪」——生まれながらの罪——が強調され，人は自分で自分を救うことができないとされる。全能の神は天国に入るべき人が誰であるのかをまで見通しているはずで，そうだとすれば，ちっぽけな人が今さらあがいたところでどうなるわけでもないのだ。

しかし，神を畏れる人々は，もしかすると自分は神によって選ばれているのではあるまいか，何とかしてそれを確かめたいものだ，と思うようになった。確かめたいという欲望は，確かめるための行為を導く。カルヴィニズムを信じる人々は，職業労働を神が与えた使命（天職）と考え勤勉に努めた。もたらされた利潤は，計算され大切に貯金される。快楽のための消費などもってのほかである。なぜならば，これは，神によって選ばれたことを知る証なのだ。蓄えられた貯金は，神に選ばれたことをいっそう証立てるために，慎重に投資へと回される。そのようにして，富が発生する。しかも，富は，カルヴィニズムの分布に従って地域的，階層的に偏って生じ，偏っていたがゆえに相乗的に増殖していく。カルヴィニズムの人々は，神に打ち伏せられていたがゆえの，経済活動と密着した**世俗内禁欲**（修道院にこもるのではなく世俗の世界で禁欲する）の態度を定着させており，それが資本主義の精神となって資本主義を全面展開

させる突破口を開いた，それが先の問いに対するウェーバーの解であった。

『プロ倫』は，人々によってもたれた理念と理念に導かれかたちをもった意識が，社会を根底から変化させることがありうる（ありえた）ことを示したといえる。少なくとも，意識は，カメレオンの皮膚などではなく，それ固有の独自のダイナミズムを有し，ときに社会に対し反作用するものであるとはいっておくべきだろう。

経済による意識への決定性を強調し，ウェーバーと対立的にとらえられることもあったK．マルクスであるが，マルクスの見た労働者階級の**階級意識**は，仲間を簡単に裏切る利己主義者から資本家階級と衝突する革命の担い手たちまで大きな振れ幅をもっていた（マルクス 1950）。そうした労働者階級の状態は，個別的な利害で容易に資本家に釣られてしまう**即自的階級**（英語ではclass in it-self）と，構造的な関係を見通して階級的な利害を求め闘う**対自的階級**（英語ではclass for itself）とに類型化され，階級闘争の発達が前者から後者への移行を促すとみなされてきた。やはり，人の意識は，単純な経済状態の反映などではそもそもないのだ。マルクスの階級意識論は，ウェーバー『プロ倫』とともに，幸福と不幸，満足と不満とをめぐる社会的に共有された意識の状態を分析し，それが政治や経済へともたらす影響を明らかにする**社会意識**研究の端緒となった。

それでも，ウェーバー自身が，意識の効果を限定的なものと考えていたことは確認しておきたい。たとえば，『プロ倫』の「注」には次のような言及がある。「ポーランドの少女は，生地ではどんなに有利な金もうけの機会をあたえても伝統主義の惰性から引き離すことはできないのに，その同じ少女が出稼ぎ女としてザクセン地方の見知らぬ土地で労働を始めると，まったく別人のように過度の搾取にたえるのだ」（ウェーバー 1988：35）。そう，状況が変われば，社会が与える地位が変われば，人は変わってしまうのである。実は，『プロ倫』は，あまたの日本人論の隠れたバックボーンとなった。カルヴィニズムが勤勉さと貯蓄意欲を高め資本主義を生みだしたのであるならば，カルヴィニズムを民族性に置き換えて日本の「例外的な」経済的成功も説明できるだろうというわけである。しかし，高度経済成長が終焉して相当の時間がたった今だからいえることなのだろうが，日本の近代化の成功については，植民地化をまぬがれ

また他地域を植民地化しえたタイミングの妙のほうがよほど重要な条件となっただろう。要するに,「勤勉な日本人」は,近代化の原因ではなく結果ではなかったか。工業化の成功局面においては,「苦労は報われる」との期待が浸透し人は勤勉になる。いまや,勤勉な人は,韓国,台湾,中国の太平洋岸,インドあたりにいるはずだ。

鉄 の 檻

　意識や理念が果たす役割は限られている,そのことよりも道徳家たちを挫いてしまうであろうことが,『プロ倫』では論じられている。なるほど,理念や意識は,社会に変化をもたらすものかもしれない。だが,意識は,その意識において意図された通りの世界を導かない。資本主義の精神は,たしかに資本主義の開始期において重要な役割を果たした。しかし,ひとたび資本主義が確立しさまざまな制度を発達させると,資本主義の精神は用済みになってしまう。制度が確立すれば,内発的な意識というあやふやなものに頼らずとも,人々を強制的・半強制的に「勤勉に」働かせてしまうことができるのだ。ウェーバーは,精神ぬきに人々を資本主義の部品にしていく制度の総体を「**鉄の檻**」と呼んだ。彼は,この「鉄の檻」に将来誰が住むことになるのだろうと問い,予言的に次のように述べている。「この文化発展の最後に現れる『末人たち』」すなわち「**『精神のない専門人』,『心情のない享楽人』**。この無のものは,人間性のかつて達したことのない段階にまですでに登りつめた,と自惚れるだろう」(ウェーバー 1988：366)。それぞれが機械的に仕事をこなすが,「天職」として自らの仕事をとらえ社会への貢献と結びつけるような熱情はもうない,精神のない専門人。享楽を追い求め続けるのだがそれはあくまでも感覚的な反応の域を出ず,文化をより洗練し高度化していくような思い入れに欠けた,心情のない享楽人。要するに,鉄の檻のなかの人生は,我慢の時間としての労働と時間つぶしとしての娯楽から成り立っている。ウェーバーは,そのような人生を送る人々を「無のもの」と呼んだのである。神のために職業労働にいそしみ,神の評価を確認するために金銭に敏感になった敬虔なクリスチャンの営みは,このようなもっとも宗教とは縁遠い内面の消失した世界をつくってしまったということなのだ。

> **重要ポイント⑫**
>
> **フランクフルト学派**
>
> 　1930年にドイツのフランクフルトにつくられた社会科学研究所を中心とした学派をフランクフルト学派という。第一世代にT. W. アドルノ，M. ホルクハイマー，H. マルクーゼなどが，戦後の第二世代にはJ. ハーバーマスがいる。その思想的な課題は，全体主義との対決が中心であった。アドルノはアメリカ亡命中に『権威主義的パーソナリティ』（1950年）を書き，全体主義を支持する人々の権威主義的パーソナリティを批判的に分析した。その指標として開発されたのがF尺度（ファシズム尺度）である。さらに，彼とホルクハイマーは，目的に対する手段の妥当性のみに傾注し，目的そのものを問わない理性のあり方を道具的理性とし批判する。というのは，ホロコーストを生みだしたのは，あたかも大量生産の工場のようにユダヤ人の大量死を生みだした近代技術であり，近代的な理性そのものだからである。またマルクーゼは，『一次元的人間』（1966年）で，戦後の社会の発展は技術中心主義の管理社会を生み，人間疎外をもたらすと警告した。なお，こうした第一世代のペシミスティックな理性批判に対して，ハーバーマスは道具的理性に陥らないオルタナティブな理性の可能性をコミュニケーション的合理性に見いだした。

思　想

　意識についてあれこれ述べてきたが，何かがやはり欠けている。意識が社会にひたされ染め上げられていることは否定できないが，個がその意識において過剰な何かを生じさせる余地はないのだろうか。独自の「精神」や「心情」を生みだすことはないのだろうか。

　プラグマティズム哲学は，G. H. ミードを介して，社会学にも大いに影響を与えた。プラグマティズムにおいて，**思想**や真理は，絶対的に存在するものではなく，人々によって試され，それに従うことが有用な結果をもたらすことが確かめられることによって定着するものと考えられた（かつてプラグマティズムは実用主義と訳されたことがある）。それゆえ，思想や真理は，知識人や宗教家によって独占されるものではなく，市井の人々においても現に担われているものとしてとらえられる。ここでは，思想を，こだわりの束とでも定義しておこう。軽く受け流されないために，少々厳しい状況を例にとってみよう。「人を殺したくない」兵士が少しでも人殺しから遠ざかる正気を保つために，毎日自分に言い聞かせる言葉。逆に，気弱な兵士が人殺しを正当化するために引き寄せる

論理。組織犯罪に諾々と従うサラリーマンが自己正当化のために，通勤電車のなかで毎日確かめる理屈。逆に，組織を裏切って犯罪を告発する個人通報者の拠って立つ正義。そうしたものはひとまず思想であるといえる。思想は，ただの意識ではない。意識を統御する意識として，意識によってとられるものだ。そして，思想は，「正気を保つ」「正当化する」といった目的がかなえられることによって，意識に深く棲みつくことだろう（鶴見 1991）。

戦後思想の多様性

小熊英二は，『〈民主〉と〈愛国〉』において，竹内好，丸山真男，吉本隆明，江藤淳，鶴見俊輔，石母田正ら，戦争体験をもつ「戦後知識人」を通して現れた 1945 年から 70 年代初頭の言説を対象として，「市民」「民族」「国家」「近代」など「公」をめぐる言説の変動の分析を行っている（小熊 2002）。小熊によれば，1955 年以前の「第一の戦後」とそれ以後の「第二の戦後」においては，「公」を語る言葉には大きな断絶がある。そして，今日においても数多くなされている「戦後」批判，「戦後民主主義」批判は，戦争体験をもたず「公」に関する言説がさらに変容した「第三の戦後」の時点から，過去の言説のつまみ食いによって仮想敵としての「戦後」をそれぞれ幻想したものにすぎないことを暴きだす。内容の詳細はここではこれ以上触れないが，興味を引かれるのはその分析の方法である。

知識人の言説はあくまでも特異な個人の言説にすぎないと，小熊は見ない。言説・言葉は，文化がそうであるように，政治や経済に遅れて変化しがちである。いいたいことがいえない，「発想の転換ができない」という言葉の不足は，知識人にとっても常態なのである。にもかかわらず，知識人の言説がそれなりに影響をもったとしたら，その言説が新奇だったからではなく，「集団的な心情」の「代弁」であったからだろう。そのようなロジックのもと，小熊は，固有名詞のついた知識人の言説を言葉の意味変容の現場として分析していく。

「戦後思想」は，戦争という「国民」ぐるみの体験を前提としてある。だが，「国民」という単一のまとまりのもとで，戦争の総括という単一のテーマを共有していたにもかかわらず，「戦後思想」がひとつに収斂することはなかった。まず，戦争体験自体が帰属階層や出身階層，世代によって異なり，多様な心情

をつくりだした。小熊が，知識人の言説の解読において，彼らのライフヒストリー（→unit ⑮）を重視するのはそのためである。また，心情は言説へと反映されるが，言説化できない残余がもどかしくも生じ，沈澱する。この残余が，戦後のさまざまなできごとと直面することによって甦り（そこにおいても帰属階層や出身階層，ライフヒストリーの相違によるできごとの体験のされ方の多様性が見てとれる），既存の言葉を読み換えさせ言説を変容させるエネルギーとなる。そのようにして，「戦後思想」は，けっして一言では括れないほどに多様化しつつ変容していったのである。G. ジンメルの言葉を引けば，個の意識における社会圏の交差（→unit ⑤）が，社会において心情を多様化し，個人の思想を個性化する，意識のドラマを生じさせてきたといえるのだ。

読書案内

考える糸口
□ 小沢牧子『「心の専門家」はいらない』洋泉社新書，2002。
「心の闇」に恐怖しカウンセリングという絆創膏をはってすまそうとする現代のいかがわしさを厳しく批判する書。私たちは「心」が肥大した時代に生きている。

問題を見つける
□ 東浩紀『動物化するポストモダン――オタクから見た日本社会』講談社現代新書，2001。
オタクを現代社会の先端部ととらえ，オタクの分析から現代社会論を導きだす。ウェーバーのいう「無のもの」の現在を，立体的に描きだしたものとも読める。「無」ではあっても生きているのだ。

unit 13

物 語

🔲 物語の消滅？

　J.-F. リオタールは,『ポストモダンの条件』(1984年) において, モダン (近代) における知の前提であった解放や進歩という**大きな物語**の凋落について述べ, それに代わって, 小さな物語がばらばらに散乱したままに語られて大きな物語へと収斂しない**ポストモダン** (→重要ポイント⑤) が到来したことを宣言した (リオタール 1989)。科学技術の発展がもたらす明るい未来も, 革命が導いてくれるユートピアも, 無限の経済成長がもたらす楽園も, すべてが物語としての説得力を喪失した。そうした物語を暗黙の根拠として語られてきた言葉も, 訴求力をなくしてしまった。だが, 物語それ自体が語られなくなったわけではない。何の未来も提示しはしないが, わかりやすい教訓譚や勧善懲悪譚は, 溢れかえっているとさえいえる。

　物語は, 善玉と悪玉, 賢明な者と愚か者など, いくつかの役割カテゴリー間の相互作用として構成され, また, 時間軸をもった因果律として構築されている (大塚 2004)。また, 物語は, よりわかりやすくつくられることによって, 人々に自らを代入できる役割を提供して行為を流し込む水路を開く。大塚英志はリオタールがとらえた変化を「イデオロギーから物語へ」と言い表しているが, そもそもイデオロギーは単純でわかりやすい物語へと置き換えられることによって力をもちえるのであり, それゆえ, そこここで語られる小さな物語に現代のイデオロギーを読み込むことも不可能ではない。

　イデオロギーとは, 現実に埋没して生きる自己を正当化する, 物語化されたあるいは理論化された言葉のことをいう。イデオロギーの機能は, わかりやすい善と悪の物語を提供することによって, もっともらしい「正しさ」を与えな

がら集合的行為を方向づけることにある。イデオロギーは，私たちの内面に生息するものではない。イデオロギーは，わかりやすい物語のかたちで宙をふわふわと舞っており，人々は，それをひょいとつまんで口にしているだけなのだ。街やインターネット空間のそこここで善悪を審判する道徳家たちが，正義の人であるとはとてもいえないだろう。要するに，人は，正義や善悪にまつわるイデオロギー的な物語をてきとうにつまんで語りながら，場当たり的に自己正当化をなしているのである。しかし，本当のイデオロギーの力はその先にある。ある種の正義を滑らかに語るその人の率直さは，その正義を疑う言葉の欠如を意味していて，それが権力によって堂々と掲げられたときあるいは「趨勢」として押し寄せてきたとき，無抵抗になるよりほかないのだ。イデオロギーが内面に帰属せず語りやすい物語として宙を舞っているということは，イデオロギーの弱さを意味しない。むしろ，そこにこそイデオロギーが大量の人を動員しうる秘密があるといえる。ファシズムを成立させるには，すべての人をファシストに仕立て上げる必要はないのだ。

教訓譚

しかし，イデオロギーは，ただ自然のままに漂うものなのではなく，自ら物語を語り始める人々がいて再生産される。

たとえば，流言というものがある。1990年頃，埼玉県東南部と千葉県の東部で，「女性が数人の外国人に暗がりでレイプされた」という流言が猛然と広まったことがある（流言の内容と発生した場所については，〔三隅 1993；早川 2002〕および筆者自身が耳にしたところによる）。流言はデマであるとの打ち消し報道が新聞によってなされたにもかかわらず，その後，東京都足立区から中央線沿線へと，また，房総地方，神奈川県の県央，東海地方，99年には福岡県にも飛び火した。この一連のレイプ流言においては，流言が語られたその地域に合わせヴァリエーションが生まれ，また，時間の経過とともに生々しさが増していった。女性が襲われる場所は，その地域での人気のない暗がりが選ばれ，外国人の国籍はその地域で話題になりやすい国籍が取り上げられた。

レイプ流言が主に「人伝ての井戸端会議による主婦たちのネットワーク」によって伝播したことはわかっている（三隅 1993）。心理学者 G. W. オルポート

らは，デマの流布量は当事者にとっての情報の重要性と状況の曖昧さの積に比例するとのテーゼを示している（オールポート＆ポストマン 1952）。そのテーゼの通り，当時の埼玉県東南部は外国人の急増地域であったが情報量が十分ではなく，デマの発生条件は充たされていた。そして，特に主婦においては，職場や盛り場における外国人との接触機会が乏しく，状況はより曖昧なものとして認知されやすかった。

　レイプ流言は，女性たちに他者との接触を戒め禁じる教訓譚として構成されているといえる。まず，外国人との接触が話の中で罰されている。また，夜の闇への侵入が罰されている。外国人はわかりやすい他者であり，夜という時間・闇という空間は他者との社交の媒体である。そうしたものが否定されることによって，女性たちの生活世界が家庭の周辺に限定されるべきであることが確認されている。流言の始まりにおいては，処罰の対象は（つまりレイプの対象は）主婦であったが，時間的経過とともに主婦から子どもへ，女子高生へ，老女へと拡散していった。つまり，主たる語り手である主婦は，処罰の対象を自分たちではない誰かへと逸らしていった。そうすることで，流言の話者は，「客観的な」語り手として，物語をその外部から楽しむことができるようになる。つまり，レイプ流言は，「女らしさ」を甘受する女性たちが，家父長制的な正義に依拠して，それを踏み外した女性たちを貶める物語を語っているものといえる。この物語は，外国人を卑しむ**ゼノフォビア**（異民族嫌悪）の露出である一方で，外国人を利用した自己正当化の物語としても読み直すことができるものなのだ。

勧善懲悪譚

　単に物語に誘われ物語を語るにとどまらず，物語は人々に役割を提供することによって実際の行為を方向づけもする。

　野宿者（ホームレス）への少年たちによる襲撃は，約 30 年前から報告され続けてきた。私たちが知る襲撃は報道によって事件化されたごく一部であって，殴る，蹴る，投石する，小屋に火をつける，花火を打ち込む，そうしたことは野宿者たちにとっては「よくある話」であり続けてきた。新聞報道の断片から何とかわかることを述べていこう。

まず指摘できるのは，背景にある集団的な力学である。襲撃のほとんどは複数犯による。多くの非行がそうであるように，「遊び半分」という表現はそこでもつきものである。要するに，「遊び」とは，集団におけるノリに身を委ねることだろう。そして，さらに重要であるのは，そこでの暴力が，既存の正義によって裏打ちされていることである。野宿者は，少年たちによって，「人間のクズ」「ゴミ」「犬や猫と同じ」「虫けら」などと喩えられる。そこでは，野宿者は，人間以下とみなされ道徳的劣位を与えられているのだ。そのうえで，「殺してもいい」「やっつける」「退治する」存在とされる。ときには，「世直し」のような積極的意味すら掲げられることがある。野宿者は，組織にも属さず定住もせずまた家族を構成していないことによって，社会的にも制度的にも排除（→unit ㉞）されてきた。つまり，社会や制度によって，はっきりとその劣位を指し示されているのである。そして，少年たちは，少年たちが生きる社会がそうしてきたように，「人間ではない」ものとして扱ってみせたのである。

　指し示された外部の敵に対して徒党を組んで思う存分の征伐を行う（しばしば襲撃は「狩り」に喩えられてきた）物語の流れは，あまりにもあの桃太郎の物語に近しい。もちろん，桃太郎の読書体験が少年たちをそうさせたなどということはできないしきっと違う。しかし，少年たちが生きている社会が，桃太郎を肯定的に繰り返し語り続けてきた社会であるということは事実としてある。そうした社会では，徒党を組んで悪を退治する物語が宙を漂っており，それを回路とする征伐の暴力への抑止力が弱いと考えられるのである。

　E. デュルケームは，祭儀における集団的興奮のもと，「聖なるもの」の存在が感じ合われ，秩序が再確認されていく状態のことを，**集合的沸騰**と呼んだ（デュルケム 1975）。野宿者への襲撃も，少年たちにとっては，小規模でカジュアルな集合的沸騰の儀礼であったのかもしれない。この場合，集合的沸騰において不可欠な正しさへの観念を提供し，儀礼の流れとなる物語を与えているのが，この社会のイデオロギーだった。少年たちが依拠したなじみの正義は，少年たちの生活世界の外部に，自明の悪を指差していた。そして，少年たちは，善玉気取りで善と悪の物語の因果律に従うことによって，暴力を解放していったのだった。

> **重要ポイント⑬**
>
> **エスノメソドロジー**
> 　女性が話し方やしぐさなどを通じて女らしく振る舞うというとき，彼女はジェンダー規範を内面化しているといえるだろうか。エスノメソドロジーは人が規範を内面化するというより，単にそれを利用していることを明らかにした。つまり規範を内面化していなくても，状況に応じて期待される規範，つまり「…らしく」するとはどういうことか理解すれば，内面化せずとも規範の求める通りに行為することができる。逆に言えば「らしさ」を理解していれば，男が女らしく振る舞い，男が世間に対し男性であることを隠し，女性として暮らす（パッシングする）こともできる（ガーフィンケル 1987）。同じように規範や状況——たとえばゼミという状況——が参加者に何を求められているかがわかれば，簡単に知ったかぶりをすることもできる。H. ガーフィンケルは規範から距離をとることのできない人間を「判断力喪失者」と呼び，こうした人間を前提とする T. パーソンズの議論を批判した。

🗂 国家のイデオロギー装置

　L. アルチュセールは，イデオロギーを再生産する機能を担う，学校や教会，政党，マスメディアなどを**国家のイデオロギー装置**と呼んだ。規律訓練（→unit ⑨）された勤勉な労働力が常に補充され続けることで，資本主義は維持される。そこで国家は，国家のイデオロギー装置を通じてイデオロギーを浸透させて，そのような労働力をつくり出そうとする。イデオロギー装置があることによって，イデオロギーは単なる幻想ではない現実的な力となるのだ（アルチュセールの重層決定という考え方については→unit ④）。

　一生懸命に努力すれば「豊か」になれるという近代的な物語が説得力を失い（→unit ⑳），国家のイデオロギー装置がイデオロギーに盛り込む内容は乏しくなっている。だが，近年になって，ポストモダンなイデオロギー政治が登場し，小さな物語もまた政治的道具になりうることが明らかになった。単純な小さな物語は，その単純さゆえに，一瞬のうちに多くの人々を捕らえることができるのだ。大きな物語の後ろ盾を失い，真実を生まじめに追えなくなったマスメディア（→unit ㉖）は，わかりやすくそれゆえポピュラーな物語を探り当てることに血道を上げている。ワンフレーズで善と悪を表現し変化の因果律を語る小泉純一郎や石原慎太郎の「成功」は，そうした政治戦術がたちまちのうちにメ

ディアを取り込みまたポストモダン状況を生きる人々と呼応するものであることを示した。そして，そのような接点を通じて，マスメディアは国家と同衾し，国家のイデオロギー装置であり続けている。物語は，やはりけっして解体していないばかりか，イデオロギーに沿って情動を組織する動員の仕掛けとしてはっきりと機能し続けている。

読書案内

考える糸口
□ 大塚英志『物語消滅論——キャラクター化する〈私〉，イデオロギー化する〈物語〉』角川 one テーマ 21，2004。

　大塚は，今日では，イデオロギーが物語にとってかわられたという。この unit では，その物語にもイデオロギーがあるとしているが，それはたいした違いではない。いずれにせよ，私たちは物語によっていっそう拘束されつつあるのだ。

問題を見つける
□ 浅野智彦『自己への物語論的接近——家族療法から社会学へ』勁草書房，2001。

　物語論＝イデオロギー論とはいえない。個が語る物語はイデオロギーから逸れて自律しつつ完結していくことがままあるから。社会学における物語論の 1 冊としてこれを。あわせて片桐雅隆の著作も。

unit 14

文　化

🔲 文化的存在としての人間

　文化とは，モノや事柄それ自体ではなく，モノや事柄をくるむ意味の層を指す言葉である。自然に埋没していた遠い祖先とは異なって，私たちは，文化のなかで生きている。そうであるから，私たちの行為や意識・無意識は，モノや事柄への生理的反応としてではなく，文化を介した経験として立ち現れる。たとえば，味覚は，私たちの感覚がいかに文化によって拘束されているのかをよく示す。味覚の地域差や階層差は，誰もが口にし耳にしたことがある話だろう。舌とは，生物学的な器官というよりも，文化によって規定された感覚器であるのだ。雑誌やテレビに従って食べ歩きをし，予定通り「うまい」と述べる人々の感覚は不自然であると受け取られるかもしれない。だが，その不自然さこそ，人間にとっては自然である。

　文化のなかに生きる私たちは，音に意味をもたせて声にし，線に意味をもたせて文字にする。仕草や表情，衣服や化粧，文章，映像，音楽などなどそうしたものに意味をのせまた意味を引きだす（それら意味を伝えるすべての媒体は**記号**〔→unit ㉜〕あるいは**象徴**と呼ばれる）。取り交わされる意味のストックを，**知識**という。知識が伝達されある程度共有されることで，人間はコミュニケーションを広く成り立たせて社会をつくりあげることができるようにもなった。

　知識は，多くの場合，バラバラなクイズ的知識の寄せ集めとしてあるのではなく，理論的な枠組みをもっている。理論といえば小難しいが，要するにだいたいにおいて体系化されているということだ。宗教や科学，神話，イデオロギーは，現実を意味あるものとして理解するための理論である。それらは，いずれも，理論の信奉者に，「私」が今いる世界の構図を見通させ，立ち位置を明

示し，どう生きるのかについて指針を与える。大地震に「神の怒り」を見るのかプレートの動きを推定するのかは理論の相違である。それをどう受け止めどう対処するのかは，理論の違いに応じて異なるものとなる。

烙印としての文化

　文化は，伝達され共有されるものだ。共有物であるということは，変わりにくく変えにくいということでもある。それゆえ，文化は，構造的な秩序と見合って発達し，また，秩序をいっそう強固にする凝固剤となっている。身分秩序や階級秩序は，それぞれの身分・階級に「ふさわしい」文化をともなう。それぞれの時代において，高い地位にある層は，生活臭さのない「洗練された」文化を占有することでその地位を誇示し，広範な庶民は，それぞれの生活に適合した文化をつくりあげ生き延びてきた（→unit ⑨）。それゆえ，言葉遣いや身なりは，その人の地位や履歴を示すものだった。もちろん，私たちは，**印象操作**や**パッシング**（身元を隠す演技や外見操作）を行うことによって，秩序の呪縛に抗うこともある程度はできる。高度経済成長を経て獲得された「豊かさ」は，モノによる外見の操作を容易にし，階級の見えない「総中流社会」を実現したといえるのかもしれない。しかし，P. ブルデューらが明らかにしたように，私たちの「正体」は意識的操作が及ばない次元ですでにして暴露されているのかもしれない（ブルデュー＆パスロン 1991）。

　ブルデューによれば，学校教育が子どもたち若者たちに要求するのは，情緒的なものではない論理的な言語であったり，生活臭さのない「正統文化」への感受性であったりする。ブルデューは，身体化された文化が行為・価値判断に及ぼす傾向性のことを**ハビトゥス**と呼んだ（ブルデュー 1990）（→unit ⑨，㉘）。子どもにとっては，言語の用法や感受性は，学校以前に習得されあたかも癖のように身体化されたハビトゥスである。高い階層の子どもたちは，家庭においてすでに論理的な言語になじんでおり，家庭に蔵書が多くありそれゆえ読書習慣を身につけており，芸術作品も身近なところにある。高学歴の両親のもとで，当たり前のように生活に勉強を組み入れやすい。逆に，低い階層の子どもたちは，そうしたものがないところで異なるハビトゥスをすでに身につけている。低い階層の子どもよりも高い階層の子どものほうが，学校が要求する文化的価

値にそもそも近しいといえる。それゆえ，高い階層の子どもたちは，学校教育を自然のものとして受け止め，余裕をもって課題に対処しやすい。一方で，低い階層の子どもたちは，学校を不慣れで疎遠なものが供される不自然な場所として体験することになりやすい。結果的に，学校は，そのような子どものハビトゥスを評定する場所になる。もちろん，低い階層から出て，高い地位を獲得する人もいることはいる。だが，勉学態度の余裕のなさや上流文化へのなじまなさがつきまとい，「生まれながらの」エリートたちのなかでそうした人々は浮き上がってしまいがちだ（「成金」や「成り上がり」，「田舎者」という言葉はそうした人々に向けられる）。ブルデューは，社会的地位の維持，上昇に寄与する文化を**文化資本**と呼んだ。彼によれば，学校教育制度は，文化資本を持つ者を高い階層へと配列しつつ持たない者をそこから締めだす，**階級再生産**の装置となってしまっているのだ。私たちの階層的地位や階級・階層の固定化が，ブルデューの理論ですべて説明できるとはいえない（→unit ㉞）。身も蓋もない金銭的理由で決まってしまうところも大きいだろう。だが，平等主義を建前とする公教育の導入後も，趨勢として階級的・階層的再生産が持続されてきたことは事実である（→unit ⑳）。その理由を文化に求める研究はもっとなされていい。

🔳 イデオロギーとしての文化

　文化の伝達径路を独占しその内容を統制できれば，文化はその変わりにくさ変えにくさゆえに支配のための有効な道具となる。近代の国民国家は，単一の国民文化を創出し浸透させることで，均質な国民という幻想を形成・維持しようとしてきた。そこでは，共通のものとしての文化が過去から未来を通じ変わりえない伝統として強調され，国民なるものの永遠性が構築される。

　E. ホブズボームらによれば，今日において「伝統」であると思われていることのほとんどは，19世紀以後の発明品である（ホブズボーム＆レンジャー 1992）（→unit ㉗）。国民国家は，国民・民族の成り立ちの人為性を隠しつつ，「伝統」文化によって国家を**正統化**しようとする。そこにおいては，「伝統なのだから」「古くからあるものだから」「日本の文化なのだから」受け入れるべきだ，そのようなイデオロギー（→unit ⑬, ⑳）がつくりだされる。「伝統」は，過去に存在した事物のなかから恣意的に選びだされたり，ときにはなかったこ

とさえ捏造されて，構築されていく。ホブズボームらが分析の対象としたのは，イギリスの王室儀礼が19世紀において伝統を装いつつ変容していった過程である。ここでは，天皇の葬儀について取り上げよう（網野 1993）。昭和天皇の葬儀は，鳥居を建てた神道式でありまた巨大な墳丘への土葬であった。それはあたかも「伝統」であるかのように執行されたが，実は明治天皇以来の前例に従ったものにすぎない。749年に没した聖武天皇から明治天皇の先代である孝明天皇まで葬儀はすべて仏教式であった。また，江戸時代の初期まではほぼ火葬であった。そして，墓は，仏教式が採用されている間は，適切な寺院を選んでその境内か近所に設けられていた。墳丘などはなかった。遺骨を粉砕し散布させていたケースさえある。つまり，この近代的な天皇の葬儀は，国家神道を採用した明治政府による「創られた伝統」の一環であったといえる。そもそも天皇の葬儀について何の知識もなかった人々は，国民の「伝統」としてあらためてそれを学習した。そのようにしてさまざまな「伝統」や歴史の学習が行われることで，それらを共有する「われわれ日本人」が想像されるようになっていく。

文化の創造

文化とは，そもそも自然のままに本能に従って生きることができなくなった人間が，それでも生き残るために生みだしたものだ。それゆえ，固定された「死んだ文化」の影響力がたとえ大きくても，私たちが，生きるための「生きた文化」を育む存在であることは間違いない。

不条理な危機との遭遇は，人を理解不能の現実に直面させ，理論を無残に破綻させてきた。天災，戦乱，貧窮，暴力，事故・事件，身近な人の突然の死などのトラウマをもたらす深刻なできごとによって，人は文字通り言葉を失う。苦しみがあまりにも大きく，そこでのできごとに意味を見いだすことができないのだ。にもかかわらず，深刻な危機は，人に内省的探求を促すことで，理論を革新する契機ともなってきた（その一例として戦後知識人の思想もある→unit ⑫）。新しい理論は，危機を共有する（した）人々の連帯を基盤とすることによって，広く共感を集め強い影響力をもつことがある。その内容の評価はともあれ，宗教や思想は（あるいは科学でさえも），危機を乗りこえて生きるための理論とし

> **重要ポイント⑭**
>
> **カルチュラル・スタディーズ**
>
> 　カルチュラル・スタディーズ（CS）とは日常の文化実践と政治的な次元をつなげる1つの試みといえる。「趣味」を「階級」の表現としてとらえる P. ブルデューと異なり，CS は一方で「趣味」をアイデンティティの構築にかかわる文化実践としてとらえると同時に，「階級」の決定の力は，ジェンダーやエスニシティ（「人種」），ナショナリズムなど他の政治的ロジックによって強化されたり，抵抗されたりするなど，より流動的なものと考える。たとえば1970年代後期のパンクは白人労働者階級の若者によって生みだされた。この文化実践は一方で白人のアイデンティティを黒人と対立するものとしてとらえるレイシズム（人種主義）的なベクトルを有したが，他方で，ロック・アゲインスト・レイシズム（RAR）のような文化運動をつくり，黒人──特にジャマイカ出身の黒人移民──と文化レベルでの共闘（パンクとレゲエの交配）を可能にするベクトルを有していた（ヘブディジ 1986）。CS によればアイデンティティとは文化実践を通じて構築され，しかも常に相争われる──ヘゲモニー的──性質のものである。したがって，本質主義的に理解されるべきではないのだ（上野・毛利 2000；吉見 2000 参照）。

て，築かれてきたのである。

　生活世界が多元化した社会（→unit ⑤）にあっては，それなりに安定した生活世界のなかに，理論的な整合化が困難な異質なものの貫入が生じやすい。それもまた，理論修正の契機となってきた。**サブカルチャー**（→unit ⑦, ㉕）は，多元化社会にあって人々が文化を「つくりだす」「変更する」ダイナミズムをとらえるうえで，欠かすことができない概念である。サブカルチャー（下位文化，副次文化とも訳される）は，そもそもはドミナント・カルチャー（支配文化）の対語である。私たちは，何がしかの強い（多くの場合，複数の）文化の影響のもとにおかれる。だが，それをそのままに反復する受動的存在ではけっしてない。強い文化から受け取ったさまざまな要素を状況に適合させつつ修正したり組み合わせて別のものをつくったりする。そうして発生するものがサブカルチャーである。

　サブカルチャーは，そのそれぞれの成長過程において独自の理論を発達させ，言葉，できごと，映像・画像，音楽，ファッションがそもそももっていた「正統な」意味とは異なる意味をつくりだす。**カルチュラル・スタディーズ**（→重要

ポイント⑭）は，流行，映像，ポピュラー音楽，ダンス，ドラッグなどなどさまざまな記号・象徴を，構造的秩序による意味支配を攪乱する**象徴闘争**として解読していく（上野・毛利 2000；吉見編 2001）。たとえば，D. ヘブディジは，モッズの若者たちがスーツを着るのは，労働者階級の若者たちによるミドルクラスの象徴の奪用，蹂躙であると分析する（ヘブディジ 1986）。もう少し身近な例として，女性のピアスという記号を取り上げそこに闘争を読み取ってみよう。もちろん，ピアスの意味は社会的な脈絡において異なる。イスラム圏では，女の子が生まれればすぐにピアスをする地域もある。一方，日本の女性たちは，10代，20代で自らピアスをすることを考え始める。両者を同じものとして扱うことはできない。女性の身体が家（イエ）（→unit ㉔）に帰属するものとするイデオロギーが長く影響力をもっていた日本の場合，ピアスをはじめとする身体加工は，穏便にいえば家からの独立，もう少し過激にいえば家との闘争という意味を帯びるのである。では，ルイ・ヴィトンの小物は，ルーズソックスは，赤のニッカボッカは，キティちゃんで飾られた自動車は，いかなる象徴闘争として読み解けるのだろうか。それを選好する彼ら彼女らの生活世界を構造的秩序のもとにおくとき，どのような生のどのような闘いが見えてくるのか。興味は尽きない。

読書案内

考える糸口

- 上野俊哉・毛利嘉孝『カルチュラル・スタディーズ入門』ちくま新書，2000。
  いまや文化を論じることは，かつての日本文化論のような「変わらないもの」を無理やり探しだすような行為ではない。吉見俊哉編『カルチュラル・スタディーズ』（講談社，2001）とともに。

問題を見つける

- 佐藤健二・吉見俊哉編『文化の社会学』有斐閣，2007。
  「変わる」ものとしての文化現象をとらえ論じるための社会学のテキスト。

第3章 社会に組み込まれる　KeyWords

- ☐ 規律訓練　77
- ☐ パノプティコン　77
- ☐ 告白　78
- ☐ 表層演技　84
- ☐ 深層演技　84
- ☐ 感情労働　85
- ☐ 儀礼的（市民的）無関心　86
- ☐ 精神分析　90
- ☐ 無意識　90
- ☐ 存在論的不安　91
- ☐ ダブルバインド　91
- ☐ ルーティン　92
- ☐ 権威主義的性格　93
- ☐ 抑圧の移譲　93
- ☐ 植民地的無意識　94
- ☐ 文化帝国主義　95
- ☐ 意識　97
- ☐ 資本主義の精神　98
- ☐ 世俗内禁欲　98
- ☐ 階級意識　99
- ☐ 即自的階級　99
- ☐ 対自的階級　99
- ☐ 社会意識　99
- ☐ 鉄の檻　100
- ☐ 精神のない専門人　100
- ☐ 心情のない享楽人　100
- ☐ プラグマティズム　101
- ☐ 思想　101
- ☐ 知識人　102
- ☐ 大きな物語　104
- ☐ ポストモダン　104
- ☐ イデオロギー　104
- ☐ 流言　105
- ☐ ゼノフォビア　106
- ☐ 集合的沸騰　107
- ☐ 国家のイデオロギー装置　108
- ☐ 文化　110
- ☐ 記号　110
- ☐ 象徴　110
- ☐ 知識　110
- ☐ 印象操作　111
- ☐ パッシング　111
- ☐ ハビトゥス　111
- ☐ 文化資本　112
- ☐ 階級再生産　112
- ☐ 正統化　112
- ☐ サブカルチャー　114
- ☐ カルチュラル・スタディーズ　114
- ☐ 象徴闘争　115

第4章

社会を生きる

15 人　　生
16 夫　　婦
17 親　　子
18 恋　　愛
19 友　　人

> **この章の位置づけ**
>
> 　人生（→unit ⑮）には必ず道づれがいる。そのつきあいは，一時的なものも長期にわたるものもある。また，同伴生活が，とげとげしいものになることも優しさに溢れたものになることもあるだろう。私たちは，道づれとなった人々から影響を受け，また，その人々に影響を及ぼしてもいる。私たちは，道づれとともに新たな困難が予想される固有の世界をあえて築き，その困難を乗り越えようと苦闘しさえする。
>
> 　そのような人生の道づれとしてまず思い浮かぶのは，家族だろう。親子（→unit ⑰）は，多くの場合，長いつきあいになる。あるいは，そもそも血縁ではない他人同士のつきあいから始まる夫婦（→unit ⑯）も，相当に長い道づれになることが多い。親子関係や夫婦関係が人々にもたらしているものの大きさを考えれば，家族の存在を無視した社会学など考えにくい。
>
> 　だからといって，家族が，常に人生の同伴者であり続けるとはいえない。少子化や高齢化，そして家計の不安定化は，家族が介護や子育てなどの生活問題を自らの手で解決する能力を著しく低下させており，家族を維持することに疲弊・消耗する人も多い。また，ほとんどの人が結婚することができた幸福な時代が終わったのだから，道づれのイメージを家族に限定し続けるわけにもいかない。人生の道づれとしての友人（→unit ⑲）が，あらためて注目される。
>
> 　映画や小説で華々しく描かれてきた割には，恋愛（→unit ⑱）の社会学における扱いは小さい。いや，論じられてはきたのだが，結婚に従属するものという位置づけを免れなかった。しかし，晩婚化・非婚化が進み，また少年少女や高齢者への恋愛の開放も進む今日，結婚からは自律したテーマとして恋愛も論じられねばならなくなっている。
>
> **ライフコースと道づれ**
> ▣ **昭和1けた世代の女性Gさん（1929〔昭和4〕年生まれ）のプロフィール**
> 　18歳のとき兄の友人と交際するが，両親に反対され，22歳のとき，3歳年上の両親の紹介する男性と見合い結婚。夫は中規模の会社の経営者。夫の両親と同居。

嫁ぎ先の家は夫の母親（姑）の発言力が強く，自分を抑えて家のしきたりを会得するのに苦労したが，姑との関係は比較的良好だった。1953年に長男，2年後に長女が生まれる。徐々に自分のペースで生活できるようになり，小学校時代の友人たちや趣味の友人とのつきあいの時間も生まれた。長男は1982年に結婚，長男夫婦と同居。すでに夫の母親は亡くなっており，今度は自分が「姑」となる。現在は長男が引退した夫の後を継ぎ，社長である（プラース 1985 を参考に構成）。

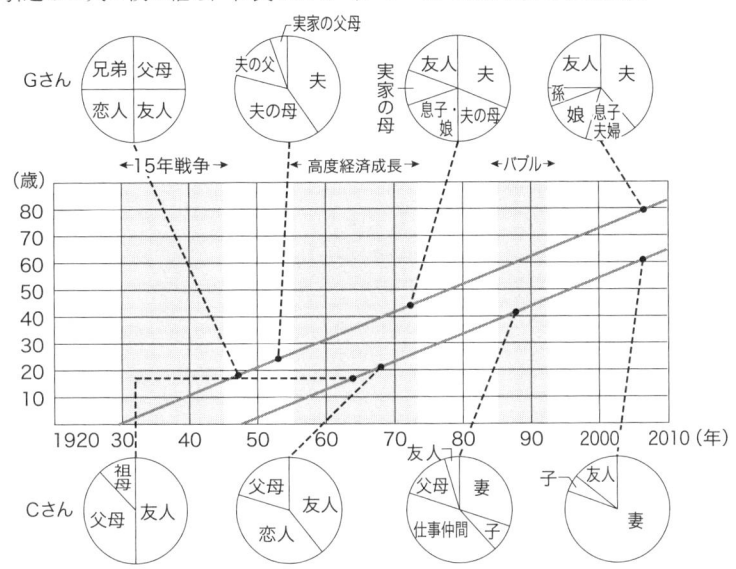

団塊の世代の男性Cさん（1947〔昭和22〕年生まれ）のプロフィール

一人っ子。子ども時代は父親の仕事の都合でよく転校をした。一浪して地方の国立大学に入学（1966年）。当時は学生運動が活発で，集会などにも参加したが，積極的にコミットしたわけではない。高校・大学時代の友人とは今もつきあっている。卒業後大企業に就職し，26歳のとき大学時代からの彼女と結婚。子どもは長男，長女，次男の3人。妻は子どもの出産と同時に仕事をやめ専業主婦に。両親とは別居の核家族。仕事は忙しく，子どもの面倒は妻に任せることが多かった。転勤生活が終わり，40歳のとき郊外にマンション購入。長男は順調に就職し2006年に結婚したが，長女と次男は就職難でフリーター。彼らの将来が気がかり。自分も2007年に定年退職となった。退職金でマンションのローンを完済。これといった趣味はなく老後のライフスタイルを模索中（千葉大学行動科学科社会学教室 2000 を参考に構成）。

unit 15

人　生

◨ ライフコースとライフヒストリー

　人それぞれの人生の軌跡を**ライフコース**と呼ぶことがある。人のライフコースは多様であるが，出生コーホートごとにその軌跡をたどると一定のパターンを見いだすことができる。同じ時代を生きている以上，誰しもその時代の重要なできごとに影響を受けざるをえないからである（森岡 1996）。**コーホート**とは人口学の用語で，出生や結婚などを同時に経験する集団のことである。たとえば日本では，終戦後，1947年から49年にかけて生まれた「**団塊の世代**」と呼ばれるコーホートは，その青年期にあたる60年代後半には学生運動を起こし，新しい対抗的な文化をつくりだした世代である。また森岡清美は遺書などをもとに，第二次世界大戦中，20代前半だった1920年〜23年生まれのコーホートを「**決死の世代**」と名づけ，焦点を当てている。森岡によれば，30年代に軍国主義教育を受けたこの世代は行為の結果ではなく過程を重視し，与えられた役割を主体的に引き受ける「役割人間」になっていった。彼らは40年代前半に兵士となって死と再生を経験し，戦争を生き延びた者は，高度成長期の日本を牽引したのである（森岡 1993）。

　他方，個人の人生は固有のものであり，その意味で世代の共通体験に還元できない性質を有している。人生とはけっして客観的な年表風に整理できる個人史ではなく，主観的に生きられた歴史であり，人は自分の過去を記憶のなかに保持している。この点を強調する研究方法に**ライフヒストリー**ないし生活史研究というアプローチがある。このアプローチは，あくまでも語りを通じて個人の生きられたリアリティを再構成しようとするものである。ライフコース研究がコーホート集団を単位とする傾向があるのに対し，ライフヒストリーの場合，

対象者は1人だけでもかまわない。

たとえば中野卓は，1893（明治26）年生まれの岡山県の瀬戸内地方に住むある女性のライフヒストリーを記している（中野編 1977）。彼はこの女性のそれまでの苦難に満ちた生涯——子ども時代の貧困や，満州や朝鮮での苦労，「夫」からの暴力など——を彼女自身の語りから再構成しているが，彼は彼女の語りに出てくる呪術的な体験（オイナリさん信仰）をも生きられたリアリティとしてそのまま提示している。人は自分の過去の体験のうち重要な部分を多く語り，そうでない部分については言い落としたり沈黙する。また人生の記憶にはさまざまな思い込みや「歪曲」がある。しかし，その思い込みや「歪曲」がその人の人生で重要な部分を形成しているとすれば，それを虚偽と断定し切り捨てることはできない。

ところで個人のライフヒストリーと集団のライフコースは対立するものだろうか。ライフコース研究は，没歴史的な研究への反省から生まれたものであり，人生の多様性に主眼を置いている。またライフヒストリー研究は，無名の庶民やマイノリティの歴史を明らかにすることによって，公式の歴史から排除された小文字の歴史に光を当てようとする。それは重要な「証言」となり，歴史の再考や修正を迫ることもありうる（中野 1995）。この意味でマクロな歴史，コーホートの世代史，そしてミクロな個人史は，互いに補完的な関係といえるかもしれない。

自 己 物 語

他方，過去の人生に対する主観的な解釈は，人生を意味あるものとして自分に納得させる必要から生じることが多い。個人にとって人生とはさまざまなできごとの意味ある配列，すなわち**自己物語**として組織されている。だが自己物語は自分勝手な思い込みとは違う。自己物語は聴き手である家族や友人など，本人にとっての重要な他者によって批准されなければ成立しえない。自己物語の聴き手は同時に自己物語の登場人物であり，いわば人生の**道づれ**（**コンボイ**）である（プラース 1985）。彼らは互いに物語を批准しあい，共同で物語を紡いでいるといえる。

自己物語に原型がある場合もある。たとえば「決死の世代」の青年たちは自

己の死を納得させるために，国家によってつくられた「忠孝一本」の物語に依拠する場合もあれば，当時人気のあった吉川英治の『宮本武蔵』などの小説の主人公に自分を仮託し，自己の人生を物語化する場合もあったという（井上 1996）。現代においても小説，マンガ，歌詞などがその素材となり，物語が紡ぎだされ，人生に意味づけが与えられる場合もあろう（物語とイデオロギーの関連については→unit ⑬）。

しかし物語は挫折することもある。立身出世の物語によって自分の人生に意味を見いだしていた者が，出世コースから外れるときなどがそうである。そのようなとき彼は自己物語を別のバージョンに再編し，自己を語り直す必要が生じる。「敗者」に自己納得させるこうした物語を竹内洋は「敗北の文学」と呼んでいる。たとえば，金持ち連中は本当は道徳的には汚い生活をしていることを暴露する小説，貧乏でも清く正しい生活を是とする「修養」の言説は，数限りあるエリートの座から外れた者のルサンチマン（→重要ポイント⑪）を癒してくれる（竹内 1995）。

フレキシブルなライフコース

ライフコースをコーホート集団の人生の軌跡ととらえる考え方とは別に，福祉国家（→unit ㉚）論や社会政策研究では，ライフコースを私たちの人生の時間を分割し組織する「制度」としてとらえる考え方がある。私たちのライフコースは大きく，教育（子ども期），仕事（成人期），老後（老年期）の3つの段階に分かれていると考えられている。

このライフコースの3段階への分化は，産業社会とともに始まり，特に老齢年金が整備され，労働者の完全雇用を可能にしたフォーディズム的福祉国家において制度化・標準化されたといえる。男性は教育の終了後，労働市場に参入し，結婚し家庭を築く。年金受給資格の年齢になると退職し老後を送る。女性の場合はいったん職を得ても結婚後に退職し，家事や子育てに専念する専業主婦になるか，仕事を続けていても家計の補助としての位置づけが多かった。

このように制度化・標準化されたライフコースでは，それぞれの段階は年齢を基準として客観化され，段階から段階への移行はスムーズで重なることがない。その意味でライフコースは単線的で不可逆的であった。これによって人生

における予測不可能性や不確実性は少なくなり，自分の将来を見通せるようになる。

　しかし，フォーディズム的福祉国家の危機とポストフォーディズム的なフレキシブルな労働形態の拡大とともに（→unit ㉑），ライフコースの3段階は，かつてのようなスムーズな移行は困難となったり，それぞれの段階が重なり合ったりするようになる。たとえば，かつて一生のうちで仕事をする期間は成人期，仕事をしない期間は子ども期および老年期というように明確に分化していたが，非正規雇用が広がるにつれ，これらは相互に入り混じり，「働き盛り」であっても仕事がなく親と同居したり，断続的にアルバイトと無職の状態を行き来するフリーターもいる。退職してから年金の受給開始までの間，働くことを余儀なくされている人も多い。特にヨーロッパでは，社会の変化や技術革新のスピードアップに対応し，「働き盛り」の人々が教育や訓練を受けることが多くなっている一方，育児休暇などによっていったん仕事を離れ，再度復帰するという選択も可能となっている。こうした事態はライフコースはもはや人生を組織する安定した制度とはいえなくなったことを意味しており，ライフコースの脱制度化，あるいは**フレキシブルなライフコース**と呼ばれる（Guillemard 2005）。

　フレキシブルな労働は自己物語を紡ぐことを困難にする。R. セネットは，現代のアメリカにおいて，短期的，臨時的な雇用契約が主流となるフレキシブルな労働組織の拡大によって，職業生活の階段を少しずつ上がっていく伝統的なキャリア形成が不可能となり，人々は仕事から仕事へ，場所から場所へと，「いつもやり直し」「いつも振り出し」という経験しかできなくなったと指摘している。しかもこれは底辺層だけでなく，エリート層でも当てはまる。彼らは長期的な目標は立てられず，職場や地域で永続的な社会関係を築くことも困難となる。そうなると緩やかな共同体として自己物語を互いに批准しあっていた人生の道づれも消滅する。その結果，かつてのように職業生活における積み重ねの経験を「成熟」のプロセスに重ね合わせる自己形成（ビルドゥングス）の物語は困難となる。自分の親が自分たちに語ったような自己物語を，彼らは自分の子どもたちに語ることができないと感じている。

　フレキシブルな組織には記憶や過去の経験が求められないどころか，ジャマでさえある。学校で最新技術を得てもその賞味期限は短い。常に前向きの未来

> **重要ポイント⑮**
>
> **交換理論**
>
> 　私たちは，性質のまったく違うものを同じ価値があるものとみなし「交換」する。物々交換と貨幣を媒介とする交換があり，交換が生じる場を市場と呼ぶ。しかし，経済的な領域で交換することのみが交換ではない。社会的行動の領域で「交換」をすることがある。たとえば互いに「交わす」挨拶も「交換」といえる。道で挨拶をしてきた知人がいれば挨拶を「返す」。同じように，会社や政治の世界で特定の派閥への忠誠と「引き換え」に，高い地位を与えられる場合も「交換」である。老後の世話と「引き換え」に——もちろんあからさまに契約を交わすことはないが——，子どもに投資することを「交換」とみなすことも可能だろう。交換理論はこうした個人間の相互行為を広い意味での交換と考え，社会的交換と呼ぶ（ブラウ 1974）。この考え方の延長に，人間の行為は与えられた選択肢のなかからもっとも利益を得る選択をするという，合理的選択理論の考え方が出てくる。しかし，集合的なレベルでは何をもって「利益」とみなすかは一義的に決定することは難しく，その点に交換理論の限界があるといえよう。

志向やリスク・テイクの精神が評価される（セネット 1999）。人生がフレキシブルであるということは，人生を常にリセットするということである。また「デイトレーダー」が増えていくなど，マネーゲームが一般庶民の生活世界にまで浸透すると，「積み重ね」としての人生は空疎に感じられ，純然たる偶然性によって左右される人生観こそがリアルに見える。自己はもはや首尾一貫したものとして経験されることができなくなる。人生は一貫性のない偶発的なできごとの集合となり，いわば多重人格的，ポストモダン的な人生観が出現する。

　どんなに人生の物語を描いてもそれがすぐに裏切られ，リセットを余儀なくされてしまうと，時間の長期的な持続が寸断され，永遠の現在を生きるしかない。将来の計画は意味をなさない。たとえば年金に加入するには，その人が65歳まで生き，元を取るためにはさらにその先，何年も生きるという長期的な人生の見通しが必要である。年金制度はこうした暗黙の前提によって支えられていたが，現在，特に若者にとってはその前提が崩れつつある。人生に持続性の感覚を与えるものを「社会的なもの」と呼ぶことができるとすれば，現在は「社会的なものの消滅」の時代なのかもしれない（渋谷 2003）。

人生はどこまで自分のものか

人生はどこまで自分のものになるだろうか。人は人生をコントロールできるのだろうか。

一般に社会学では，人生（生き方）は社会によって規定されるということが強調される。たとえば，ラベリング理論で逸脱が説明されるときなどがそうだ。ほんの出来心で万引した子どもは，それが発覚した場合，周囲から「非行少年」とか「不良」といった逸脱のレッテルを貼られることになる。いったんレッテルを貼られた者がこれを剝がすのは困難となり，その後，むしろ自覚的に「不良」の役割を演じるようになる。ラベリング理論では，社会によって「逸脱者」として名指された者が，その付与されたアイデンティティをなぞって自覚的に逸脱行動をすることを**二次的逸脱**と呼び，最初の無自覚な逸脱（一次的逸脱）と区別している。一次的逸脱に対する社会からの反作用（レッテル貼り）が二次的逸脱を生み，逸脱者をつくりだすのである（宝月 1990）。

社会のレッテルの力によって人の人生が決まっていくのは逸脱に限らない。たとえば，普通の生徒でも何かの偶然で先生やクラスメートから「優秀」とか「頭がいい」というレッテルを付与されれば，勉強へのインセンティブを保つことができ，その生徒は結果的に「優秀」になるということがあるはずだ。「落ちこぼれ」というレッテルによって「落ちこぼれ」がつくられるように，「秀才」というレッテルから「秀才」もつくられるのである（大村 2002）。

地域の外国人支援活動に参加しているある主婦から話を聴いたことがある。彼女はいわば最初はボランティアの延長のような気軽な感覚で参加したが，初めて外国人労働者への賃金未払いの工場と交渉したとき，こわもての社長からすごまれたことがあるという。このとき内心はビビりつつも，毅然とした態度で臨んだら相手は引き，何かがふっ切れたようだったと話していた。彼女にとって「アクティビスト」は仮の姿にすぎず，いわばレッテルであったが，行動を通じて後に引けなくなり，いつの間にか本物になってしまったのである。これもある種の二次的逸脱であろう。社会運動にはこうした事例は事欠かない。

さらに二次的逸脱は単に社会によって付与されたレッテルを仕方なく受け入れるという受動的な側面だけでなく，自分に向き合う積極的な機会を提供することにも注意したい。

J. ジュネという作家がいる。彼は「泥棒」というアイデンティティを積極的に引き受けた。その最初のきっかけは，少年期に盗みをはたらいたときに現場を押さえられ，大人から「お前は泥棒だ」と規定されたことである。彼は成長するなかで同性愛者，背徳者であることを肯定し，詩人となり小説を書き，ブラック・パンサー党やフェダイーン（パレスチナ解放戦士）とともに闘った。彼は最初に他者から押しつけられた「お前は泥棒だ」という規定を否定することなしに，そこにさまざまな意味を加えていった。そうすることによって，最初の「泥棒」の定義をより豊かなものにし，自分で自分を定義し，生き直そうとしたのである（サルトル 1966；ジュネ 1994）。

読書案内

考える糸口

- 原武史『滝山コミューン一九七四』講談社，2007。
  1970年代前半，小学校時代に経験した集団教育に違和感を感じた著者が，日記や当事者の記憶をもとに自分の少年時代を歴史のなかに位置づけ直す試み。異色のライフヒストリー。

問題を見つける

- 蘭由紀子『「病いの経験」を聞き取る――ハンセン病者のライフヒストリー』皓星社，2004。
  元ハンセン病患者のインタビュー。他者の意味世界に入ることの困難さが伝わる。ライフヒストリー研究の教科書としても。

unit 16

夫　婦

性別役割分業のゆくえ

　かつて「男は仕事，女は家庭」という**性別役割分業**（→unit ㉘）が社会の一般的な通念であった。問題はこの「かつて」とはいったいいつのことかである。しばしばこの性別役割分業は「はるか昔」から存続するものと考えられる傾向がある。しかし，この特徴は実は近代社会の特質なのである。たとえば，農村社会では夫も妻も（そして子どもも）生産活動に従事していたし，そもそも生産と家事労働の区別も曖昧であった。夫が外で雇用者となり妻や子どもを養うだけの収入を得，妻が家庭で家事に専念することが可能な社会が成立して初めて，性別役割分業は通念として定着したのである。

　近代社会に適合的な家族を**近代家族**と呼んでおこう。近代家族は夫婦が愛情によって結ばれることによって生まれるものとされている。しかし，夫と妻の間の性別役割分業は自明のものとされ，その意味で夫婦の関係は非対称的である。この2つの特徴が密接に結びついていることは社会学の歴史からも検証することができる。

　たとえば E. W. バージェスは「制度家族から友愛家族へ」の移行が近代家族を特徴づけていると考えた（Burgess & Locke 1945）。また T. パーソンズは近代的な家族の機能として，子に対する社会化機能とならんで，大人の情緒（＝パーソナリティ）安定機能を重視した。つまり，夫婦が親密な関係であることがパーソナリティの安定に寄与すると考えたのである。

　しかしこの情緒安定機能の遂行は男女の役割分担を前提としていた。パーソンズは，夫は手段的機能を，つまり労働など家族外部との交渉を担い，妻は表出的機能を，つまり家族内部の人間関係の調整（＝愛情をもって夫や子の世話を

すること）を担うとして，性別役割分業こそが機能的であるとみなしていた（パーソンズ＆ベールズ 1981）。社会学においては機能主義的観点から，性別役割分業は正当化されていたのである。

　しかしその後，近代社会（具体的にはフォーディズム的福祉国家）の枠組みが揺らぎ始めるとともに，性別役割分業という前提も徐々に崩れていく。1970年代のフェミニズムによって女性を専業主婦の役割に閉じ込める社会構造が告発された。また，脱工業化や情報化などの産業構造の変化は女性の雇用を増やす要因となっている。こうしたなかで，女性の就業意識は高まり，女性の職場進出は進みつつある。また共働き夫婦も増加している。とはいえ，これによって性別役割分業は消滅したといえるかは疑わしい。それは新たなかたちで再編されている可能性がある。

　1980年代後半から90年代初めにかけて，従来の性別役割分業に代わり「男は仕事，女は家庭と仕事」という**新性別役割分業**の登場が指摘された。NHKの『国民生活時間調査』(2005年調査)では，女性の勤め人の平日の平均家事時間が3時間6分であるのに対し，男性勤め人はわずか26分である（ただし，共働き，非共働きを区別しない数字である）。つまり女性は職場に進出することが可能になったが，育児や家事の全面的な負担と引き換えの職場進出であったということである。共働き夫婦においても，夫は家事や育児に相変わらず参加せず，新たな負担のしわ寄せは妻のところにいく。特に男性にとって子育てや家事に参加する時間的ゆとりが長時間労働によって阻まれる構造がその大きな要因である。現在，このような長時間労働という構造を背景にして，家事や育児の負担を男女ともに回避しあう無意識的な闘争が展開しているようにみえる。

　「**セカンド・シフト**」という問題提起を参照してみよう。アメリカでも日本より一足先に，女性の社会進出と共働きの一般化にともなって，家事や育児という「仕事」を誰が行うのかということが問題になっている。A.R.ホックシールドはこの「仕事」を「セカンド・シフト」（「第二の勤務」の意）と呼び，この負担が夫婦の間でどのように問題となり，どのような解決が図られているかを事例研究を通じて検討している。たとえばある夫婦の事例では，妻が働きに行くようになり，妻は家事や育児の負担に耐えられなくなり，家事を当番制でやることにした。しかし，夫はそれに合意したものの，乗り気ではなかったら

しく，食事の当番の日を忘れたり，買い物を忘れたりと家事に関してとにかく能力のなさを見せたのであった（ホックシールド 1990）。

　夫が家事の遂行の際に見せる「能力のなさ」は，おそらく夫の「仕事人」としての自分を守るためにとられる無意識の「抵抗」である。夫の言い分はこうだ。妻が外で負担の大きい仕事を選ぶことはかまわないが，そのことでなぜ自分の生活までも変える必要があるのか納得できないのである。おそらく彼は「妻は家」という伝統的な性別役割分業を肯定はしない。彼は意識のうえでは「男女平等」の表面的なスローガンを支持するかもしれない。しかしだからといって，それを支持することに実質的にともなう自分の負担増や自分の仕事の抑制（とそれにともなう仕事上の評価の低下というリスク）を引き受けない。妻は仕事をするのは勝手だが，仕事のしわ寄せを家庭生活に持ち込まないでくれ。こうした気持ちが無意識の「抵抗」を生みだすのだ。

　しかし女性の側からの「抵抗」もありうる。最近では，新性別役割分業における家事と仕事の二重負担を嫌う女性が増えてきたことにそれは現れている。特に母親の世代の二重の負担の苦労を見て育った今の娘世代たちにとって，この新性別役割分業は忌避されるものとなりつつある。しかし，新性別役割分業に代わる魅力ある夫婦間の関係を見いだすことが難しい以上，新性別役割分業を拒否するということは，結局，結婚の時期をできるだけ引き伸ばす戦略となるのである（小倉 2007）。

　実際**晩婚化**は進んでいる。1975年には男性27.0歳，女性24.7歳であった平均初婚年齢はその後徐々に上昇し，2003年には，男性29.4歳，女性27.6歳にまで達している。他方，未婚率も上昇している。20歳から34歳までの未婚率は，1950年から80年頃までは，男性がほぼ50％，女性30％台前半でほぼ横ばいであったが，1980年代後半から男女ともに上昇し，2000年には，男性68.2％，女性55.5％となっている。いまやこの年齢層では，結婚しているほうがマイノリティである（2004年版『少子化白書』）。そしてこれらの傾向は**少子化**の大きな要因と考えられている。結婚という選択（誰と結婚するかという選択ではなく）は，あえて行うリスクの大きな賭けとなったといえるかもしれない。

　新性別役割分業が女性に二重負担を強いるものであることから，最近では女性の側が性別役割分業に再び回帰する動きもある。ただしフェミニズムを経由

した今の時代,「平凡な」専業主婦は忌避される。こうして趣味などの領域に「自己実現」を見いだす,「男は仕事と家庭・女は家庭と趣味」という**新・新性別役割分業**への女性の側のあこがれが指摘されている（井上・江原編 2005）。とはいえこの分業形態は，事実上，夫の高収入を当てにした階層的に限定された戦略である。

戦略としての結婚

結婚相手との出会い方としては，戦後見合い婚の割合は低下の一途をたどり，他方恋愛婚は増加し続け，1970年前後に両者の割合は逆転した。ここに個人の人格の魅力によって惹かれあう結婚，「戦略」などの打算が混入しない純粋な夫婦関係を想像するかもしれない。「見合い」とは親同士の合意が優先され，親を媒介に出会いがセッティングされるのに対し，恋愛結婚の場合は親ではなく最初から個人が相手を選ぶからである。しかし，相手を選ぶといっても，まったくの白紙の状態から相手を選ぶわけではない。恋愛結婚の場合でも，出会いは，おもに職場，友人関係，学校など，かなり限定された生活圏のなかで生じる。自分では白紙の状態で相手と出会ったと考えても，実際には学歴・所得・趣味（文化資本）などによって階層的な同質性がある程度確保された生活圏での出会いである。もちろん，社会移動の手段として結婚を考える場合もあるかもしれない（たとえば「玉の輿」）。しかし，想像できるように，あまりにも階層の隔たりが大きいと，やっていくことができるのかどうかリスクがつきまとう。そこには性格や容姿などの個人的な好みも反映されるが，それはすでに絞り込まれた対象に対してである。結婚は同じ階層か少し上を狙うある種の「計算」のもとでなされる。それゆえ P. ブルデューは結婚を「戦略にのっとったゲーム」と考えている。ただしこの「計算」は意識的に行うのではなく，いわば直感的な実践感覚を通じてなされる（ブルデュー 2001）。

夫婦の「親密さ」

日本において夫婦を中心とした近代家族は，home の訳語である「家庭」という概念とともに，あるべき夫婦関係の理念として広まっていった（牟田 1996）。「家庭」とは，一方で姑舅などの権威を弱めるという意味での夫婦中心

の家族をめざすとともに，他方でその夫婦関係は親密な感情によって形成されるべきものと考えられていた。こうした近代家族は戦後，家制度の解体とともに実現したと考えられがちであるが（川島 2000），徳富蘇峰が明治25（1892）年『家庭雑誌』を刊行するなど，そのイメージに関してはすでに明治期においても一定の広がりをみせていた。大正期に成立する新中間層（サラリーマン層）はそのイメージに自分たちを合わせたのである（→unit ⑰）。

　しかし，夫婦の親密さ（情緒的関係）の理念とは別に，その内実はどうだっただろうか。

　小倉敏彦の指摘によれば，すでに明治期に近代家族における夫婦関係を描いていた夏目漱石は，「親密さ」の実現が困難な「不機嫌」な夫婦関係を描いていた（小倉 2002）。大正3（1914）年の『道草』では，主人公（夫）は，妻が親密な感情を表出してくれることへの期待が過大なため，実際には妻がその期待に応えてくれないように見えてしまう。自分から妻に対し親密な感情を示そうとするほど，期待したほどではないクールな反応に裏切られ，不機嫌さを募らせざるをえない。さらに，性別役割分業によって夫婦の社会的役割が分化していくなかで，理念としての親密な関係――あるいは隠し事のない「透明なコミュニケーション」（小倉 2002）――を夫婦のなかで実現しようとすると，ある種のすれ違いのような，構造的な困難がともなう。そしてそのストレス管理は最終的に妻が「ガマンする」というかたちで耐えることによってなされる。パーソンズが指摘するように「表出機能」を担うのは妻なのだから。

　上野千鶴子（1994）は，夫婦の親密な関係の維持にともなうこの「ガマン」にも日本特有のものがあると論じている。日本の近代家族の場合，夫の影が薄く，そのことが「母親」に甘える「子」の関係に似た夫婦関係をつくりだしていると指摘している。もちろんこれは「妻」が強いということを意味しない。むしろ，「妻」は「ふがいない夫」を「ガマン」して受け入れざるをえないということにすぎない。

　このことは日本の近代化と大きく関わっている。近代化，特に学校教育制度は，序列化のなかに「父」を位置づけることにより，「父」のかつての儒教的権威を奪った。西欧のように国家に対する市民社会の自律性が強ければ，市民社会の基礎単位である家族の自律性は尊重され，その結果「父」の家長として

> **重要ポイント⑯**
>
> **ジェンダーとセクシュアリティ**
>
> 　日常生活における男と女の相違点を考えてみよう。男は女よりも服を選ぶバリエーションがない（＝おしゃれに気を使わない）のに対し，女性はいろんな服を選ぶことができる，とか，男女のカップルでは男は女をしっかりリードするものだとか，さまざまな点をあげることができる。これらの相違点（差異）は生物学的に規定されているものではなく，文化的に規定されている。ジェンダーとは文化的に規定されたこうした男女の差異のことである。ジェンダーは文化的な規定であるから長期的な視点からは変更可能な規範といえる。この変更可能性を発見し，実際に規範の変更を提案するのがフェミニズムの運動であった。他方，男性が女性を好きになり，女性が男性を好きになるといったセクシュアリティ（性的志向性）の領域は変更可能ではない，すなわち生物学的に決定されていると一般に考えられている。しかし，男が涙を流してはいけないということが文化的なジェンダー規範であったのと同様，男が男を恋愛の対象にしてはいけないというのも，同じような変更可能な規範であるとはいえないだろうか（バトラー 1993）。

の権威は維持される可能性がある。しかし，市民社会の国家権力に対する自律が不十分なまま近代化＝産業化を進めた日本では，「父」も学歴や出世という尺度によって測られてしまい，どんなに厳格な「父」であっても「凡人」にすぎないと判断されてしまう。その結果，家庭において「父」は疎外され，むしろ「母」と「子」の関係が強まる。特に「母」の「息子」への期待と表裏して，「息子」の「母」への依存が強まる。成人した息子の夫婦関係においても，「母」への依存が「妻」に投影され，「妻」を，すべてを許す「母」のような存在とみなす。そこには他者としての「妻」は存在しない。

夫婦関係の物象化をこえて

　当たり前の話だが，「妻」がいなければ「夫」になれず，「夫」がいなければ「妻」になれない。「夫」のアイデンティティと「妻」のアイデンティティは相補う。というより，夫婦はそれぞれのアイデンティティを共同作業で演じている。
　しかし「夫」としての，あるいは「妻」としてのアイデンティティないし役割を物象化し，そこに自己の存在理由を見いだす者の場合，夫婦関係が変化したり危機に陥ったりすると，存在論的不安が生みだされる（→unit ⑪）。このよ

うなとき，存在論的不安を回避するために，あえて自己の頼りなさ，ふがいなさを相手にアピールして，従来の関係を維持しようとすることもある。たとえば「か弱い女」をアピールすることで，夫の「妻を守る男」としての存在理由を引きだせる妻もいるだろう。アルコール依存の夫は「だめな自分」を維持することにより「お前（妻）がいないとやっていけない」と相手の同情を引き，妻は「甲斐性のない夫だからこそ私が必要」と，夫への献身に自己の存在理由を見いだす。しばしばこのような本末転倒な依存関係は「愛」と誤解されるが，家族療法ではこれを共依存と呼んでいる（ビーティ 1999）。

　伊田広行が提唱する**シングル単位論**は，家族の物象化や共依存への解毒剤となるかもしれない。伊田によれば，現代社会は，社会保障，税制などの制度や企業における労働を通じて「家族（夫婦）単位」を標準として構成されているがゆえに，シングルマザー，単身者，同性愛者などは「半端者」とみなされる一方，家族内部（夫婦間）でも夫や妻の役割をこなす以上の積極的な関係を形成することが難しくなっているという（伊田 1998）。シングル単位とは，制度面での家族単位を解体することによって，結婚しているいないにかかわらず，個人として社会的に対等に扱われることを可能にする社会のことである。またシングル単位は，家族を否定するのではなく，家族内でも当事者性を尊重し，「愛」の名のもとでの干渉，抑圧，依存を控えることによって新しい家族関係を構想する考え方である。

読書案内

考える糸口
- 海老坂武『新・シングルライフ』集英社新書，2000。
  シングルライフの擁護の書。シングルへのハラスメント（「独ハラ」）のかわし方や孤独の重要さなどを，J.-P. サルトルの研究者が自身の経験を踏まえて述べる。

問題を見つける
- 落合恵美子『21世紀家族へ（第3版）』有斐閣，2004。
  「近代家族」が戦後特有の家族のあり方でしかなかったことをわかりやすく解説し，その矛盾を多角的に検討。

unit 17

親　子

夫婦関係と親子関係

　家族は夫婦という横の関係，親子という縦の関係，この2つの関係によって構成されている。このうちどちらに比重をおくかは時代や社会階級によって異なる。明治から戦前にかけての日本では，公式の規範としては親子関係が中心の**直系家族**モデルであり，戦後になってこれを否定するかたちで夫婦関係を中心とした核家族ないし**夫婦家族**モデルが導入された。

　戦前の家族モデルは，明治民法の「**家制度**」と，修身や教育勅語など公教育における儒教道徳によって規定されており，子が親に従うべきものという意味での親子関係が中心であった。具体的には「家制度」としては個人に対する「家」（そして「祖先」や「伝統」）の優位，家長のほかの家族構成員の行動の統制権，家長として家産の独占的相続などがあり，儒教道徳としては親の**恩**への「**報恩**」としての**忠孝**の義務などがある。そこでは妻は夫の「家」に嫁ぎ，子（跡取り）を産み「家」を守る者と規定され，夫婦間の愛情は相対的に重要性の低いものとみなされていた。

　ただしこれらの「家制度」や儒教道徳が，明治以前の時代に一般的であったかというと必ずしもそうとはいえない。どちらも江戸時代の支配階層である武士層や地主層の家族道徳であり，一般の庶民層にはほとんど関係のないものであった。明治期に入って支配者層がこれを庶民層にも広めようとしたにすぎない（川島 2000）。明治期においても家制度は財産（家産）をもつ旧中間層の間でもっとも体現された家族形態であった。

　戦後の民法改正により，こうした親子関係中心の家制度的家族は否定され，夫婦関係中心の核家族が民主主義的な家族であり，家族の普遍的モデルとみな

されるようになった。

核家族とは，夫と妻がお互いを尊重し，夫婦がそれぞれの親から距離を置き，「親離れ」することがその要件である。そこには人々をまず家長の権威から核家族夫婦として自立させ，さらに夫婦間が互いを尊重するというかたちで個の自主性を確立させる，そのような思想があった。核家族は一方においてサラリーマンの夫と専業主婦によって構成される新中間層の家族に適合的な家族形態であったが，他方その形成にはこのような思想的な背景もあったのである。

戦前に支配的な直系家族から戦後の核家族への実際の転換（しばしば家族変動と呼ばれる）は，民法の改正のように一朝一夕にして変わったわけではない。親との同居を当然と考える親世代と，核家族を形成し親離れしたい子世代との間には，戦後の長い時間をかけてさまざまな葛藤が見られた。1930 年生まれの精神臨床医の小此木啓吾は自身の体験として，結婚した当初，核家族として親の家から自立し，別居しようとした自分たち夫婦に対し，明治生まれの親が「親不孝」と息子を嘆き，自分自身も後ろめたさを感じていたことを述懐している。また臨床医として彼は，昭和 30 年代までは，嫁と姑の争いを原因とする精神症状を訴える患者が多かったと指摘している。家庭内における親世代と子世代の葛藤はその後，核家族化が定着するなかで徐々に中心的な問題とはならなくなっていったという（小此木 1992）。しかし 80 年代の日本型福祉社会論の「家族頼み」福祉（→unit ㉛）に見られるように，その後も 2 つの家族モデルは事実上混在しながら現在にいたっているといえる（家族社会学における家族変動および親子関係の整理に関しては野々山・渡辺編 1999）。

親 の 愛 情

核家族において親子の関係はかつての家制度のように子の親への「恩」ではなく，親から子への「愛情」が重視されており，この点に大きな違いがある。しかし，かつて「恩」や「孝」が親子関係の規範であったのと同じように，核家族においては今度は「愛情」が規範となり，人々を拘束するものになったといえないだろうか。

感情社会学を応用した近代家族論（岡原 1995；山田 1994）によれば，「夫が仕事，妻が家事と育児」という性別役割分業のもと，子への「愛情」はとりわ

け母親に強制されてきた。育児を通じて愛情を具体的に「示す」作業，すなわち感情労働——A. R. ホックシールドの言葉をより厳密に使えば「感情作業」だが——は，もっぱら母親の仕事となる（→感情労働については unit ⑩，夫婦については unit ⑯）。

「母性」という概念も大正・昭和初期に登場した。当初は主に医学・保健衛生学的な見地から，妊娠・分娩・産褥期の女性を対象にしていたが，1960年代に入って妊産婦のみならず医学的な根拠をこえた，子どもへの「本能的」な愛情という広義の概念に拡大したことが指摘されている（大日向 1995）。

親から子への「愛情」の強調は，かつての「孝」イデオロギーとは異なり，子どもを「支配」するという考えとは無縁のように見える。たしかに「愛情」には親から子への一方的な力関係は含意されない。しかし「愛情」は，子どもを管理・教育するという意味での「**しつけ**」を正当化するものでもあり，ある種の権力をはらんでいるといえる。

「愛情」と「しつけ」が不可分だとすれば，親の「愛情」を子どもを管理する**規律訓練**の一環として考えることができる。核家族モデルは西欧のブルジョア階級から発祥した。労働者層や農民層に対するこのモデルの普及はかなり最近になってからである。J. ドンズロは19世紀になって下層階級にこうしたモデルを「正常な家族」として，さまざまな民間機関が博愛主義的な思想を通じて普及させていったと指摘している（ドンズロ 1991）。その際，こうした民間機関は父親の「権威」ではなく母親の「愛情」の協力を仰いだのであった。そのねらいは，母親の愛によって管理された家庭を通じて，社会に不安を与える「不良」予備軍の子どもたちを「良い子」に育てようということであった。学校や監獄と並んで母の愛情によって管理された近代的な「家庭」は，規律訓練の重要な装置だといえる（→unit ⑨，西澤 1995）。

日本においても明治期以降，親への「孝」や「恩」を重視する儒教道徳イデオロギーの水面下で，ブルジョア家族像を原型にする近代家族モデル，すなわち親密な親子関係モデルが「家庭（home）」という語とともに普及していった（牟田 1996）。また子どもへの教育的な配慮をともなう現代的な意味での「しつけ」は日本では大正期になって都市中間層の「家庭」で広がっていったのである（広田 1999）。高度成長期におけるいわゆる「教育ママ」の出現はこの延長

にある。

　母子の愛情は、社会を統制する手段としての重要な機能を担っている。たとえば鶴見俊輔は、戦争中の特高警察がアカ（「マルクス主義者」）と疑われた若者を取り調べ、自白させる際、父親のことよりも母親のことを思い出させたという。若者は権威的な父親には反発するが、優しい母親には苦労させたくないという思いから、「転向」（社会主義や共産主義の思想を捨てること）もしやすくなったという（鶴見 1982）。「母の悲しみ」を喚起し「人の子」としての自覚を促すことで理不尽な社会体制に従順に耐えることが求められていたのである。

　障害者にとって親密な「家庭」がこのような装置であったことは、障害者自身による自立生活運動が明らかにしている。障害者の母親は、たとえば障害者としてわが子を産んだという「罪悪感」なども手伝って、特に子どもを大事にし、かわいがる傾向がある。しかしそれゆえ、子どもの将来を悲観しわが子を手にかける事件も起きるのである。障害者たちは、このような親の愛情が同時に自分たちを親への依存状態に縛りつけ、主体性を奪っていることを発見し、「脱家族」を主張したのである。こうして彼らは親もとを離れ、施設にも入所せず、街で自立して生活することを試みた。先駆的な運動としては 1970 年代の「青い芝の会」という障害者自身による運動体が有名である（岡原 1995）。

　近年になって「家族の愛情」という物語は内部矛盾から自壊し始めたようにも見える。障害者の運動による批判はそのさきがけだったかもしれない。家族の愛情とは結局「演技」であったということに皆が気づき始めていると指摘したのは宮台真司である。彼は 1970 年代までを過渡期的な近代化の時代とし、家族が実質的に近代化の原動力として、つまり、勤勉な子どもに育て上げる装置として有効であったとする。しかし 80 年代以降の現在、近代化が完成し「成熟」すると、近代化という目的に向けて「頑張る」必要はなくなり、「終わりなき日常」の時代が到来する。それにともない近代化の装置であった家族は不要となり形骸化する。たとえばドラマ『岸辺のアルバム』（山田太一脚本、1977 年）や映画『家族ゲーム』（森田芳光監督、1983 年）の家族のように、形骸化した家族は限りなくウソに近づく。子どもたちはこのことを見抜き、「まじめな子ども」として演技することに疲れを覚え、家族・学校・地域社会の外部の「第四空間」に流れ出す。そこではもはや過剰な演技は要求されず、「マッ

> **重要ポイント⑰**
>
> **集合的記憶**
>
> 　それぞれの集団には，それぞれ固有の時間の流れがある。時間の流れとそこにおける体験が共有されるとき，集合的記憶（M.アルヴァックス）が発生する。たとえば，子どもが生まれるとともに移り住んだ新興住宅地の住人たちは，子どもたちが成長していく時間とそこにおける似通った出来事を体験することによって集合的記憶を共有する。あるいは，被爆者たちは，昨日のことのように被爆体験を想い起こす時間を生きることによって集合的記憶を分かち合う。原爆を過去の歴史とする人々と，原爆の記憶とともに生きる人々とでは，生きる時間が違うのだ。集合的記憶が集団の成員の認識を枠づけ行為を様式化するものであるがゆえに，国民国家は，公教育を通じ「歴史」の共有を図り，それによって国民というまとまりをつくりだそうとしてきた。近い過去をめぐっては，それは，集合的記憶の形成を飛び越える，記憶への介入という意味をもつことになる。

タリ」と生きることができる。ブルセラや援助交際は，いわばウソの愛情演技への抵抗・反動であり，こうした「成熟」した時代において，子どもたちを勤勉や家族愛といった道徳的言説に回収することはもはや不可能である。にもかかわらず，こうした道徳にしがみつくことでしか自己の存在理由を主張できない父親母親たちは批判される（宮台 2000）。

親子関係の現在

　しかし現在，こうした家族批判は影を潜めているようにも見える。その背景には，現実問題として近代家族を成立せしめた社会的条件が解体され，近代家族のみならず家族そのものが脅かされていると感じられていることがあるのではないだろうか。「格差社会」の到来，つまり「総中流社会」の崩壊によって近代家族を維持することは困難になっている。そもそも近代家族はブルジョア家族をモデルとして，一般庶民にも広まったものであった。この家族モデルの普及は，日本では新中間層の中流意識が社会全体に浸透したことと表裏一体のことである。子どもの教育や専業主婦の維持など「理想的な」近代家族の維持には相応のコストがかかる。コスト面から近代家族を維持できない層が増え，低所得層がさらに拡大していくと，近代家族だけでなく家族そのものを形成・

維持する条件が脅かされる。

　子どもにとって家族とは生き残りの単位であり，これが崩れると生存そのものが脅かされることすらある。実話をもとにした映画『誰も知らない』（是永裕和監督，2004年）は，母子家庭で母親に事実上，見捨てられた幼い兄弟姉妹たちの物語である。彼らは出生登録をしていないので学校にも行っていない。小学生の兄を中心にガスも水道も止められたアパートで暮らしていくが，誤って妹を死なせてしまう。ワーキング・プアなどの貧困家族の問題が現在，あらためて問われつつある。

　社会的排除の拡大によって中流（ミドルクラス）の指定席が減りつつあるということが意味するのは，自分や自分の子どもが近代家族＝ミドルクラス社会から締め出されるかもしれないという不安であり，子どもがニートやフリーターになるかもしれないという不安である。

　「負け組」家族になるかもしれないという不安は，親の側からすれば家庭教育や塾などの教育投資へのプレッシャーにつながる。エリート・サラリーマン向けの経済誌『プレジデント』が，単なる「サラリーマン」としてではなく，「父親」として彼らをターゲットとした新しい雑誌（『プレジデント Family』）を創刊し，それが今売れているという。そこでは「親力」などのキーワードが強調され，「頭のいい子の生活習慣」「東大生100人の小中学校時代」「測定！　お宅の父親力」などの特集が組まれている。一般の週刊誌でも「わが子をニートにさせないために」などの記事によって，負け組への転落の不安が煽られ，その克服が親子関係の問題として語られる。

　このことは，二世タレントや二世議員が目立ち始めていることと無関係ではない。たしかにいつの時代にも「二世」は存在している。しかし香山リカが指摘するように，親に対しコンプレックスをもちつつも，親を乗り越えようとする親子関係のあり方が現代では消滅しつつあるように見える。かつて「親の七光り」は実力の欠如を意味し，どちらかといえば隠すべきものであったはずだが，今の「二世」たちの間で，これをあっけらかんと肯定するメンタリティが現れてきている（香山 2002）。近代家族によっていったんついえたかにも見えた直系家族を志向する伝統的な価値観が，現在あからさまなかたちで復活しているとさえいえるかもしれない。

こうしたなか，育ててくれた親に対する「恩」を素朴に口にする学生が増えているのは印象深い。彼らは親の文化資本や厳しいしつけ（規律訓練）が現在の自分をつくり，それがミドルクラスからの転落を防いでくれるであろうことに素朴に感謝する。たしかに現在，親と仲が悪くなりケンカでもすれば，親に「パラサイト」することもできない（山田 1999）。彼らにとっては，もはや親は乗り越えるべき権威ではなく，継承すべき経済資本や文化資本を与えてくれるありがたい存在になりつつあるのだろうか。しかしそうなると，親からの「自立」とは何かをあらためて考える必要がある。

読書案内

考える糸口

- 和泉広恵『里親とは何か——家族する時代の社会学』勁草書房，2006。

「親子する」ことの難しさがあらわになる里親家庭（ステップ・ファミリー）から家族を考える試み。

問題を見つける

- 藤崎宏子編『親と子——交錯するライフコース』ミネルヴァ書房，2000。

親のイメージ，子どもの虐待，教育ママ，子育て支援，老親扶養など，現代の親子関係の諸相を考察。

unit 18

恋　愛

恋愛という「不自然」

　恋愛という現象を簡潔に描写することは難しい。ここでは，作家の松浦理英子のエッセイから借用しておこう（松浦 1994：282）。「恋に落ちると通常の生理的欲求を遥かに上回るやみがたい欲望が生じる。……存在がまるごとほしいというような欲望……そんな不条理きわまりない欲望を，性行為を通して放出する際の快楽もまた強烈である。快楽のみならず感動がある」。しかし，「相手の存在がまるごとほしいというような欲望を性行為によって満たすのは土台無理なので，快楽と感動を覚えはしても漠然とした欲求不満と違和感が残る。だから，欲求不満と違和感を解消しようとさらに誠意と情熱を込めて性行為に打ち込むことになる」。そのような体験をともなわない恋愛もあるのではないかという疑問をもつ人は多いと思う。そのような疑問への松浦の回答は後に述べるとして，この記述において語られているいくつかの恋愛の特徴をまとめておこう。

　第1に，恋愛は，二者間の関係において生じる。二者は二者であって，三者ではないということが重要である。恋人たちは2人をモニターできる第三者を締めだすので，2人の世界は「正常」なる多数派から逸れて自律的に展開していく可能性を孕む。

　第2に，恋愛は，全面的な承認を迫り合うものへとエスカレートする特質をもつ。恋愛とセックスが結びつけられやすいのは，日常的には隠されているセックスが全面的承認の証とみなされやすいからだろう。しかし，恋愛の欲望と性器セックスが不可分であるわけではない。松浦の文章で注意すべきは，恋愛とセックスの論理的な前後関係である。本能的な肉欲がまずあって，それが恋

愛として表出するのではない。そうではなくて，恋愛への欲望がまずあって，それを充たす方法の1つとしてセックスがあるのだ。だから，性的フェティシズムがそうであるように，恋愛の欲望はさまざまな方向へと散らばりうるし「まるごと」の証も多様なものになる。

　つまり，第3に，恋愛は，不自然なものなのだ。恋愛における欲望は，「通常の生理的欲求を遥かに上回る」。恋愛やセックスは，本能論では理解しがたい。だいたい，年がら年中発情していられる（あるいは発情せずにいられる）ということが，他の動物とは異なって不自然である。恋愛もセックスも，まったくもって文化的な――つまり自然のではなく人間的な――行為なのである。

ロマンティック・ラブ・イデオロギー

　では，恋愛という不自然な営みに人々を駆り立てる不自然な力とは何なのか。その力は，**ロマンティック・ラブ・イデオロギー**として論じられてきた（井上 1973；上野 1994）。

　ロマンティック・ラブ・イデオロギーは，18世紀後半のヨーロッパにおいて広範に影響力をもつようになり，恋愛への欲望を正当化する論理として，制度外の偶発事として隠されてきた恋愛を社会の表舞台へと引きだした。そもそも，家と家とで女性を交換し合う結婚は，家族制度の維持に不可欠な仕組みとみなされており，恋愛などという統制の利かない要素が排斥すらされていたのは，当然のことだったのである。しかし，ロマンティック・ラブ・イデオロギーは，恋愛と結婚という異質な要素を結びつける。人間にとって自然な熱情に基づいて求め合う2人の結びつきは，そのまま結婚によって永遠化されることが望ましい，と。すでに述べたように，人間のやることなすこと不自然であり，恋愛もまたそうである。だが，ロマンティック・ラブ・イデオロギーは，それを人智をこえた自然のものと仮定して恋愛を肯定する。結びつくことが許されない2人が結びついてしまうラブ・ストーリーをテレビや映画で楽しみ，知人の恋愛を「好きなんだから仕方がない」と天災のように割り切ろうとする人々は，ロマンティストの系譜に属する。

　ロマンティック・ラブ・イデオロギーは，人々の私生活を根本的に転換してきたし今もしつつあるように見える。日本では1950年代にすべての結婚のう

ちの2割程度であった恋愛結婚の比率は，60年代に見合い結婚と並び，今日ではほぼ9割を占めるに至っている。もはや，恋愛なしには結婚もありえなくなった。ということは，国家も社会も恋愛なしには成り立たない。

　いつの時代にも恋する2人はその時代の保守派の眉を顰めさせてきたはずなのに，どうして恋愛は磐石の陣地を拡げていくことができたのだろう。社会的水準でいえば，社会移動・空間移動が大規模に進展した時代にあって，共同体的な規範によって結婚を促すことはできず，結婚と恋愛を関連づけて恋愛の欲望を鼓舞するよりほかに途がなかったといえる。個人的水準でいえば，家からの独立を果たすうえで，恋愛の欲望は少なくとも誰にでももちうる遠心力である（上野 1994）。恋愛だけが，もろもろの実利的な計算を措いて家から飛びだす根拠を与えてくれる。ポピュラーソングや映画，テレビドラマ，小説，コミックといった恋愛産業は，恋愛の欲望を人々の内面にセッティングして新たな家族の形成へと誘導する**イデオロギー装置**なのだ（→unit ⑬）。そうして，ロマンティック・ラブ・イデオロギーは，受容するよりほかないものになっていったのである。

恋愛する社会

　恋愛が不可欠な社会において，恋愛行為を否定する論拠は脆弱になる。それゆえ，恋愛は，結婚制度を離れても，それ自体として承認されるようになる。結果，恋愛の全域化が進行する。たとえば，少年少女の恋愛は，結婚から遠いがゆえに抑制されがちであったが，1990年代にたががはずされた。若年層におけるキスやセックスなどの性行動は，男女ともに「活発化・積極化」してきている。興味深い調査結果がある（日本性教育協会編 2001）。今日でも，中学生のセックス経験者は1割にも届かない少数派であるが，90年代を通じてそこでのセックスの内実が劇的に変化したようなのだ。男女ともにその相手を「恋人」とする回答が急増し（男子93年37%→99年65%，女子53%→76%），93年には男子において26%あった「風俗産業の人」は99年に皆無になった。また，「自分より年上」が減少し，「自分と同じ年」が増加した（男性47%→65%，女性33%→46%）。学校的秩序の外部で行われてきた中学生の性行動が，同級生間の親密なつきあいの延長線上に位置づけられるようになったのである。90年代

は，高齢者の恋愛や同性愛が表立って語られるようになったことをも併せて考えると，恋愛が社会の全領域に浸透した時代であったといえる。

　恋愛の全域化は，「恋愛ができる人々」「恋愛ができない人々」を，「もてる人」「もてない人」というカテゴリーに転換し固定させる。恋愛ができないということは，年齢や収入などの社会的な制約によってそうであることが多いが，それが単に「もてない」という個人特性に還元されてしまうのだ。だが，「もてる」要素の配分には，社会的経済的な力がやはり関わっている。ヤンキーにはヤンキーの独自の結婚市場があるとはいえ，一般的傾向として学歴が誇れず収入が低い人々は結婚も難しくなってきている。ということは，結婚に先立つ恋愛においても不利はまぬがれないだろう。自然であるはずの恋愛だが，実際には相手の職業や学歴によって欲望が膨れたり萎んだりしているのだ。また，**文化資本**（→unit ⑭）も，それを所有することによって「もてる」。コミュニケーションやファッションにおける「もてる」センスには，家族や友人を介して伝達された出身階層や出身地，出身学校による文化的影響が読みとれる（ある種のセンスの欠如についても同様にいうことができる）。「恋愛ができない」人々が固定され層をなしていることは，けっして個人的問題ではない。

準恋愛

　恋愛結婚は9割をこえるという，よく引かれる数字を前に紹介した。だが，現実を見渡せば，そもそもロマンティックな恋愛結婚がどれほどあるのかという疑問も湧く。社会学者たちの観測では，今日の日本社会にあっても同一階層内部での結婚が多数派で，親族・仲人が「分相応」の相手を紹介する見合い結婚と結果はそれほど変わらない。また，ほんとうは誰もが知っているように，熱情の噴出に身をまかせることと永遠の結婚関係は矛盾する。だいたいにおいて，恋愛は，結婚によって永遠化するのではなく，それを期に終焉を迎え別種の感情に置き換えられていく。もし，今のこの感情を永遠のものにしたいのなら，いくつものラブ・ストーリーがそうしてきたように，両方あるいはどちらかが死ぬしかないのだ（とはいえ，恋愛は不自然なことだから，何十年も恋愛し続ける夫婦がいてもおかしくはない）。ロマンティック・ラブ・イデオロギーは，そのような実態にもかかわらず，否，そのような実態であるからこそ，それを偽る

> **重要ポイント⑱**
>
> **男性研究**
>
> ジェンダー研究は，もちろん女性学とはイコールではない。「男らしさ」の社会的構築と浸透，そして，それが男性の身体，アイデンティティ，行為，文化をどう拘束しているのかを研究する男性研究もまた，ジェンダー研究に含まれる。日本では，男性研究は女性学に刺激されようやく始まったばかりだが，そのくらいに男性の「男らしさ」は疑う余地もなく自明なものとされ客観化することが難しかったといえる。徴兵制に男性が巻き込まれた近代以降にあっては，「男らしさ」の内実は「戦士であること」と切っても切れないものになった。徴兵なき日本の戦後にあっても，男性は「企業戦士」となり闘う主体であることを要請され続けた。「男らしさ」が本格的に懐疑の対象になったのは，バブル経済崩壊後のことである。それでも，今なお，男の子たちは，闘うことを求められている。彼らが「男らしさ」を相対化するためにも，男性研究にはやらなければならないことが数多くある。もちろん，男性研究は，「男らしさ」がそれを補完する「女らしさ」を不可欠のものとする以上，「割れ鍋ととじ蓋」の現在を総体として扱うジェンダー研究へと再び向かわねばならない。

ために引き寄せられたイデオロギーなのである。それが受容されて，結婚を媒介した構造的秩序に沿う社会的な人員配置が，あたかも自然な感情の発露にもとづいたできごとであるかのように感覚されるようになるのだ。

松浦は，先のエッセイで，実のところ人々は「穏やかに〈準恋愛〉を愉しんでいる」のだとも述べている（松浦 1994：283）。ほとんどの人は準恋愛の相手をパートナーとするのであり，恋愛などという「一種の変態性愛」とは縁がない，それこそが「健全」な常態であったと彼女はいうのである。

ロマンティック・ラブ・イデオロギーは，特別な誰かとの間の永遠の愛を賞賛した。A. ギデンズは，そのようなロマンティック・ラブから**コンフルエント・ラブ**へと恋愛が変質しつつあるとする（ギデンズ 1995）。コンフルエント・ラブにおいて重視されるものは，特別な誰かではなくまずもって特別な「私」である。特別な「私」のための特別の関係をともにできる人を求めるのが，コンフルエント・ラブにおける欲望である。コンフルエント・ラブにおいては，恋愛と結婚の結びつきは弱まるだろう。なぜならば，特別な誰かよりも特別な関係を優先する人は，特別な関係によりふさわしい相手を探す人である。ひと

まず選び取った誰かが,「私」の求める相手ではないと判断されたとき,「私」にとってその誰かとの関係は重荷でしかなくなる。

　コンフルエント・ラブの優越は,**個人化**の趨勢と関連づけてとらえることができる。近代の高度化（ギデンズやU.ベックは高度化した近代を**再帰的近代**と呼んでいる〔ベックほか 1997〕）は,「そうすることになっているからそうする」と行為を方向づける「伝統」を徹底的に無力化し,行為の選択を個人に委ねいっそうその責を個人に帰していった。個人化した社会にあっては,状況に対しリスク計算を繰り返す個人が肯定され,ロマンティック・ラブの闇雲な熱情よりもコンフルエント・ラブの自愛と自省のほうが望ましいものとされるようになる（晩婚化時代の結婚をめぐるリスク意識については→unit ⑯,リスク社会については→重要ポイント㉛）。なるほど,結婚制度から遊離したコンフルエント・ラブは,「伝統」とは相容れないという意味で革新的であるのかもしれない。しかし,すでにある軌道を逸せず「私」を保とうとする態度は,変化を忌避する保身的なもので,革命なき恋愛——準恋愛——であるといえるものだ。

　少なくとも,華々しい恋愛の影で多数派によって静かに準恋愛が実践されてきた日本社会においては,恋愛の質がロマンティックなものからコンフルエントなものへと変化したと単純にはいえないだろう。しかし,イデオロギーの水準において,個人化に見合った準恋愛が正当化され,過剰な恋愛は排され始めているといえないだろうか。草柳千早は,1970年代と90年代の女性向けコミック・小説を比較して,社会・世間との身を賭した衝突を厭わない「強い恋愛」のストーリーは姿を消し,もはや「全人格」を賭しなどはしないいくつもある関係のひとつへと部分化された「弱い恋愛」のストーリーが増加したと述べている（草柳 2004）。ようやく準恋愛がイデオロギー的に正当化されつつあるとすれば,新しいイデオロギーは,多数派の幸福感を増大することに少しばかり寄与するものなのかもしれない。しかし,一方で,それが変態への寛容性の低下につながるものだとすれば,ロマンティストにとっては淋しい時代を迎えつつあることになる。

読書案内

考える糸口

- 小倉千加子『結婚の条件』朝日文庫, 2007（初出 2003）。

　恋愛への欲望が結婚を遠ざけ晩婚化・単身化を帰結する，そうであるとすると恋愛と結婚とは別物。恋愛論として読むと，やはり鋭い指摘を含む。

問題を見つける

- 加藤秀一『〈恋愛結婚〉は何をもたらしたか――性道徳と優生思想の百年間』ちくま新書, 2004。

　恋愛にではなく恋愛結婚について論じたものであるが，家族社会学における恋愛結婚論のまとめはあるし，優性学批判という新展開が加えられている。

unit 19

友　人

🔲 親密性と開放性

　たいへんに難しいことなのだが，友人関係とはどのような関係であるのかを定義してみたい。
　第1に，友人関係は，親密性を含みもつ相互行為によって結ばれている。親密性の程度には幅がありすぎることは確かだが，私たちにとって**親密圏**（→unit ⑤）となりうるもののひとつとして，友人関係をひとまず押さえておこう。
　第2に，友人関係は，お互いを独占し合うことができない。言い換えれば，友人関係は開放性をもつ。恋愛関係とは，その点で区別されるといえるかもしれない。しかし，そもそも，恋愛感情と友情との間は，連続的であって質的な断絶があるわけではない。友人関係にも嫉妬はつきものであり，セックスをともなうかどうかは別として，性愛とは分かちがたい感情を喚起することもあるのだ（河合 2008）。そうであるから，友人たちの親密圏が閉じられて，排他的で濃密な宇宙ができあがることもある。だが，友人関係は，恋愛関係ほどにはその排他性が尊重されているわけではない。どうにも独占できない「私」の友人は，「私」以外の他者との交際に躊躇しないし，「私」もまた友人に遠慮せず友人をつくる。そして，裏切りを恐れる私たちは，親密さをほどほどにし適度な距離を保った友人の数を揃える処世術をいつの間にか身につけるようになっている。結ばれつつ離れている，友人関係とはだいたいにおいてそのようなものである。それが「本当の」友人なのかという問いは，社会学をこえてしまっている。社会学において検討されるべきは，友人関係というカテゴリーに入れるよりほかない，制度外の脆弱なつきあいの意味である。

表 19-1　縁の類型

テンニース	ゲマインシャフト		ゲゼルシャフト
米山俊直	血縁	地縁	社縁
上野千鶴子	選べない縁		選べる縁
磯村英一	第一空間	第二空間	第三空間
網野善彦	有縁（うえん）		無縁

(出所)　上野 1987 をもとに作成。

選択と制約

　第3に，友人関係は，いくらかの選択性を必ずともなう。逆に，社会学では，関係の選択性を示す指標として友人関係の量が用いられることもある程である（後述するC.フィッシャーがその一例である）。しかし，選択性を厳密に問えば，友人と思われている関係の多くは，友人ではないことになってしまう。たとえば，同級生や職場の同僚は，制度的に割り当てられた関係であって私たちがそれを選んだわけではない。

　歴史的には，人類は，選ぶことができないつきあいのなかで過ごすことのほうが多かった。今日でも，私たちは，どれほどつきあいを選べないでいることか。それでも，もし，社会生活において選び取られた友人関係の比重がそれなりに増してきたとすれば，それは，近代以後の，身分からの解放と場所からの遊離（→unit ㉔）の効果であるといえる。

　米山俊直は，日本語でいう縁を血縁，地縁，社縁──社縁の社は結社（アソシエーションのこと。アソシエーションについては→unit ⑧）の社である──に分類しているが（米山 1981），そこでの血縁，地縁はゲマインシャフトに，社縁はゲゼルシャフトに相当するものであるだろう（表19-1参照）（ゲマインシャフトとゲゼルシャフトについては→unit ②）。問題は，血縁，地縁以外のいっさいを詰め込んだ社縁の中身である。上野千鶴子は，そこには「選べない縁」と「選べる縁」の両方が含まれており，選べる縁である選択縁を新しく類型化することを提案した（上野 1987）。ここで述べている友人関係は，上野のいう選択縁に含まれるものといえる。

　選択縁は，社会的な基盤を得てようやく繁茂する。磯村英一は，都市化とと

もに空間的な職住分離が進み，住む場所である第一空間と働く場所である第二空間の狭間に盛り場などの**第三空間**が形成されるとした（磯村 1959）。居住地からも職場からも分離したこの空間においても，さまざまなつきあいは形成される。歴史学者の網野善彦によれば，そもそも，**無縁**は，「つながりがない」という意味ではなかった。無縁とは，有縁（うえん）の世界である定住社会から離脱した人々によるつきあいのことを意味していた（網野 1978）。都市の第三空間は，有縁の縁とは質的に異なる無縁の縁の棲み家であり，そこにおいて，かつての無縁がそうであったように組織・定住社会の価値や規範から逸れた何かも生まれる。

実際，友人関係は，職と住からより自由な空間によって支えられてきたといえる。フィッシャーは，人口が多い居住地（すなわち都市度が高い場所）ほど，自分と同じような関心や価値をもつ人々を探り当てることができ，友人数が増大するとする仮説を示した。都市の人々は「友だちの中に棲む」のだ（フィッシャー 2002）（フィッシャーの都市社会学については→unit ㉕）。ただし，フィッシャー自身によるものも含め，検証の結果は，まっすぐに仮説を支持するものとはなっていない。日本での調査結果によれば，都心よりも郊外が，より低階層の居住地域よりもより高階層の居住地域が，友人を豊富にもっていることが明らかになっている（松本 1995；浅川 2000）。これらの調査結果は，生活圏が広くそれゆえ場所の束縛が緩い人々において，友人が豊富化しやすいことを示しているといえる。彼ら彼女らは，盛り場で，電話で，あるいはインターネット空間で，友人との接触を保っているはずである。

しかし，第4に，友人関係もまた，構造的に制約されている。たとえば，大学生，高卒フリーターが，アルバイトの場で一堂に会したとしよう。恐らく，そこには，学歴社会の論理に従って分節された，「アルバイト仲間」が形成されやすい。私たちは，通常，「気が合う」「趣味が合う」ことをもって，友人を選択する。しかし，私たちが誰と「気が合う」「趣味が合う」のかは，階層的地位（→unit ㉞）やジェンダー（→重要ポイント⑯），エスニシティ（→重要ポイント㉓）などの構造的制約によってまずもって決められてしまうところが大きいのである。

友人関係は，構造的に関係の幅を制約されながら，その幅のなかで選択され

たつきあいであるということができる。友人同士のつきあいは開放されており，しかし，その限りでの親密さが保たれる。友人たちからなる社会的世界（→unit ⑦）やネットワーク（→unit ⑧）は弱いつながりなのかもしれないが，にもかかわらず，私たちはますますそのなかに棲むようになっており，そこにおいて影響を及ぼし及ぼされている。

友人から受け取るもの

　私たちが友人関係から受け取るものは，第1に，友人集団や友人ネットワークに盛られた文化的諸要素である。友人関係はひとたび形成されれば，相対的に自律した世界をつくりあげ構造からも逸れ始めることがある（→unit ⑦）。それゆえ，人々が友人を豊富にもつ社会は，多様性の高い社会であると考えることもできる。

　E. カッツとP. F. ラザースフェルドは，1940〜50年代のアメリカ大統領選挙におけるマスメディアの影響力の分析から，**コミュニケーションの二段の流れ**説を導き出した（カッツ＆ラザースフェルド 1965）。マスメディアの影響力は常に過剰にいわれがちであるが，実際には，情報の受け手は送り手の意図通りには情報を受容しない。彼らによれば，メディアからの情報を解読する仲介者が存在し，仲介者による情報の「読み」が多くの受け手にとっての情報の意味を左右しているのだという。その結論を離れて，仲介者のイメージを大胆に拡張すれば，「ご近所」やインターネット空間の口達者な人々を仲介者に含めていいだろうし，あるいは，リーダー不在のままに情報をどう読むのかを決めていく解釈共同体がゆるやかに形成されている場合も多いだろう。ワイドショーが「ひまな主婦」の脳を直撃するということはない。ワイドショーは，特徴をもった解釈枠組みを共有する主婦の友人集団によって徹底的に咀嚼され，それらしい解釈が与えられ消費されているのだ（カルチュラル・スタディーズによる情報の受け手の分析については→unit ㉖）。現代の世論（→重要ポイント㉖）は，ファミリーレストランでの合議によってつくられているのかもしれない。

　第2に，私たちは，友人集団や友人ネットワークの形態——集団・ネットワークの規模や密度，人々の結びつけられ方——によっても，影響を受ける。

　E. ボットは，夫婦それぞれがもつネットワークが重なり合い共通の知人で

> **重要ポイント⑲**
>
> **ファッション**
>
> 　そもそもは流行現象のなかでもより影響力の強いものを指し，服飾など消費財やライフスタイルの意匠がこの言葉によって語られてきた。しかし，消費社会の高度化（→unit ㉜）とともにファッションの影響力は局所化し，一定規模をもつ文化的トライブ（「族」）（→unit ⑦）を差異化するアイテムのすべてについて，そのファッション性が語られているようである。ファッションに関する営為は，単純に流行への受動性を示すものではなく，意味ののりものとしての象徴を操作しつつ，他者に対して自己を呈示する行為であるということができる。ファッションの社会学には，あるファッションが何に同一化しようとして選び取られたものかをとらえつつも，それが誰から自己を差異化する抗いを含んだ行為であるのかを見て取り，構造変動の先端部として分析することが求められている。

囲まれている密度の高い状態と，夫婦のそれぞれが別々の知人をもちそれぞれのネットワークが拡散している密度の低い状態を比較している（ボット 2006）。ボットによれば，密度の高いネットワークのもとでは，夫婦はそのネットワークからの援助を期待できるが，ネットワークのもつ規範や社会的圧力にまるごと影響されやすい。一方，密度の低いネットワークのもとでは，夫婦はネットワークからの援助は期待できないが特定の規範や社会的圧力に晒されず柔軟に夫婦の役割分担を設定することができる。密度が高いネットワークでは気になる人目が，密度の低いネットワークでは大して気にならなくなるというわけだ。この結果，同じ階級にあっても，社会的な規範——たとえば家父長制——の影響力を，密度の低いネットワークを生きる夫婦は逃れやすくなる。

　あるいは，M. S. グラノヴェターは，転職に着目し，家族や親しい友人といった強い紐帯よりも日頃は親しく交際していない友人や疎遠な友人との弱い紐帯のほうが，より有益な転職情報をもたらし転職に成功するとした（グラノヴェター 2006）。弱い紐帯は，その人が日常で会わない人々であるがゆえに，そのネットワークが収集できる情報の幅は大きく広がる。それゆえに，そこからは，キャリアアップにつながるような情報も引きだすことができる。ところが，強い紐帯は，情報の範囲が狭くなりせいぜい現在の地位と同程度の地位への平行移動しか期待できなくなるというのである。

つきあいは基本的に構造的制約に左右されやすいものであるから，友人集団・ネットワークの効果については，異なる構造的制約のもとで繰り返し追試されるべきである（ここで取り上げた説もそうであろう）。ともあれ，友人関係のありようが，「なるようにしかならない」現実から遊離する数少ない契機として，注目すべきものであることは確かである。

親密圏と公共圏

R. ベラーらは，興味や好みによって形成される小世界を**ライフスタイルの飛び地**と呼んだ。この言葉には，アメリカ人が私生活にのみ意識を向け公共の問題への関心を失っていった結果，社会がバラバラに断片化していった事態への批判が込められている（ベラーほか 1991）。そうした批判を行ったベラーらからすれば，人々が「友だちの中に棲む」ようになりライフスタイルが多様化していく事態は，公共性が失われていく過程ということになるだろう。だが，本当に，親密圏としての友人関係は，**公共圏**を切り崩していくものなのだろうか。

私生活派の友人集団が，社会運動のように直截に公共圏に関与していくとは考えにくい。むしろ，友人は，公共圏からの待避所のようにも見える。だが，私たちが公共圏に関与しようとするとき，他者からの承認によって支持されたアイデンティティを必要とする（→unit ⑤）。文化，ライフスタイル，性志向，思想など個人の信念に関連する行為や活動が社会的に存在を呈示しまた容認されるためには，同じ信念をもったあるいは信念に理解を示す友人たちとの出会いが特別の意味をもつのである（ライフスタイルやアイデンティティ志向の新しい社会運動については→unit ㉙）。いうなれば，友人関係は，公共圏に居場所のない人々が公共圏に突入するための基地ともなりうるのだ。逆にいえば，友人がいないという事態は，自己保存のための安全網が脆弱であるということでもある。ところで，どのようにすれば友人を得ることができるのだろう。あなたには友人がいますか。

読書案内

考える糸口

- 菅野仁『ジンメル・つながりの哲学』NHKブックス，2003。

人と人との間の埋めきれない距離はといえばジンメル。この距離のもつ意味はといえばジンメル。ジンメルの格好の入門書はこれ。

問題を見つける

- アラン，G.『**友情の社会学**』（仲村祥一・細辻恵子訳）世界思想社，1993（原著1989）。

友人という曖昧なものについてテーマ化した社会学書は意外に乏しいが，これはテキストとしてよくまとまっている。

KeyWords 4

- ライフコース　120
- コーホート　120
- 団塊の世代　120
- 決死の世代　120
- ライフヒストリー　120
- 自己物語　121
- 道づれ（コンボイ）　121
- フレキシブルなライフコース　123
- 二次的逸脱　125
- 性別役割分業　127
- 近代家族　127
- 新性別役割分業　128
- セカンド・シフト　128
- 晩婚化　129
- 少子化　129
- 新・新性別役割分業　130
- シングル単位　133
- 直系家族　134
- 夫婦家族　134
- 家制度　134
- 家　134
- 恩　134
- 忠　孝　134
- 核家族　135
- 愛　情　135
- しつけ　136
- 規律訓練　136
- ロマンティック・ラブ・イデオロギー　142
- イデオロギー装置　143
- 文化資本　144
- コンフルエント・ラブ　145
- 個人化　146
- 再帰的近代化　146
- 親密圏　148
- 第三空間　150
- 無　縁　150
- コミュニケーションの二段の流れ　151
- ライフスタイルの飛び地　153
- 公共圏　153

第5章

社会に統制される

20 学　　校
21 工場・企業
22 収　容　所
23 戦　　争

この章の位置づけ

　資本主義と国民国家は，勤勉で従順な主体を大量に必要としてきた。それらは自動的に現れ出るものではないので，そのような主体を鋳造する装置が整備されてきた。公教育体制のもとでの学校（→unit ⑳），徴兵制のもとでの軍隊（→unit ㉓），そして労働者を囲い込んで成立した工場（→unit ㉑），そうした装置は，バラバラな方向に逸れていく人々の身体，感情，意識を，隔離的施設を用いた教育・訓練あるいは矯正・治療によって均質化しまとまりをつくりだすものだった。刑務所や病院のような収容施設（→unit ㉒）もまた，近代にあってははっきりと矯正・治療を志向しており，学校や軍隊，工場と似通った性質をもつ隔離施設としてあった。

　狭い生活圏のなかでの生活を運命として生きていたかつての人々にとっては，学校や軍隊によって国民として均質化されていくことはより広い世界の拡がりを体感していくことであったし，「文明」や「豊かさ」に近づいていくことでもあっただろう。工場において合理的な生産システムに組み入れられ，一人前の労働者として認められていくことにも同様のことがいえた。しかし，一方で，学校や軍隊や工場を通じての社会化は，やはり国民化や会社人間化の枠組みに沿ってなされるものだった。国民や会社人間に限定されてつくり出される社会は，社会として充全ではない。

　均質化のプログラムになじまない異質な他者は，ときに積極的に「敵」として構築され社会から排除される。そして，戦争（→unit ㉓）において顕著に現れるように，「敵」に対抗して一体化する「われわれ」が集合的沸騰の状態のもと浮上することがある。そこでは，「人それぞれ」の論理が許容される余地は極度に狭まり，社会はまるごと収容所化してしまう。

　実は，最近では，ここで述べた装置群が，勤勉で従順な主体をつくりだすという機能を与えられたものであるのかあやしくなってきている。今日の資本主義は，エリートを一握り確保できれば，あとは低賃金の職場を流動しつつ職を奪い合う（競争する）人間の群れがいればいいらしい。もう，総ぐるみの教育・訓練，矯正・治療などいらないということだ。それでも

Introduction 5

隔離の装置だけはあり続けることになるが，だとするとその意味は何になるのだろうか。余計者の社会からの隠蔽を目的とする，隔離のための隔離だろうか。

社会統制の変容

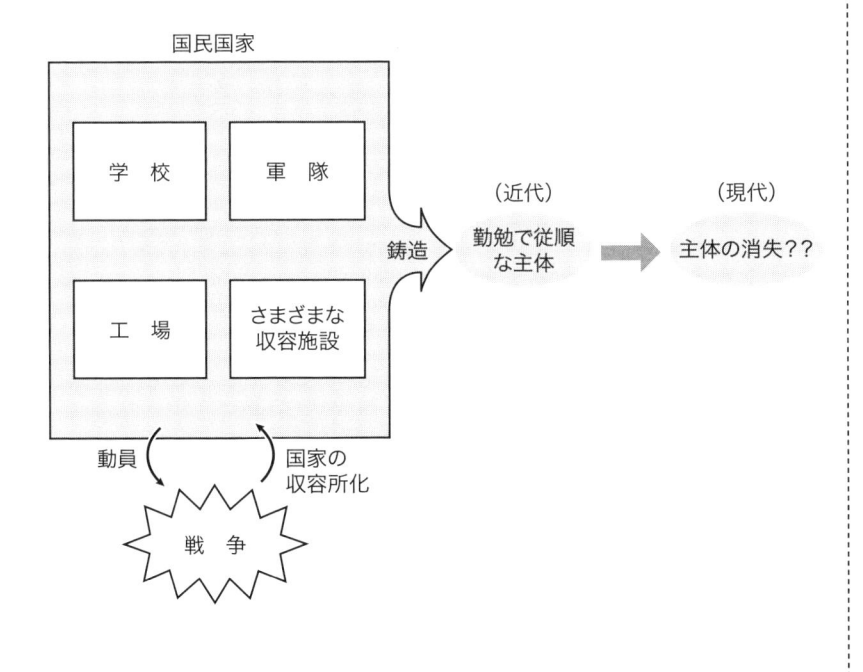

```
        国民国家
  ┌─────────────────┐
  │ ┌─────┐ ┌─────┐ │
  │ │学 校│ │軍 隊│ │         （近代）          （現代）
  │ └─────┘ └─────┘ │  鋳造  ┌─────────┐      ┌─────────┐
  │ ┌─────┐ ┌─────┐ │ ───▶ │勤勉で従順│ ───▶│主体の消失│
  │ │工 場│ │さまざまな│ │     │な主体   │      │  ？？   │
  │ │     │ │収容施設 │ │     └─────────┘      └─────────┘
  │ └─────┘ └─────┘ │
  └─────────────────┘
     動員 ↓  ↑ 国家の
            収容所化
       ☆戦 争☆
```

unit 20

学　　校

「無垢な子ども」の学校

　学校という私たちを囲い込んだ，あるいは囲い込んでいる壁の正体を知りたいなら，P. アリエスの『〈子供〉の誕生』(1960年) を読まねばならない。フランスの歴史家によって書かれたこの本の原題は「アンシャン・レジーム期の子供と家族生活」だが，訳者による邦題はストレートにこの本における「発見」を伝えるものである（アリエス 1980）。かつては子どもはいなかった。正確にいえば，乳児や幼児の概念はあったが，子どもという概念はなかった。今日では子どもとされる年齢の人々は，小さな大人にすぎなかった。ところが，近代が近づくにつれ，大人とは明確に区別された，無垢で愛らしい庇護すべき子どもという人生の段階が画期され，概念として共有されるようになる。それとともに，学校の性質も根底から変化する。バラバラな年齢の人々がともに学ぶ雑居的な学級風景は消滅し，同一年齢の子どもがひとつの学級にまとめられ，易しいものから難しいものへと並ぶ同一のカリキュラムに従って進級する私たちにとってはおなじみの学校へと変貌していったのである。

　そうした学校が社会的にも受容されたのには理由がある。それは，そこに**平等主義**があったからである。誰もが読み書き能力さえ身につければ，身分的拘束を逃れて「文明」や「豊かさ」のほうへと上昇移動できる，そのような突破口が開かれたように見えたのだ。実際，学校は，生まれつきの属性（属性的カテゴリー）に基づいて地位が決定される**属性主義**の社会から，個人の能力，努力，成果（達成的カテゴリー）によって地位が決定される**達成主義（業績主義）**の社会への大転換を主導するものだった（属性的カテゴリーと達成的カテゴリーについては→unit ⑤)。だが，学校への期待は常に過剰であり，読み書き能力による

上昇移動は農民や労働者階級の子どもたちには困難だった（階層移動〔社会移動〕については→unit ㉞）。にもかかわらず，学校信仰は遍く浸透し，人々を深くとらえた。

競争と同化

学校の平等主義は，競争と同化という相矛盾する要素を同時に内包している。

無垢な子どもが同時にスタートラインに立つ平等を前提とした学年制は，競争空間としての学校を根底から支えている。スタートラインが同じであるというそのことが，結果として現れた読み書き能力の差異を，人間の公式的な序列として受け入れさせる。もし，スタートラインの違いが明白であれば，人はそもそも競争などに加担しないし，そこにおける「勝ち」「負け」を正当なものとして認めない。学校の平等主義は，官僚や**テクノクラート**（科学技術や知識を所有する支配階層）による**メリトクラシー**（能力ある者による支配）（→unit ㉞）を当然のこととして納得させる条件となる。

だが，いくらスタートラインを同一にしたところで，競争空間としての学校が，敗者をできの悪い順にふるい落としていくだけのものであるならば，平等主義への期待は維持できなくなるだろう。それゆえ，学校は，競争によって分解しかねない子どもたちを，再び「みんな同じ」へと均質化する同化空間としての性質をあわせもつ。まず，無償で義務の**公教育**が，その本分として，地域的，身分的，家族的な差異を抹消し，国家が認めたひとつの国語，ひとつの歴史（国史），ひとつの秩序へと同化させていくための**国家のイデオロギー装置**（→unit ⑬）であり，「われわれ○○人」という主語のもとで考える内的訓練をする場所であることを忘れてはならないだろう。そうした訓練の成果として，分裂・対立にもかかわらず，単一の「われわれ」を設定しうるひとつの地平が仮構されるようになる。また，少なくとも日本の学校では，共通敵をフレキシブルにつくりあげて「われわれ」意識を創出・維持する集合化の実践がなされてきたことも指摘しておいたほうがよいだろう。「紅白」「学年対抗」「学級対抗」の競技やコンクールは，競争と同化とを折り合わせる手法であり（吉見ほか 1999），児童・生徒は，競争によって対立しつつたちまち再び同化する技術を学んできたのである。

いじめと学級集団

　同化と競争の空間としての学校を念頭において，いじめについて考えてみよう（いじめについては別の unit でも取り上げている→unit ⑪, ㉒）。森田洋司らは，いじめをいじめっ子といじめられっ子の二者間の関係ではなく，学級集団全体の構造を取りだし，そこにいじめ現象を置いて，いじめの陰湿化が促される要因について明らかにしている（森田・清永 1994）。森田は，まずいじめが発生した学級の児童・生徒を，5つに類型化する。加害者（いじめっ子），被害者（いじめられっ子），観衆（おもしろがって見ている子），傍観者（見てみぬふりをしている子）と，いじめには加わらずむしろ止めに入る仲裁者である。そのうえで，森田は，いじめ現象が，加害者，被害者，そして加害者の行為をエスカレートさせる観衆，暗黙の支持を与える傍観者の四層構造から成り立っていると見る。データとされたいじめが発生した小学校の学級と中学校の学級について比較すると，いっそうの陰湿化傾向が見られる中学校においては，被害者の数は減少し（対象が絞り込まれる）加害者は微増にとどまる一方で，観衆と傍観者が増加することによって，いじめ行為は承認され増長していた。

　心理学者の正高信男も，中学生を対象としたより大規模な調査データの分析から，観衆や傍観者の多いクラスにおいてよりいじめが多いことを確認している（正高 1998）。そのうえで，生徒の出身家族・階層と関連づけつつ，加害者と傍観者・観衆の両方を含めたいじめ加担者には，非加担者と比べて，ホワイトカラーの父親とその時点で専業主婦の母親という組み合わせの両親をもつ生徒が多いことを明らかにしている。また，いじめ加担者は，母親との人格的分離が不足する一方父親とは疎遠である傾向があり，家庭は「子ども中心主義」的でおこづかいが多いとも述べる。つまり，閉鎖的な**近代家族**のありようは，いじめへの同調と関連があるようなのだ（近代家族については→unit ⑯）。しかし，近代家族の特質から同調行動を説明づけることは難しい。それよりも着目すべきは，近代家族があまりにも「正常」で「普通」になってしまったことにあるだろう。同化圧力の強い学校という隔離空間において，「普通である」という結集軸はそもそも作動しやすい。いじめは，そのような同質性を背景としつつ，そして，同時にかかる競争圧力によって融和できない集団が，差異を発見し**スケープゴート**（贖罪の山羊）を仕立て上げまとまりをつくりあげる集団再創出の

イベントなのだ。学校を語るうえでいじめは極端例なのかもしれない。しかし，そうであっても，それは明らかに学校的な現象であるのだ。

学校イデオロギーの終焉

「学校的なもの」について考えるために別の例を出そう。以下に述べるのは，数年前にある学生から教わった話である。その学生は，たびたび甲子園に出場する「名門」高校野球部に在籍していたが，ドロップアウトしてしまったという経歴をもつ。彼によれば，野球部OBとなったかつての友人たちに卒業後の話を尋ねると，判で押したように同じような言葉が返ってくるという。彼らは，「あのとき我慢したことが今役に立っている」というのだ。それは，その学生によれば，高校時代に野球部において語られていた「ここで我慢していることは将来きっと役に立つ」という言葉の言い換えであるらしい。OBたちの幾人かは，高卒後，地位が不安定なまま肉体的にも「きつい」仕事に就いている。彼らには，明るい未来など保証されていない。「我慢」の経験に支えられて，今，厳しい境遇に耐えているのだとしても，彼らはいつまで「我慢」し続けるのだろうか。そして，その「我慢」は，誰にとって「役に立つ」ことなのだろうか。

「名門」野球部という例が特異だとは思われない。野球部もまた，学校というイデオロギー装置のなかにある。学校においては，学年によって序列づけられる**年齢階梯性**が支配している。それゆえ，地位の低い1年生も，「我慢」すれば自動的に地位が上がる平等社会である。これは，組織に定着し苦労すれば誰もが年功序列で地位が上がっていく，高度経済成長期の**日本的経営**（→unit ⑦，㉑）の原理に合致していた。高度成長期であったからこそ，組織は拡張し誰もが同時に昇進していくこともできた。また，工業社会であったからこそ，正社員のパイも大きかった。「ここで我慢していることは将来きっと役に立つ」という物語（→unit ⑬）は，高度経済成長期のイデオロギーそのものなのだ。そして，労働市場が大きく変容して，多くの労働者の地位が不安定になったにもかかわらず，学校は，そのようなイデオロギーを残存させざるをえない。平等主義を放棄できない学校にとって，代替するものが今のところないからである。

> **重要ポイント⑳**
>
> **エリートと大衆**
>
> 　現代社会を大衆社会（mass society）と呼ぶことがある。大衆（マス）の歴史への登場は、19世紀後半から20世紀に入ってのことである。この頃から労働者階級は力をもち、選挙権を行使し、ストライキによって支配階級を脅し、豊かな消費生活を送ることができるようになった。スペインの思想家、オルテガ・イ・ガセットは20世紀初頭、貴族的な立場からこの歴史の舞台への大衆のわがもの顔の登場を「大衆の反逆」として、きわめてペシミスティックに記述した（オルテガ 2002）。その後、戦後の多くの大衆社会論では、大衆（マス）はエリート的な市民（citizen）と対比され、個性がなく凡庸で自己中心的なものとして批判された。また、マス・カルチャーはマス・プロダクション（大量生産）によって量産される軽薄なものと考えられた。しかし、近年、C.ラッシュがオルテガを意識しながら「エリートの反逆」が始まったと指摘するように（ラッシュ 1997）、格差社会の到来とともにエリートとマスの力関係は変化してきたといえるかもしれない。

　もちろん、学校は、装置としての自律性をもっていて、経済や政治との間に乖離や軋轢があったとしても不思議ではない。企業社会に成果主義が導入されたからといって、学校において成績に基づく成果主義的な敬語体系が採用されることなど想像できないだろう。もともと成果主義の原理と年功制の原理が併用されていた運動部においてさえそうである。しかし、学校が、自律性の根拠となるはずの教育内容をこれまでも今も大切にしてきたかどうかは疑わしい。特に中等教育になると、進学する生徒にとっての知識は受験目的に切り詰められており、競争を降りた生徒に対して知識の意味を説得的に語る言葉が教育現場で共有されているようには見えない。現状では、高校の卒業証書の価値は地に落ちており、大学の合格証明書ほどのありがたみはないといえる。進学しない生徒にとっての卒業証書は、知識の証明ではなく「我慢」の証明ということになるだろう。あの「ここで我慢していることは将来きっと役に立つ」という言葉は、教育内容にではなく「我慢」に意味をもたせることでしか秩序を維持できなかった学校の現実を示している。だが、「我慢」の報酬としての「将来」などないことがあらわになったらどうなるのか。

インセンティブ・ディバイド

　苅谷剛彦らによれば，1979年に調査を行った同じ11の高校で20年後に同じ質問項目を用意して再度調査を行ったところ，学校以外の学習時間が短くなり，学習意欲の高低を測る意識質問において意欲の低下が見られたという（苅谷 2001）。もっとも重要な指摘は，親の階層によって，学習意欲の低下の度合いが異なることである。上層（父親が専門職・管理職である，母親が高学歴である，など複数の指標が用いられている）では，この20年間の学習意欲の低下はほとんど見られないが，より下層において学習意欲の低下は顕著になっているという。競争を煽る言葉が説得力を失い，低学歴層において「勉強させる理由」「勉強する理由」が消失してしまったのだ。苅谷はこの事態を**インセンティブ・ディバイド**（意欲格差）と言い表している。

　今日の政策の方向性は，インセンティブ・ディバイドの解消をめざすほうにではなく，むしろこの状態を積極的に追認するほうへと向かうものであるようだ（「ゆとり教育」が見直され，学校での学習時間が増えたところで，この方向性に変化はない）。財界の要請を受けて進められつつある「教育改革」は，一部へのエリート教育と「愛国心」とが抱き合わされたものとなっている（大内 2002）。そこではもはや総ぐるみの競争など想定されていないのだ。脱産業化・グローバル化にともなう社会的分極化が既定事実として是認されており，競争から離脱して求心力を失っていく部分に対しては「愛国心」の注入による統制が企図されている（社会の分裂を道徳で解決するとは何と安上がりな政策だろう）（こうした政策の背景にある新自由主義の流れについては→unit ㉚，㉞）。学校の平等主義は，同化と競争の微妙な折り合いのもとで続いてきた。しかし，どうやら学校は，むきだしの競争空間としての学校とむきだしの同化空間としての学校へと二極化されようとしているらしいのだ。ナショナリズムは，平等という餌——たとえそれが擬似餌であったとしても——によって求心力をもてた。平等なき「愛国心」が，分裂を縫い合わせる力をもちうるものなのかは相当に怪しい。

読書案内

考える糸口
- 桜井哲夫『「近代」の意味——制度としての学校・工場』NHKブックス, 1984。

　学校を考えるには，近代とは何かを考え直さねばならない。そのための格好のとっかかりとして。

問題を見つける
- 苅谷剛彦『学校って何だろう——教育の社会学入門』ちくま文庫, 2005。

　この unit で述べたことは，いわゆる教育社会学が何をやってきたのかを反映したものではない。教育社会学の導入としてはこれを。ただし，教育社会学は，本来的に教育の効果を測る制度としての側面をもっており，学校外の活動を含め子どものリアリティをまっすぐにまなざしているものとはいえない。

unit 21

工場・企業

フォードの工場

『モダン・タイムス』でチャップリンの働く工場が何を製造している工場であったかはわからない（→unit ⑨）。しかし，描かれていた工場は，**フォーディズム**（フォード主義）と呼ばれる**大量生産システム**の原理に貫かれていた。フォーディズムの「フォード」とはいうまでもなく，自動車メーカーのフォードである。この原理は20世紀初頭，H.フォードによって完成された。彼は労働者の作業を細分化・単純化し，ベルトコンベヤを利用した組み立てラインを導入し，大量生産を可能にしたのである。

労働の細分化・単純化は**テイラーリズム**（テイラー主義，科学的管理）とも呼ばれ，フォードより少し前，同じアメリカでF.テイラーという労務管理の技術者が提唱した。この考え方の基本は「**構想と実行の分離**」（ブレイヴァマン 1978：128），つまり，何をどうつくるかを考える「頭」（構想を担当する者）と，実際に「手足」を動かして実行する者（現場の労働者）の役割分業にある。この考え方によれば，現場の労働者は製品の設計，デザイン，あるいはどの製品をどれだけつくるかなどの計画に口出しすべきではないということになる。今から見ればこれは当たり前の考え方に見えるかもしれない。しかし，この生産方式の導入は，それまで支配的であった職人的なものづくりの世界の解体を促したという点で，当時大きな変化をもたらしたのである。

一人前の職人は1つの製品の完成までの全プロセスを手がける。それゆえ職人の手による製品は「作品」としての重みをもっていたし，自分の仕事に誇りをもつことができた。しかしその反面，職人が一人前になるには時間がかかったし，大量にモノをつくりだすことはできなかった。これに対して，テイラー

リズム＝フォーディズムは，作業工程を1つひとつ数え上げ（ハンドルをつける，ドアをつけるなどなど），それをもっとも小さい単位にまで分解した（たとえばドアのボルトを締めるなど）。これによって，人は製品を一からつくりあげるノウハウや知識や技能（「頭」）をもっていなくとも，与えられた単純作業さえこなせば，製品の生産に参与できる労働者になることができるのである。彼らは単なる歯車であり，極端にいえば，自分がいったい何をつくっているのか知らなくてもいいわけである。しばしば**労働からの疎外**と呼ばれる状況はこうして出現する（→重要ポイント㉑）。

しかもこの生産システムは安く大量に——ただし画一的なものを——生産することができる。それゆえ職人による生産は消滅するとまではいわないにせよ衰退していくことになる。この**脱熟練**（de-skilling）の傾向は，ホワイトカラー労働にも及ぶ一般的傾向とする議論もある（ブレイヴァマン 1978）。

ところで，広義にはフォーディズムは，大量生産だけでなく，製品を消費する側面，すなわち**大量消費**とセットで定義される（→unit㉜）。さらに大量生産と大量消費の好循環を可能にする労働者高賃金——より正確には生産性の上昇と実質賃金上昇のリンク——の制度化（賃金インデックス），さらには間接賃金としての社会保障の拡充をも含む。このような広義のフォーディズムは，労使の妥協を通じて統治する社会制度の意味で使われる。つまり労働者たちは，高賃金による生活水準上昇と，社会保障の拡張による生活上の安心と引き換えに，経営などへの口出しを控え，自分たちの労働条件の向上にのみに関心を向けることになる。このような仕方で個人の不満や社会的なコンフリクト（紛争）を抑え，社会秩序を安定させようとする統治のあり方は**フォーディズム的福祉国家**と呼ばれる（斉藤・岩永 1996；斉藤 1998；コーエン＆ケネディ 2003：4章参照）。

チャップリンの風刺に見られるようにフォーディズムの工場における労働は孤独であり，そこでつくりだされる製品は人間味に乏しい。これはかつての職人の技を廃棄し，誰にでもつくることのできる規格化された量産品を志向したフォーディズムの宿命ともいえる。

抵抗のかたち

たしかにフォーディズムの労働は単調で無味乾燥なところがあるかもしれな

い。しかし，逆説的に聞こえるかもしれないが，「構想と実行の分離」によって労働から疎外されたとき，人は自分の「頭」を獲得することができる。フォーディズム＝テイラーリズムにあっては，労働時間内は手足となって働くことつまり肉体労働（manual labour＝手の労働）を要求されるだけであり，頭で何を考えようと自由である。仕事が終わった後のビールのことでもいいし，土曜の夜の遊びのことでもいい。あるいは，仕事をするのにいかに手を抜くかでもいい。実際，上司の目の届かないところで手を抜き，仲間と談笑すること，端的にいってサボることは，労働者が会社の「頭」――たとえば経営方針――に一体化せずに，距離を置いているからこそ可能なのである。

　非熟練労働者が会社や上司に対してとる距離のとり方，つまり「**サボりの文化**」は，下層労働者階級の子どもたちが学校や教師に対してとる距離のとり方（反学校文化）とパラレルであることをP.ウィリスは指摘している。ウィリスはイギリスの学校で参与観察し，サボり反抗する労働者階級の文化を，子どもたちは働く以前に学校の教室で学び取ると指摘している。たとえば，彼らは授業中，教師の目をかいくぐって隣の教室に行くなど，インフォーマルなかたちで自分たちの行動の自律性を獲得しようとする。こうして彼らは個人の内面にまで立ち入って統制しようとする学校側の要求を食い止めようとするのである（ウィリス 1996）。

　彼らの親たち，すなわち労働者たちも同様に，会社の要求を制限し，工場で働きながらも自分たちの自律性を高めようとする。たとえば，仕事のペースや人員配置など形式的には会社に従うかのように見せながら，実質的には（インフォーマルなかたちで）自分たちで職場を仕切り，そのことが誇りでもある。

日本的経営――企業社会

　では日本はどうだろうか。私たちは仕事を「サボる」などとんでもないと思っているのではないだろうか。この意識は日本人が「まじめ（勤勉）」であることの表れとされる。だが，この「まじめさ」は次のような労働者管理の装置によって生みだされたものかもしれない。

　産業化の後発国である日本では，以上見たような西欧型の労働のあり方を回避するかたちで，フォーディズム（そしてフォーディズム的福祉国家）とは異な

った労働者管理と統治のあり方を発展させた。この労働者管理のあり方が日本的経営である。そして，日本的経営に対応した社会的統治のあり方はしばしば**企業（中心）社会**と呼ばれる（大沢 1993）。

　日本的経営は，年功賃金・終身雇用・企業別労働組合の3つの雇用慣行の効果によって，労使協調（妥協）が一企業のレベルでなされるという特徴をもつ。年功賃金は長く勤めれば勤めるほど賃金が上昇する仕組みで，退職金——これも日本特有の制度である——を含めて考えれば，若いときに会社を辞めると損をすることになり，終身雇用とあいまって一生会社に帰属するという意識，会社は家族＝身内という意識が育つ。その結果としてブルーカラー労働者とホワイトカラーの垣根は低くなり，労働者は正社員の「従業員」として企業に帰属意識や忠誠心をもち，ハマータウンで見た対抗的な「労働者文化」とは異なる，「従業員文化」が形成される。

　国家による福祉政策は抑えられ，その反面，特に大企業では社宅などの企業福祉によって家族ぐるみでの企業への帰属意識が高められる。

　さらに労働者の疎外感を「サボりの文化」に転換させないための装置もある。現場の労働者はQCサークルというインフォーマルな小集団活動——半ば強制的なものも多いが——に参加し，仕事や製品の質の向上のために，現場ならではのさまざまな知恵や工夫を出し合うことが要請される（木本 1995）。そこでは労働者は会社にとって単なる「手足」だけの存在ではなく，「構想」——つまり企業の「頭」——に参加することになる。こうして仕事への士気，職場の仲間意識を高められる。NHKの『プロジェクトX』が美談として語るのはこの側面である。

　もちろん，1つの企業で長期にわたって持続的に働き続けることによって，その企業に固有の文化やコミュニケーション・パターンを体得し，これを若い社員に伝達することもできる。このような暗黙のノウハウを**知的熟練**（小池 1999）と呼ぶことがある。

　しかし他方これらの装置が最終的には会社への帰属意識を高め，会社から距離を取ることを困難にする点を見逃すべきではない。いわば「手足」だけでなく「頭」や「人格」まで会社に使われることになり，長時間労働やサービス残業，あるいは単身赴任を拒否できない「**会社人間**」になる危険もある。働きす

ぎや過労死の問題が生じる理由の1つは，このような会社への「忠誠心」なのである。さらに「会社人間」たちの社会は仕事のキツさのハードルを上げ，女性が男性なみに働くことを困難にする――したがって企業中心社会は必然的に男性本位社会でもある（大沢 1993）。また自社製品の重大な欠陥を組織的に隠蔽する「企業の体質」という問題もここに起因する。

ポストフォーディズム

戦後先進諸国で支配的だったフォーディズム＝大量生産システムは，画一的な製品を大量に生産することはできるが，市場の要求にきめ細かく対応できない硬直性という欠点をもっていた。この欠点はアジアなどの海外からの安い製品との競争のなかで認知され，新たな労働の形態が模索され始めた。この新たな労働の形態を**ポストフォーディズム**と呼ぶことがある。ポストフォーディズムの特徴は**フレキシビリティ（柔軟性）**という点にある（ピオーリ＆セーブル 1993）。しばしばポストフォーディズムの特徴は多品種少量生産ないし多品種変量生産にあるとみなされる。ただしフォーディズムに比べてより柔軟な日本的経営モデルを「リーン（無駄のない）生産様式」とし，これをポストフォーディズムの原型とみなす立場や，逆にこれをフォーディズムの徹底とみなす立場があり，特に日本におけるポストフォーディズムの性格に関する議論は決着がついていない。（コーエン＆ケネディ 2003：4章；京谷 1993）。ここではグローバルな競争のなかでフレキシブル（柔軟）な生産を志向するシステムを広くポストフォーディズムと呼んでおくことにする。

大量生産が戦後の大量消費社会（＝大衆消費社会）と結びついていたように，フレキシブルな生産は消費者が差異や個性を重視する1980年代以降の消費社会あるいは「消費文化」と結びついている（→unit ㉜）。より正確にいうなら，生産者が消費者の要求に耳を傾け，その要求に応えることが競争を勝ち抜く条件となる。したがって，ポストフォーディズムは必然的に情報社会（→unit ㉝）とも結びつく。生産者は市場調査やPOSシステム（コンビニなどで，売れた商品を瞬時に生産の場に伝えるシステム）などを通じて，移り気な消費者の求めるものをいち早く製品に反映させることが必須となるからである。さらに広告など情報産業による製品イメージを創造し付加価値をつくり，他社の製品との差異

> **重要ポイント㉑**
>
> **疎外と物象化**
>
> 　いずれも K. マルクスのキー概念。疎外とは，人間がつくりだしたはずの社会から人間が疎んじられる事態のことを指す。そもそも人間は，バラバラな利己的個人としてあるのではなく，関係のなかにあってしか自己を見いだすことができない共同的存在である。しかし，資本主義は，私的所有を絶対化し，人と人との本来的関係を所有欲を介したよそよそしい関係へと全面的に置き換えてしまう。すべての関係が「何をどのくらいもつのか」によって編成されていった結果，すべてをもたない存在として浮かび上がるのが，マルクスの見た労働者階級であった。その後，マルクスは，『資本論』において，人と人との関係であるはずのものが物と物との関係のようになっていく現象を物象化と呼んで，その過程を分析している。物象化はフェティシズム（物神崇拝）という転倒を帰結する。私たちの「すばらしさ」についての観念は，資本主義経済のもと貨幣価値にいつの間にか取って代わられている。資本主義社会では貨幣崇拝が支配しているのだ。

化に力を入れることにより消費者の購買意欲をかき立てようとする。

新しい問題——フリーター

　一口に柔軟（フレキシブル）な働き方といっても，個人レベルでの「臨機応変」「自主性の尊重」という機能的な側面と，企業レベルでの「雇用の柔軟化」（働く人の数や労働時間を会社の都合で調整する）という数量的な側面の2つがあるが，バブル崩壊以降の日本は後者の意味での柔軟化にシフトしてきた。1995年有力な経営者団体である日経連（日本経営者団体連盟）は，従来の日本的経営の見直しを提言する報告書『新時代の「日本的経営」』を公刊した。そこでは企業に対して，正規雇用層（「長期能力蓄積活用型」）——つまり「会社人間」の候補たち——の少数精鋭化と，フリーター，パート，派遣社員などの非正規雇用層（「雇用柔軟型」）の積極的活用が説かれた。これを受けるかたちで，99年には労働者派遣法が改正され，派遣労働の最初の規制緩和がなされ，さらに従来規制されていた製造業への派遣労働も2004年に解禁された。

　こうした企業や国の姿勢の変化を受けて若年層の非正規雇用化・フリーター化が一挙に進んでいるのが現状といえる。

　いったんフリーターとなった者が技能を身につけ，正規雇用の世界に戻るの

は並大抵のことではなく，貧困の罠に陥ることが現在危惧されている（雨宮 2007）。非正規雇用や失業の増大と，その結果としての貧困層の拡大の問題はEUでも同様であり，「社会的排除」と呼ばれている（→unit ㉚, ㉜）。

従来，日本の企業社会は男性正社員中心とはいえ，安定した雇用や相対的な高賃金を通じて労働意欲を引き出してきた。しかしいまや企業は気長に社員を教育し，知的熟練を形成するコストから手を引こうとしている。そして同時に，安定した雇用をともなわずに労働者から労働意欲を引き出すさまざまな仕組みがつくられつつあるようにみえる。

たとえば本田由紀は，非正規労働者の「働きすぎ」（「自己実現系ワーカホリック」）が，「趣味性」（趣味の延長としての仕事），「ゲーム性」（擬似的な裁量の高さ），「奉仕性」（顧客に対する誠心誠意のサービス），「サークル性・カルト性」（擬似宗教的といえるほどのハイテンションな職場の雰囲気）などのさまざまなパターンの職場文化によって維持されていると指摘している（本田 2007）。

ここには「働きすぎ」の温床であった企業中心社会を批判する言説そのものが，組織に属さず仕事をすることの「やりがい」を強調する言説に簡単に転化し，非正規労働者の「働きすぎ」を煽っているという矛盾がある。この矛盾をどう考えたらいいのだろうか。

読書案内

考える糸口
- 熊沢誠『日本的経営の明暗』ちくま学芸文庫，1998。
- 斎藤貴男『カルト資本主義』文春文庫，2000。

  日本的経営の負の側面を知る必要があるが，ポスト日本的経営の実践者・推奨者のなかには神がかっている人が多いことにも驚く。

問題を見つける
- リッツァ，J.『マクドナルド化する社会』（正岡寛司監訳）早稲田大学出版部，1999。

  産業の論理（脱熟練化）が消費を含め生活領域の隅々にまで貫徹しつつあることを論じている。便利さを問い直すために。

unit 22

収容所

全制的施設

　E. ゴッフマンは，『アサイラム』(1961年) において，統一されたプランのもと被収容者を管理する隔離性の高い収容施設を**全制的施設**（total institution）と呼び，そこにおける社会的・内面的世界の把握を試みた（ゴッフマン 1984）。彼が主として調査を行ったのは当時のアメリカの精神病院であるが，そこでの議論は，精神病院のみならず，養護施設，刑務所，強制収容所，軍隊，修道院などへも適用できる水準で展開されている（隔離施設における規律訓練については→unit ⑨）。

　全制的施設の被収容者は，収容以前においてすでに文化とアイデンティティを身につけている。それに対し，全制的施設は，それらを漂白する**無力化**の措置を行うことによって，従順な囚人や患者へと一気に仕立て上げるのだという。

　無力化の方法としては，まず，私物の剥奪がある。衣料品や化粧品など自己呈示には欠かせない**アイデンティティ・キット**や，ときには名前が取り上げられる。名前の剥奪に際しては，別の呼び名がつけられたり（『千と千尋の神隠し』で，千尋が名前を奪われ千と呼ばれたことを想い起こしてほしい），番号に置き換えられることもある。アイデンティティの維持には他者による承認が不可欠であるが（→unit ⑤），キットや名前を奪われた被収容者は，自らが過去において獲得してきたアイデンティティを他者に認めさせる手段を失うのだ。あるいは，汚辱もまた，無力化の方法として一般的である。激しい罵倒，屈辱的な姿勢の強要，職員への表敬の強制，無意味な仕事をさせ自己の無意味さを思い知らせる，などなどである。さらに，ゴッフマンは，汚染的露出と彼が呼ぶ方法についても述べている。公然と恥をかかせたり，プライバシーがいっさいない状態

におく操作である。自己のテリトリーを破壊することで，確かな自己を成り立たなくさせてしまうのである。

🔲 アンダーライフ

　ゴッフマンは，被収容者をただ受動的存在として描いたわけではなかった。収容所には**裏面生活（アンダーライフ）**が存在し，そこにおいて，被収容者は，施設の公式的原則を逆手に取る非公式な行為様式——システム利用とゴッフマンは呼ぶ——を発達させ被収容者役割に収まりえない自己を創出・保存しようともする。患者たちが自己を創出・保存する戦略には，たとえば次のようなものがある。精神病院における集団療法やダンス療法に，異性との接触という患者らしからぬ目的をもって参加する。売店にたむろったり職員食堂に潜り込んだりと「解放区」を探り当て，患者同士のあるいはインフォーマルに職員との相互行為を発達させる。割り当て仕事の仕事場に「匿し場」を設けたり，ハンドバッグやポケットをつくり私物を隠す。患者間で物品の流通網を張りめぐらせ贈答関係を成立させることで，アンダーワールドを生みだす。そのような場所において，他ではない「私」という自己は再構築されるのである。そうして，ゴッフマンは，「何か対抗するものがあるからこそ，自己は出現してくる」との皮肉な結論を導きだす。

　ゴッフマンは，『アサイラム』を通して，「生存が骨に達するまで切りつめられるとき，自分の生活に肉をつけるために人間は何をするか」を問おうとしたのだという。しかし，被収容者たちのアンダーワールドは，全制的施設の特性を反映しているというよりも，全制的施設としての不徹底さに根ざすものなのかもしれない。そこにはまだ，自己を承認してくれる他者を見いだす余地があり，そのような他者との接触を可能にするコンタクトゾーンが存在したのだ。そこで，次に，より完璧な全制的施設である，強制収容所を扱った研究を取り上げよう。

🔲 強制収容所

　高橋三郎は，『強制収容所における「生」』（1974 年）において，1933 年から 45 年にかけて設けられたナチス・ドイツの**強制収容所**を事例として，強制収容

所において「生きのびる」ことの意味を考察している（高橋 2000）。そこでは，300万人のユダヤ人が殺されたが，到着後にただちに殺されたユダヤ人を除いて，165万人の抑留者（ユダヤ人が多くを占めていたが，「反社会的分子」，政治犯，刑事犯，同性愛者，兵役を忌避した「エホバの証人」の信者なども含まれていた。「反社会的分子」とは，「乞食，浮浪者，ジプシー，労働忌避者，売春婦，不良，アルコール中毒患者など」である）が抑留され，最終的に約50万人の人々が生き残った。「強制収容所の『死』のイメージの裏側には，おなじように凄まじい『生』があることも想像に難くない」だろう。実際，強制収容所はただ「絶滅」のためだけにあったのではない。そこは強制労働を行う施設でもあった。もっとも廉価な労働力となった抑留者は，労働力としての価値が認められる間は利用し尽くされた。1942年からナチスによって用いられた「労働による絶滅」という言葉は，強制収容所の目的を端的に言い表している。ほとんどの抑留者は，やがて労働能力の欠如を認められて処刑されるか（女性，子ども，高齢者などはただちに処刑されたのでそもそも抑留者にさえなれなかった），そうでなくても過酷な労働と飢えにより消耗死していった。

　抑留者の生死は，逮捕者・管理者の恣意によって決定された。政策のちょっとした変更や収容所による管理方針の違いは，統計的に生死を分かつものになった。限度のない虐待が支配する収容所においては，サディスティックに暴力をふるう看視兵や突撃隊員との間の悪い遭遇も死の契機となりえた。また，刑期がなく出所を求める努力が無意味であったことは，内面的な逃避すら不可能にした。私たちは，どのような閉鎖的環境にいたとしても，期限が設けられていれば，可能性としての自己を思い描く自由をもつことができる。それは，最後の自由であるだろう。だが，強制収容所には，そのような自由が存在しないのだ。そのような環境のもとで，ほとんどの人々は，感情を失うまで疲れ果て生ける屍となっていった。そうなることは実にたやすく，「命令にしたがい，与えられた食糧だけを食べ，命ぜられた仕事をするだけで十分であ」り，3カ月以上生きのびることは難しかったという。

プロミネント

多くの人々が生きる意欲を萎えさせ処刑されていくなかで，何とかして生き

のびようとあがく人々がいるにはいた。だが、そのような欲望は、強制収容所の運営と管理のためにナチスによって利用されることになる。ナチスは、ナチス流の人種理論に基づいて抑留者をヒエラルキー化し、抑留者による抑留者支配という安上がりなシステムを完成させた。抑留者の多くも、その差別意識を収容所にまでもち込んでいたため、体制は速やかに構築された。たとえば、職業的犯罪者によるユダヤ人支配やユダヤ系ドイツ人によるユダヤ系オランダ人支配が、それぞれの収容所において現実化した。その結果、強制収容所では、**プロミネント**と称される人々が跋扈するようになる。プロミネントとは、「あらゆる種類の特権的な地位にある抑留者の総称」である。ナチスの人種理論において優越する者、突撃隊員に特に認められた者、収容所運営において必要な技能をもつ者、そうした者はプロミネントとしての地位を与えられ、衣食住や作業においてほとんどの抑留者とはかけ離れた特権を享受した。「戦利品」は強制収容所にも存在したが、プロミネントによって独占されるか、突撃隊員やプロミネントにこびへつらうための道具とされた。そして、プロミネントは、他の抑留者に対し、多くの場合、冷酷かつ残忍であった。プロミネントとは、無力な人々に対し暴虐にならざるをえないその地位を引き受けることができる人々なのである。プロミネントになること、へつらうことは、生き残るための唯一の手段であった。だが、彼らの生きのびようとする欲望は、抑留者が自らの手で同じ境遇の者を死へと蹴落とす地獄を生みだしたのである。

「収容所的なもの」

精神科医の中井久夫によれば、いじめは「生涯にわたってその人の行動に影響を与えるもの」であり、「入院患者の病歴をとっていると、うんざりするほどいじめられ体験が多い」という。そして、その中井によれば、いじめの相互行為は一定の順序（孤立化→無力化→透明化）を踏んで進行するのだという（中井 1997。いじめについては→unit ⑪, ⑳)。

まず、いじめっ子はいじめられっ子を孤立化させる。孤立していない標的は、いじめを受けたとしても、いじめっ子への隷属につながることはない。自己を認めてくれる関係が豊富にあれば、いじめっ子など相手にしなければ済むことだ。そこでいじめっ子は、標的を周りに知らせ、標的から距離を置いたほうが

> **重要ポイント㉒**
>
> **ゴッフマンの社会学**
>
> 　誰でもいい，とにかく人々がどこかに居合わせれば，一緒にいるというそのことがもたらす力が作用して人々の行為を拘束するということがある。たとえば，エレベーターのなかではだいたいにおいて人々の振る舞い方は決まってくるものである。そこに個性が入り込む余地などない。ゴッフマンは，そのような力について徹底的に考え抜いた人であるといってよいだろう。ゴッフマンにおける人間とは，自己の保存に心をくだき他者による蹂躙を恐れる存在である。そのような人々による，居合わせた場所で観察される秩序とは，お互いをリスキーなものとみなし合う人々が回避（領域侵犯の禁止）と呈示（適度な関心の表明）のバランスをとりつつつくりあげるものとなる。そのような見方からすると，公共の場所におけるマナーの低下を憂う声は，「公共心」などという言葉を用いつつも，要は「私を犯さないで」という私的な叫びであるということになる。

賢明であることをほのめかす。また，いじめられっ子のいじめられるに値する差異を誇張して PR し，周りの差別意識に訴える。PR の成功により孤立化させられたいじめられっ子は，皆がそう認めているのだから「自分にも問題があり，いじめられるのは仕方がない」と考えるようにもなる。恣意的支配が横行する見えない収容所が浮上するのだ。

　続いていじめっ子によってとられる処置は，無力化である。いじめられっ子に「反撃はいっさい無効」であることを悟らせるために，懲罰的な過剰暴力が用いられる。「抵抗を内心考えていただろう，考えていたはずだ」といういいがかりも有効で，いじめられっ子も「そう思っていたかもしれない」と考え，内心を見抜かれていたような気になる。いじめっ子にすべてを知られていると思うようになったいじめられっ子は，いじめっ子への服従をいっそう受け入れてしまう。

　孤立無援のいじめられっ子にとって，唯一残されたのがいじめっ子との関係である。いじめられっ子は周りから切断されて完全に孤立し，いじめも透明化してしまう。透明化することによって，いじめの法外さはいっそう増大する。たとえば，金銭的な搾取である。家族の金に手をつけさせ裏切らせることにより家族との精神的絆を破壊したり，いじめられっ子が必死の思いで調達した金

を浪費したり燃やしたり捨てたりする。そうして，いじめられっ子は，自分が無価値であることを思い知らされ，無力な奴隷となっていくのだという。

　中井は，強制収容所体験についての書がいじめについて論じるにあたり参考になったと述べている。また，戦時社会における自身の体験を引くことで，戦時のいじめと学校におけるいじめとの相同性について暗に示している。収容所は，物理的に閉鎖される必要などなく現れ出る。学校や国家もまた「収容所的なもの」を内包しているし，もちろん，家庭もまたそうなりうるものだろう。そうだとすると，ゴッフマンのアンダーライフの記述は，また違った文脈で読み直される必要があることになる。偏在する「収容所的なもの」への抗いの様式の一例として。「収容所的なもの」について論じる文脈では，隔離の対語は開放である。開放とは何か。施設や組織によるアイデンティティの一元化を緩和し，別のアイデンティティの選択肢を提供することである。この社会が，終わりなく「収容所的なもの」を生みだし続けるのだとしても，よりそれが開放されることでその重みは低下するはずである。

読書案内

考える糸口
- 藤井誠二『暴力の学校　倒錯の街――福岡・近畿大附属女子高校殺人事件』朝日文庫，2002（初出1998）。

　学校も収容所になるし，地域もまたそれを補完するかもしれない。本書はルポルタージュであるが，その近年の事例として。シベリアの捕虜収容所を生き残った詩人石原吉郎による『望郷と海』（ちくま学芸文庫，1997〔初出1992〕）ももっともっと多くの人に読まれてほしいと思う。

問題を見つける
- 桐田克利『苦悩の社会学』世界思想社，1993。

　社会から隔絶されて深まる苦悩。そのような苦悩を社会学は臆せずとらえなければならない。そうした挑戦の1つとしてこの本をあげたい。

unit 23

戦　争

🔲 戦争がつくった社会

　第一次世界大戦に従軍した若いドイツ兵の視点から描いた E. M. レマルクの『西部戦線異状なし』（1929 年）は，実際の戦争が勇ましいものではなく，無数のなさけない犬死によって成り立っていることを教えてくれる。主人公は愛国心に駆られ入隊したが，現実を知るに従い戦争に疑問をもつようになる。そしてフランスとの戦いで休戦状態に入った日に，近くに飛んできた蝶を取ろうと体を伸ばしたとき，狙撃兵に撃たれ死んでしまう。その日の前線からの戦況報告は「西部戦線異常なし」と打電されていた。

　20 世紀前半の 2 つの大戦の特徴は，成人男性への徴兵制の導入により大量の兵士の動員が可能となると同時に，兵器の近代化によって殺戮が容易になったことである。この結果，戦争は大規模となっていった。しかし反面，戦闘員の命は軽くなる一方となり，1 人の若者の死など，国家による戦争遂行にとっては無意味なものとなっていく。

　大規模な戦争を継続するには，これを支える人的・物的資源，財政，そして何よりも戦争遂行の積極的な精神的支援が必要となる。戦争はこのとき，戦闘員だけのものではなくなり，民間人を含む社会全体が戦争に協力する必要が出てきた。二度の大戦が総動員戦や総力戦と呼ばれるのはこのためである。いわば国力すべてを戦争に投入し，消耗戦にどこまで耐えられるかが勝敗の分かれ目となった（たとえば，日本の国家総動員法のねらいは，人的・物質的なあらゆる資源を国家が統制し，戦争遂行に全エネルギーを傾注させることであった）。その結果，市街地への空襲や原爆など非戦闘員への無差別攻撃も激化することになったのである。

こうした戦争遂行とそれにともなう社会的資源の総動員は、社会のあり方を効率的な中央集権的な体制に抜本的に変革することを要請する。社会は総動員体制となり徹底的に計画的に管理・運営され、結果的に福祉国家的「平等」が実現した。総動員体制は銃後の守りをする人々の家族の健康にも配慮する――日本で厚生省が内務省から独立して設立されたのは1938年であった。兵士は残された家族を心配せず、思い残すことなく死ぬことができる。それはまるで戦争で軽くなった命を、戦争から離れた日常生活の福祉によって埋め合わせをするかのようである。戦争によって合理化された社会体制は、戦争そのものが終わった後も中央集権的な福祉国家体制として存続している（山之内 1996）。特に日本に関しては、これを官僚主導の政治の特徴として「40年体制」と呼ばれることもある（野口 2002）。

冷戦と軍事政権

2つの大きな戦争の後の世界には、平和が戻ったかに見える。しかし、この平和は、米ソ間の**冷戦**という新たな世界的な政治的対立の均衡状態の上にある「平和」である。そこでは直接対決ではない、「間接的な戦争」が遂行されていた。

朝鮮半島の南北分断とそれに続く朝鮮戦争や、南北ベトナムの分断をきっかけに始まったベトナム戦争、さらにソ連のアフガン侵攻をきっかけとするアフガン戦争は、冷戦期において実際に武力が行使された「戦争」であった。しかし冷戦は「平和」な日常に暗い影を落としており、それこそが冷戦の本質なのかもしれない。

たとえば朝鮮半島は日本と異なり、南北に分断され冷戦の最前線となった。このため、アメリカは朝鮮戦争後も、韓国に軍隊を駐留させ、一貫して軍事政権を支持し続けた。この軍事政権は、国民の批判や民主化の声を抑圧した。韓国が民主化されたのは、きわめて最近である。冷戦の最前線で多くの軍事政権が大国の支援で維持されたが、その理由は「敵の敵は味方」という冷戦特有のロジックであった。このロジックは、対立する陣営のどちらの側についているのかという判断を最優先としたのである。こうして多くの第三世界の新興国は、独立とともに冷戦に巻き込まれ、民主主義の萌芽が摘まれていった。インドネ

シアではスハルトがスカルノ政権を転覆させ，多くの自国民や東チモールの人々の命を奪ったが，その影にはアメリカの支援があった。ラテンアメリカの多くの軍事政権は，国民からの反発や抵抗にもかかわらず，アメリカからの支援によって維持されてきた。

　他方，先進国に目を転じれば，戦後は，高度成長と福祉国家の恩恵をこうむり，平和で豊かな生活を享受していたように見える。しかしこの豊かさはそれ自体冷戦の産物でもある。たとえば，ヨーロッパの早期復興を助けたのはアメリカの援助（マーシャル・プラン）であったが，その意図は，戦後，ソ連によって解放された東欧が社会主義化していくのに対抗し，一刻も早く西欧に経済復興を遂げさせ，社会主義の誘惑から手を切らせることにあった。「自由主義」の名とは裏腹に，対外貿易に対する日本の保護主義を認め，国内産業の再興と経済成長を可能にさせたのも，日米軍事同盟である安保体制維持の見返りという側面がきわめて強い。もちろん，アメリカからの第三世界に対する援助もあったが，軍事政権への軍事援助の比率が大きく，効果的な援助とはならないばかりか，軍事政権の延命化につながる結果となってしまった（ジョンソン 2004）。

　冷戦体制のなかで「平和」を維持してきた日本人にとっては，実感することは難しいかもしれないが，一見平和と繁栄を享受してきたように見える戦後の世界は，一皮むけば冷戦によってかたちづくられていたといえる。

ポスト冷戦と「新しい戦争」

　1990年代に入り共産圏の解体と冷戦終結にともない，平和が訪れたかに見えた。しかしその後のグローバル経済を基軸とする新世界秩序の成立とともに，今度は内戦という新たな形態の戦争が各地で勃発した。ユーゴスラビアでは冷戦終結直後に民族主義が台頭し，かつて共存しあっていた民族同士——異なった民族間で結婚したり友人をもつ者は数多くいた——が瞬く間に互いに疑心暗鬼となり，内戦状態の泥沼に突入したのである（映画『ブコバル』〔B.ドラシュコヴィッチ監督，1994年〕参照）。冷戦の終結によって大国の関心を失った第三世界の貧困国でも統治不能状態に陥り，内戦が勃発したケースが多発した。これらの内戦は，従来の正規軍同士の戦闘ではなく，一般市民を積極的に巻き込んでいくという新しい特徴が見られ，しばしば**新しい戦争**と呼ばれている（カル

ドー 2003)。こうした紛争地域に対し国連軍が編成され停戦を監視するケースも目立つようになってきた。

2000年代に入るとさらに大きな転換が訪れる。2001年9月11日に，アメリカのワールド・トレード・センタービルとペンタゴンがハイジャックされた旅客機によって自爆攻撃を受け，多くの人命が失われるという事件が起きた。この攻撃はしばしば「テロ」と名指しされるが，第三世界で頻発していた「内戦」が拡大し，それまで安全であった先進国にまで直接及んだといえよう。標的となったワールド・トレード・センターは経済におけるグローバル化の象徴であり，もう1つの標的のペンタゴンは軍事的グローバル化の象徴である。

これ以降，世界はアフガン攻撃からイラク戦争，イラク占領にいたる「対テロ戦争」に巻き込まれていく。その名が示すように，この「戦争」では敵はもはや正規軍ではない。「テロ」と名指しされた，姿の見えない相手である。またその「戦争」は，いつ始まりいつ終わるのかもわからない。したがって従来のように，「平和」と「戦争」の区別をすることが困難となる。テロとの「戦争」（戦争行為）とテロの「取り締まり」（警察行為）の区別が曖昧化し，「対テロ戦争」が社会のなかに全面化し，社会を覆っていく（ネグリ＆ハート 2005）。

このように「対テロ戦争」はポスト冷戦の「内戦」の「グローバル化」といえるかもしれない。だが同時にそれは冷戦の負の遺産でもある。たとえばアルカイダのビン・ラディンやイラクのサダム・フセインのように，「テロ」を支援したとされる人々は，そもそも冷戦期に「敵の敵は味方」のロジックのもと，アメリカから多大な支援を受けてきたのである。冷戦終結とともに彼らをお払い箱にしようとしたとき，すでにコントロールできないところまで育ってしまっていたのが「テロリスト」の正体である（ジョンソン 2004）。

構造的暴力としての戦争

私たちは，誰もが戦争の消滅を願っているはずだと素朴に考えがちだが，戦争が社会と経済の一部になってしまうと，戦争から「利益」を得ている者が少なからず出てくる。彼らはむしろ戦争が続くことを願うだろう。戦争の早期終結や社会の非軍事化が困難である理由はここにある。

たとえば，M. カルドーは戦争の継続から——平和な社会からではなく——

> **重要ポイント㉓**
>
> **人種・民族・エスニシティ**
>
> 　エスニシティとは，言語や宗教，歴史など文化への帰属状態のことをいう。今日の社会学では，人種や民族に代わりエスニシティやエスニック集団が用いられることが多い。「エスニックなもの」は生まれつきのものとして語られやすい。だから，生物学的な概念である人種がかつては当たり前のように使われた。また，「エスニックなもの」はそれ自体が過去や起源との連続性を強調しそれゆえ「変わらない」ものとされがちだ。それゆえ，「伝統」と不可分な民族もまた，分析のための概念として用いられてきた。けれども歴史がそうであるように伝統や言語でさえつくられたものである。また，エスニシティの境界線は，社会的・政治的に変更されるし強まったり弱まったりする。アメリカでは黒人というカテゴリーが有効だが，アフリカの紛争地帯では何の意味ももたない。長くアメリカでは混血は進まなかったが，ブラジルなど南米諸国においては混血化が著しい。グローバルな人口移動が進展する現在では，エスニシティは運命づけられたものではなくときに主観的に選ばれるものでさえある。とはいえ，「エスニックなもの」が幻想だとして語ってすませることができないほどの社会的事実であることは間違いない。

利益を得る準軍事組織の存在が1990年代のユーゴ紛争の長期化の理由の1つであったと指摘している（カルドー 2003）。なかには狂信的な民族主義者も存在していたが，彼らの動機は主として経済的要因にあった。彼らは正規軍と異なり，規律に縛られておらず，略奪する権利を主張し，武器を横流しし，利益を得る。彼らは勝つことが目的ではなく，戦争から利益を得ることが目的なので，戦争終結を願う民主主義者など「憎むことを拒んだ穏健な人々」をあえて攻撃の対象にしさえした。この意味で，戦争は民族主義者同士で戦われたのでなく，彼らは戦争の長期化という点では利害の一致を見ていたのだという。チェチェンで取材を続けた唯一のロシア人ジャーナリスト，A. ポリトコフスカヤによれば，2000年に入ってからチェチェン戦争が長期化しているのは，連邦軍（ロシア軍）が敵（チェチェン・ゲリラ）と戦うことよりも，ゲリラ支援を名目に拘束した住民から保釈金をせしめることが重要な動機となっているからである（ポリトコフスカヤ 2004）。戦士たちは表面上は争いながら，「階級」として利害の一致を見ていたのである。

　戦争や軍事化から利益を得る人々が存在しない社会はない。戦前の日本では，

職業軍人はエリート階層の一部を形成していた。冷戦時のアメリカにも、戦争の継続から利益を得る利害集団がいた。アイゼンハワー大統領は彼らを「産軍複合体」と呼び警戒を促した。さらに第三世界の軍事政権や彼らとの協力関係のもと原油や鉱山資源などを取引する多国籍企業も、社会の軍事化の維持に利害を見いだす。アメリカの貧困層の間では兵役につくことは貧困から抜けだす限られたルートであり、日本の自衛隊も若者の雇用の機会を提供している。このように軍事化された社会にあっては、理念的に「平和」を訴えるだけでは不十分であり、軍事化された社会構造そのものを問う視点を欠かすことはできない。たとえば、「平和学」（ガルトゥング 1991）のアプローチは、戦争を引き起こす社会構造──貧困、格差、独裁などに起因する──を**構造的暴力**としてとらえ、これを解体しようとする。

軍事化された社会と「男らしさ」

戦争を実際に遂行していてもいなくても、植民地となっていたり、軍事政権であったり、徴兵制が施行されていたりすると、日常の生活のなかでも軍事的なものが大きな比重を占めることになる。このような軍事化された社会では軍人や兵士が「**男らしさ**」のモデルとみなされ、軍隊生活での理不尽な「しごき」や「いじめ」を耐えて初めて「一人前」の「男」となる。そこでは女性は「勇ましい」男性に保護を求める「か弱い」存在として規定される。社会の非軍事化は、こうした「男らしさ」を解除することによって初めて可能になる（エンロー 1999）。

冷戦が人々の日常生活に、特に男性の主体形成に対し、いかに暗い影を投げかけてきたのかについては、軍事政権のなかで成長した男のライフヒストリーを描いた韓国映画『ペパーミント・キャンディ』（イ・チャンドン監督，1999 年）が雄弁に物語っている。主人公は、もともとは花の写真を撮るのが好きな、カメラマン志望の心優しい青年だった。彼は徴兵され、軍事政権に対する学生の抗議運動（光州事件）を弾圧する側となり、女子高生を誤って射殺してしまう。そのことがきっかけとなり、冷たく粗暴な人間になっていく。除隊した後もかつての自分に戻ることはできなくなる。

冷戦が終わっても、「新しい戦争」（内戦）や「対テロ戦争」というかたちで

社会の軍事化が継続しているとすれば，その社会で支配的な「男らしさ」も依然として非軍事化されずに残っている。映画『ファイト・クラブ』(D. フィンチャー監督，1999年)で主人公が求めていたのは，殴り合いや戦闘行為を通じた「男同士の絆」(セジウィック 2001；四方田・斉藤 2004；酒井 2004)による自己肯定感であった。アメリカが日本の対テロ戦争への参加を促したときの決め言葉は「ショウ・ザ・フラッグ（日の丸を戦場で見せてみろ）」だったといわれている。ここには「男らしさを見せてみろ」という言外の挑発が含まれてはいないだろうか？

反戦運動の可能性

戦後の日本は直接的な戦争にこそ参加しなかったが，冷戦構造のもと日米安全保障体制に組み込まれ，アメリカへの軍事基地の提供など，軍事化が社会全体に浸透するとともに，安保闘争（1961年）や「ベトナムに平和を！市民連合」（ベ平連）などによるベトナム反戦運動（68年～）から最近のイラク反戦運動にいたるまで，反戦の運動史がある。これらの運動は社会的，政治的に大きな影響を与えることもある。しかし道場親信が指摘するように，戦後日本の反戦運動は，「この戦争に反対」するか（戦争そのものの是非は問わない立場），「あらゆる戦争に反対」するか（社会の非軍事化をめざす立場）の対立をはじめ，どのレベルで戦争に反対するかをめぐり，潜在的な立場の相違を内包していた（道場 2005）。これらの立場の相違を乗り越えるには，おそらく反戦運動内部だけではなく，労働運動，環境保護，フェミニズム，反グローバル化（グローバル・ジャスティス）などさまざまな社会運動同士の対話を構築しようとするラディカル・デモクラシー的な実践（→unit ㉙）により，兵士の「勇ましさ」に「男らしさ」を見いだす文化や「構造的暴力」をいかに解体するかが課題となるだろう。

読書案内

考える糸口

□ 野田正彰『戦争と罪責』岩波書店，1998。

日中戦争で残虐行為に加担した兵士が，戦犯として被害者と向き合ってはじめて悔いることができた。加害者であることの意味を考えるために。

🔲 問題を見つける
□　酒井隆史『暴力の哲学』河出書房新社，2004。
　内戦がグローバル化し，日常化した現代社会で暴力に向き合うことの重要性を論じる。「暴力はいけません」というお題目をこえて考えるために。

第5章 社会に統制される

KeyWords 5

- ☐ 平等主義　160
- ☐ 属性主義　160
- ☐ 達成主義（業績主義）　160
- ☐ テクノクラート　161
- ☐ メリトクラシー　161
- ☐ 公教育　161
- ☐ 国家のイデオロギー装置　161
- ☐ 近代家族　162
- ☐ スケープゴート　162
- ☐ 年齢階梯性　163
- ☐ 日本的経営　163
- ☐ インセンティブ・ディバイド　165
- ☐ フォーディズム　167
- ☐ 大量生産システム　167
- ☐ テイラーリズム　167
- ☐ 構想と実行の分離　167
- ☐ 労働からの疎外　168
- ☐ フォーディズム的福祉国家　168
- ☐ サボりの文化　169
- ☐ 企業（中心）社会　170
- ☐ 知識熟練　170
- ☐ 会社人間　170
- ☐ ポストフォーディズム　171
- ☐ フレキシビリティ（柔軟性）　171
- ☐ 全制的施設　174
- ☐ 無力化　174
- ☐ アイデンティティ・キット　174
- ☐ 裏面生活（アンダーライフ）　175
- ☐ 強制収容所　175
- ☐ プロミネント　177
- ☐ 冷戦　181
- ☐ 新しい戦争　182
- ☐ 構造的暴力　185
- ☐ 男らしさ　185

第6章

社会に居場所を探す

24 地域
25 都市
26 メディア環境
27 旅
28 生活
29 政治

この章の位置づけ

　人々が今よりもずっと地理的に限られた範囲のなかで生きていて，遠いところで起きたできごとについての情報を得る手段も限定されていた時代にあっては，人々はまず日常的に直接に会い生活や労働をともにする人々を選択の余地なく仲間とし，関係を濃密化しつつ生きていくよりほかなかった。つまり，地域（→unit㉔）こそが，人々の「基本的な」居場所なのであり，その生を包括する共同体なのだった。

　しかし，活字文化の浸透，マス・コミュニケーションの成立，そして今日的な情報テクノロジーの発達により膨張してきたメディア環境（→unit㉖）は，人々を地域から遊離させつつさまざまな範囲，さまざまなかたちで再組織してきた。あるいは，都市（→unit㉕）や旅（→unit㉗）の体験も，生まれ育った地域での生活を相対化する契機となってきた（ただし，今日では，都市生活や旅の体験も，メディア環境と切り離せず，ヴァーチャルなものによって覆われている）。

　ところが，グローバリゼーションと情報化は，全体を飲み込んで一貫して進行してきた地域からの遊離に逆流をもたらしつつあるのかもしれない。M. カステルによれば，発達した情報テクノロジーのあるグローバリゼーションの帰結として，インターネット空間というインフラを得て情報エリートの世界に漂う少数の人々と，ローカルな場所を再発見してそこを居場所として選び直す人とに二極化しつつあるという（→unit㉔）。多くの人々が貧困化することによって，生活（→unit㉘）という身も蓋もないものによる拘束が強まり場所への回帰が生じるということだ。もちろん，そこにおける場所がかつての地域とは異なる質を持つものであることは間違いないが。

　このような私たちの居場所の変遷は，政治（→unit㉙）の変化とも密着している。高度成長期において地域という狭い世界からいっそう遊離した人々にとっての最大の舞台は「日本」だったのであり，政治家は右も左もなくナショナリストであるよりほかなかった。情報の水路が多様化し人々

のライフスタイルも多彩になった1970年代から90年代は，地域への関心がもっとも衰退し人々の居場所も多元化した。それにともない，生活やアイデンティティを政治問題化するアイデンティティの政治が，具体的な政治の現場に突入するようになった。しかし，上述したような場所への回帰が進展すれば，場所へと囲い込まれそこに根をおろした（＝radicalな）異議申し立ての声がもっと現れてくるかもしれない。

場所からの遊離と場所への回帰

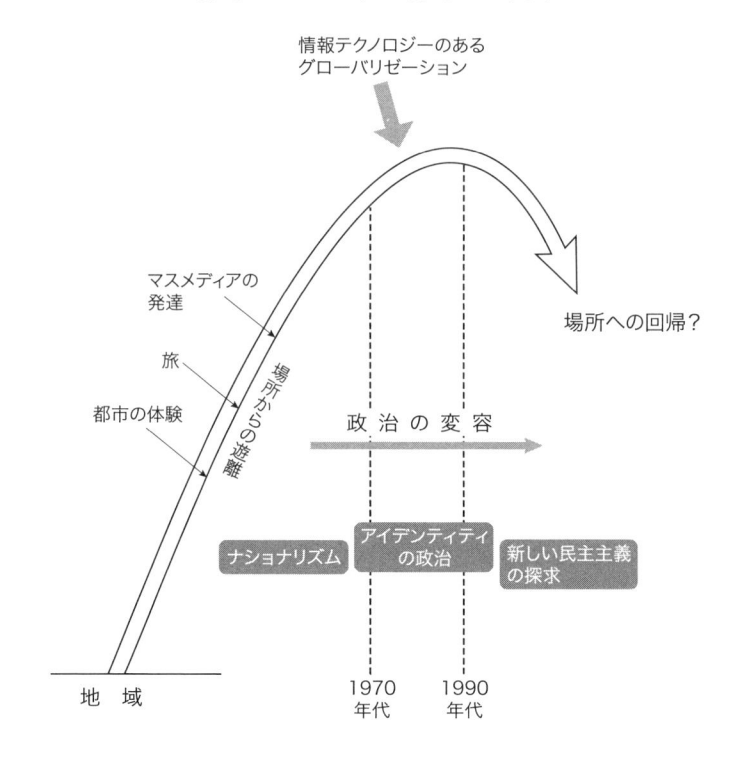

情報テクノロジーのあるグローバリゼーション

マスメディアの発達

旅

都市の体験

場所からの遊離

場所への回帰？

政治の変容

ナショナリズム　アイデンティティの政治　新しい民主主義の探求

1970年代　1990年代

地域

unit 24

地域

場所からの解放

　東京の都心へと向かう朝の満員電車のなかで、携帯電話をもって郷里の友人たちに職場での愚痴を書きつけてメイルしている人がいる。恐らく、そのようなやりとりは、たくさんの人々によって朝に夜に頻繁に行われているのだろう。ところで、遠いところに住む友人たちとの日常的なコミュニケーションのなかにいるその人は、はたして「東京にいる」といえるのだろうか。私たちは、自らの身体から自由でない以上、場所に縛られて生きざるをえない。だが、その人にとっての携帯電話は、そこではないどこかを生き続けることを可能にするテクノロジーなのだ。ひとつの地域にひとつの地域社会を対応させる観念は、まだまだ根強いものがある。しかし、人々が自らが生きる拡がりをどのような空間に対応させているのかが多様であれば、地域と社会の一対一対応はそもそも成立しない。

　近代は、その始まりから、場所からの解放の時代だった。身分と藩（「くに」）という枠組みが崩壊し、人々の空間感覚も解き放たれた。公教育（→unit ⑳）によって識字率が高まり、マスメディアや書物が日常生活に浸透したことも、場所からの身体の遊離を促した。読書の最大の効果は、「今ある自分ではない自分」を想像する力を高めることにある。**国民国家**の成立には、そうした感覚の変容が深く関わっている。領土内のどこにいようが「同じ国にいる」と感じることができるのは、いったん浮遊した空間感覚が「くに」よりははるかに広い国境線の範囲へと誘導され再編成されたからである（→unit ㉗）。国民国家を共同体のように見る想像は、ナショナリズムと活字文化の連結によって、可能になったものなのである（想像の共同体としての国民国家については→unit ②）。

貧しさと地域

「くに」から「国」への移入は,「国」の一員になることが魅力をもつことによって滑らかに進展する。最大の魅力は,平等化である (→unit ⑳)。身分からの解放と豊かさへの希望がないまぜになった約束が提示されて,国民国家はようやく求心力をもつことができたのだ。だが,実際は,たちどころに平等化が実現することはない。貧富の格差は,地域間においても,階層間においても,やはりはっきりとあった。貧しさとともに生きる人々は,国民に約束されたはずの平等から取り残されたままだった。国家と社会との間の乖離は,そのようにして残存する。貧しいがゆえに生活圏を限定された人々は,生存を維持するためにそれぞれ地域的な共同生活を立ち上げていかざるをえない。

かつての日本の社会学は,繁栄から取り残された村落社会の研究に傾注した。有賀喜左衛門によれば,村落の単位は**家**(イエ)であり,村落社会は**家連合**としてあった(有賀 1966)。家とは,生活共同体であり家業を遂行する経営体である。家にはまず家産を遺してくれた先祖がいる。その先祖に対し,家産を継続していく義務を負うのが家長である。家長は,家のメンバーを庇護し,家のメンバーは,庇護の見返りとして家長に恭順の意を示す(うやうやしく従う)。家の経営規模が大きくなると,傍系の家族を家の一員として留め置き,血縁のない雇い人も家の一員として受け入れる。そのような家が,縦に本家分家関係として結びついたり(**同族結合**),横に相互扶助的な協力関係を構成したりしつつ(**講組結合**。冠婚葬祭を助け合う組,労力を供出しあうユイ,無尽や宗教講などの講などがある),村落社会は構造化されるとされた。都市の職業世界において広範に見られた**親方子方**(**親分子分**)**関係**も,個人間のものにはなっていたが,同族関係との文化的連続性がいわれた(有賀 1969)。親方子方関係は,都市に流入した年端もいかない若年層に居場所を与え,独り立ちするまでの技量を身につけさせ,都市に定着させていくうえで大きな意味をもつものだった。貧しく弱い人々は,生存の危機を回避するために,そのような共同生活の様式を見いだし選び取っていったのである。その関係の息苦しさ,重苦しさは否定できないにせよ。だが,そうだとすれば,危機が共有されなくなればそうした共同生活の意義は希薄なものにならざるをえない。

🔲 地域的共同性の喪失

　都市化（→unit㉕）は，地域と地域社会との一対一対応を大きく揺さぶった。都市化とは，ある集落が人口を増大させることをいう。人口が密度をもって増大すれば，そこにおいて職業的な分業，階層的な分離，多様な社会的世界の分化が生じる。都市を生きる人々の生活世界は複数化し，つきあいは人格の一部を通して行われるようになる。居住地における関係世界も，その人の生活を包括できない。地域的な共同性も限定的なものになり，各人が金銭を対価として生活課題の処理を専門家・専門機関に任せる**都市的生活様式**（倉沢 1977）が定着する。一方で，都市化は，農村部の**過疎**を招いた。過疎は，人を奪い，地域的な共同生活の維持を難しくした。そうして，自ら耕して自ら食い水が必要なら井戸を掘る，それが困難な屋根の葺き替えや冠婚葬祭といった共通の課題については協働する，そのような暮らしは姿を消し，都市的生活様式は，都市か農村かにかかわらず，全域的に浸透していった。

　しかし，地域的共同性が喪失されていく過程にあって，かえって地域への自覚が強化されていったことも事実である。国民として平等な「文明」「豊かさ」の享受を誰もが願うようになり，中央からの格差として地方は感覚されるようになる。「文明」「豊かさ」から取り残された「私たち」として，地域は想像されたのだ。だが，そこでの「私たち」が，地域的共同性を再構築する新しい主体であったといえるかは疑問である。「東京のように」モノやハコモノが揃うことに関心を集中させた地域は，都市的生活様式を積極的に受容することで，結果的に地域的共同性を自己解除していったのだから。

🔲 フローの空間

　情報テクノロジー（IT）（→unit㉝）の発達は，今度こそ本格的に地域の意味を消し去るものかもしれない，そのようなことがまことしやかに語られている。たしかに，サイバースペースにおけるコミュニケーションは，双方向的で，中心となる場所がない。そして，何よりも，**時間－空間の圧縮**（ハーヴェイ 1999）によって，空間的距離の効果を無化してしまう。それゆえに，次のような事実が強調されることがある。いまやインターネットを介して資料を入手したり図書館から本を借りることもでき，情報や知識の地域間格差は解消されつつある。

文化的マイノリティのコミュニティが形成されつつあるのは，今日では都市空間においてではなくインターネット空間においてである。自宅が出張オフィス化するSOHOが普及すれば，私たちは都市の密集から解放されるかもしれない。孤立していた在宅障害者がネットワークを形成することも職場に参入することもパソコンを通じてより容易になり，空間的制約はこえられつつある，などなど。だが，それらのひとつひとつが事実であったとしても，経済と権力の地域間格差が解消される気配は実はない。

　M. カステルは，ITのあるグローバリゼーションの帰結として，情報空間である**フローの空間**と地理的に制約された**場所の空間**への二極分化というテーゼを提示している（Castells 1989）。グローバリゼーションによって成立した，グローバルな市場と製造・流通網は，そこを舞台として生きる情報エリートともいうべき新しい富裕層を生んだ。彼ら彼女らは，フロー空間において，エリート・コスモポリタンの社会を浮上させていく。そして，この新しいコスモポリタンは，グローバル資本による経済活動の妨げとなる国家による規制の解除を要求する強大な勢力である（→unit ㉝）。

場所の空間

　一方，産業構造の転換によって，いまや割に合わなくなった「北」の製造業部門は，低賃金の労働力を目当てに半周辺，周辺の都市部へと移転した。豊かな「北」における中央−地方関係も，新自由主義的な「小さな政府」が予算を切り詰め「国内事情」に応じた規制を緩和していくことで，統制から放置へとその質が転換されつつある。また，世界経済の中枢都市である**世界都市**（→重要ポイント㉗）も，製造業部門の流出によって**デュアルシティ化**（大都市における社会的分極化）が進み，貧困層の増大が否定できない趨勢となっている（Mollenkopf & Castells 1991）。新しい貧困層は，多様な職種の限られたパイを非正規雇用の労働者（パートやフリーター，派遣労働者など）（→unit ㉞）として分け合う。そして，この厚みのある貧困層のなかから，失業状態が慢性化した**アンダークラス**が析出される。

　変わらず場所に制約され，それゆえローカルな文化や価値に規定された人々の棲む空間は，場所の空間と呼ばれる。この空間にもITの浸透は見られる。

> **重要ポイント㉔**
>
> **シカゴ学派**
>
> 　1850年には人口が3万人にみたなかったシカゴは，工業都市として急速に発展することで，1920年代には300万人をこえる大都市になっていた。そして，流入人口のエスニシティも多様であった。シカゴ学派の代表的存在であるR. E. パークは，シカゴを実験室に喩え，歴史も文化も共有しない人々の群れにおいて社会が発生する過程に目を向けた（→unit ②）。シカゴ学派にとっての社会とは，人々によってつくられ，壊される「ナマモノ」なのだ。パークは，学生たちに，図書館にこもるのではなく「ズボンの尻を汚せ」と強く指導して，街中での調査に赴かせた。思弁的な社会学から経験的な社会学への転換がそこに生じた。また，社会へと充分に参入しているとはいいがたい，エスニックなあるいは階層的なコミュニティの研究は，人間生態学と呼ばれた。人間生態学の蓄積としては，コミュニティの相互隔離を空間的にとらえた社会地図の研究や，居住コミュニティや社会的世界についてのエスノグラフィー（民族誌）（→unit ⑦）の数々をあげることができる。社会学史的には，社会を人々がつくり壊すものと見る視点が，G. H. ミードのプラグマティズムともあいまって，シンボリック・インタラクショニズムの社会学理論へと継承されていったといえる。

　だが，場所の空間に棲む人々にとってのそれは，富や地位へと変換される類のものではない。今日の東京では，異なる制服を着た高校生が放課後に待ち合わせて遊びに行く風景はありきたりだが，携帯電話登場以前はそうではなかった。進学するにつれ偏差値によってふるいわけられ，未来において同一階層となるであろう同級生に溶け込んでいくことのほうが一般的だったのだ。携帯電話が可能にしたのは，背伸びしない親密な仲間関係を温存することであった。このことは，ローカルな関係が保存されるということでもある。そこにおける携帯電話は，場所の空間への回帰という文脈となじむものなのだ。ミクシィなどSNSについても同様のことを指摘することができる。

　フローの空間から取り残され中心・中央が放棄しつつある，周辺・地方・世界都市の「豊か」とはいいがたい人々は，フローの空間とは対照的な場所の空間をやはり生きざるをえない。1990年代以降，世界的に見れば，ローカルあるいはエスニックなアイデンティティをめぐる社会運動や社会活動が，場所の空間においてむしろ顕在化しつつある。フローの空間から締めだされ貧困化し

つつある人々は，場所の空間に生活世界を見いだしつつ，危機への反応として場所に根ざした文化や歴史を強調して，アイデンティティと連帯の調達を行っているのだ。だが，場所の空間における運動も，ITのあるグローバリゼーションと密接に結びつきつつ展開している。インターネットや衛星放送は，エスニックな連帯を強め，マイノリティが同化を拒んで存在する余地をむしろ拡げている。今日の移民の「お茶の間」には，出身国のテレビ番組が流れているのだ。また，ローカルな社会運動やエスニック・マイノリティの運動が国家と対峙するうえで，グローバルな支援や監視は大きな力となっている。そして，グローバリズム，アメリカという敵がグローバルに共有され，それまでそれぞれの国家を敵手としていた運動が連携する動きも活発化している。

日本においては，中央と対峙するローカルな運動は弱いものにとどまっているというべきだろう。むしろ，言語によって区切られたインターネット空間（そこにおいては，個人のローカルな場所性が隠され，参加者は「日本」という場所に融合されている）において憂さ晴らし的に強調されている，ナショナル・アイデンティティのほうが求心力があるのかもしれない。しかし，政府がグローバル資本の要求に応えた政策を取り続ければ，中央と地方，持つ者と持たざる者の対立はよりくっきりと姿を現すだろう（→unit ㉞）。

いまや，地域をめぐる地道な研究は，たいそう劇的な文脈を与えられつつあるのかもしれない。危機に直面して，そこにはいかなるアイデンティティ・連帯の様式に基づく地域的共同性が立ち上げられるのだろうか。そこでの地域的共同性は，ローカルなもの，ナショナルなもの，グローバルなものといかなる関係をもつことになるのだろうか。まちづくりや村おこしから，地域主義やエスニシティ，宗教原理主義の運動を貫いて，そうした問いが浮かび上がっている。

読書案内

考える糸口

□ 守田志郎『日本の村——小さい部落』農山漁村文化協会，2003（初出1973）。
そもそもムラとはどういうものであったのか。誰もがわかった気になっていて実は何も知らないムラについて知るための格好の入門書。

◱ 問題を見つける

▢ 鳥越皓之『家と村の社会学（増補版）』世界思想社，1993。
　さらにじっくりと，イエとムラをめぐる厚い社会学的研究の蓄積へと分け入りたいのであれば，これへと進む。地域は地域でも都市については，unit㉕を参照。

unit 25

都　市

「リアルな」都市とサイバースペース

　社会学における都市とは，地理的な位置のことでもビルや道路など物理的環境のことでもなく，人々の恒常的密集がつくりだす社会的環境のことである。大地から遊離したそこでの都市の定義は，インターネット空間に成立した「コミュニティ」に「都市的」という形容を与えることを許すかもしれない。吉田純は，サイバースペースにおける「仮想社会」の特性を次のようにまとめている（吉田 2000）。サイバースペースにおいては，帰属している家族や職場，学校，地域から距離をおいてネットワークをつくりだしていくことが可能であり（ネットワーク性），そこでのコミュニケーションは，面識のない他者を相手に開始されまたお互いの属性が不透明なまま継続されることもまれではない（匿名性）。また，「現実社会」と比べ，それぞれが自らの印象を操作したり，今の状況を定義する自由度が高くなり，サイバースペースが現実社会から遊離して独自のリアリティを構築することも可能になる（自己言及性）。吉田が「仮想社会」に見てとったそうした特性は，「仮想社会」を「都市社会」と書き換えれば，これまで都市社会のものとして語られてきたこととそう違うわけではない。

　しかし，吉田は，サイバースペースにおける匿名性と都市空間における匿名性を対比しつつ，次のようにも述べている（吉田 2005）。サイバースペースの匿名性は，それが喧伝されているにもかかわらず，実は，視覚的な匿名性でしかない。むしろ，インターネットにせよ携帯にせよ，情報発信者は容易に特定され，それゆえ権力による統制に対して脆弱である。一方，都市空間の匿名性は，情報的な匿名性である。この私が，他者によって視覚的に把握されたとしても，結局は私が何者であるのかについて情報は欠如したままである。それゆ

えに，この「私」は，「私」についてよくはわかっていない都市の群衆のなかで，帰属する組織からの，家族や地域からの，あるいは公権力からの自由を調達することもできる。今なお「リアルな」都市について論じる意義は，この相違にこそあるといえる。

都市の不安

都市社会学は，都市の社会環境が都市人の意識・無意識，ライフスタイル，つきあいの形態などに及ぼす影響を，**アーバニズム**（都市的な生のあり方）として括りとってきた。シカゴ学派（→重要ポイント㉔）の L. ワースのアーバニズム理論は，アーバニズムをめぐる議論の出発点として今も繰り返し参照されている（ワース 1978）。まず，ワースは，都市を，人口量が多く密度と異質性が高い集落であると規定する（ワースにおける**都市化**〔→unit ㉔〕とは，ある集落の人口量・密度・異質性が大きくなることである）。そこでは，人々の生活をまるごと包み込むような親密なフェイス・トゥ・フェイスの関係——家族や近隣の関係——の比重が低下し，貨幣や利害を介した部分的で一時的な**第二次的接触**に置き換えられていく。人々は，互いに疎遠になり，人と人との間の**社会的距離**は常態化するだろう。この結果，都市社会は，個人の孤立（→重要ポイント②）と社会解体を基調とするものになるという。

孤立や社会解体という語は，都会暮らしに慣れた人々からすれば極端に思えるかもしれない。だが，実際，都市人は，たえず不安に脅かされているようにも見える。もちろん，都市において不安が亢進するのは，悪人が多いからではない。常に他者についての情報が欠落し，互いをリスク要因とみなし合う事態が避けられないからである。それゆえ，都市の不安は，まずもってコミュニケーションの問題であるといえる。しかし，それは，往々にして，治安の問題へとすり替えられ，管理や統制の強化へと結びつけられる。不安に駆られた人々は，他者から逃避し自由を投げだす。その果てには，相互監視の窒息状態という**ディストピア**（逆ユートピア）が仄見える（監視については→unit ㉝）。

異質性の増幅装置としての都市

ワースと同様に都市の関係に埋め込まれた距離を出発点としつつ，R. セネ

ットは，ディストピアとは異なる帰結を想像してみせる（セネット 1975）。見知らぬ他者の相互交渉が否応なしに日々行われざるをえない都市は，それゆえに自らをコントロールする能力を高め，互いにその存在を感じあえるようになるという「葛藤が生み出す果実」を約束するのだ，と。

　C. フィッシャーのアーバニズム理論（フィッシャー 1983）は，「葛藤が生み出す果実」の一面をとらえたものであるということができる。彼によれば，都市とはまずもって人口規模である。人にとって，人口量とは，より多くの人々との接触可能性と選択肢の多さを意味すると考えられる。接触可能な人口が多くなるとともに，同類結合の原理に従いながら，細やかな差異に基づいて結合する集団や組織，社会的世界をつくりあげることが可能になる。そうしてできあがった小世界は，そこにおいて特有の価値や文化を育み，**サブカルチャー**（→ unit ⑦, ⑭）を結晶させる。さらに人が増えれば，居場所やメディアも整い，サブカルチャーは強化されていく。たとえば，大都市に暮らすダンスを趣味とする人は，種類とレベルによって細かく枝分かれし続けたダンス教室・サークルのなかから，自分に一番ぴったりと合うものを選びだすことができるようになる。R. E. パークが述べたように，都市のなかには，どんなに風変わりな人であろうとそれを受け入れ，個性を表現できる環境がどこかにあるのだ（パーク 1972）。

　ここまでが同類結合の過程であるとすると，それに引き続きあるいはそれとともにハイブリッドな（異種交配の）結合が展開する。生成したもろもろの世界は，都市において同居している。さまざまなサブカルチャーが発達すればするほど，否応なく接触しあい，影響を及ぼしあい，文化的な諸要素の融合や組み換えが行われるようになる。それを通じて，これまでにはなかったサブカルチャーが都市の内部から続々と発生することになる。そうして，都市は，「通念をこえる」文化――あらゆる種類の知識や技術，思想，ライフスタイル，ファッション，音楽，芸術などなど――が溢れだす場所となってきたのである。それらはさらに接触しあい，都市の異質性を増幅させていく。フィッシャーが描く都市は，あたかも多色のバラの花束のようだ。フィッシャーによれば，都市の創造物は方向性なく無秩序に現れ出るという。それゆえ，この都市の社会過程は，都市を管理・統制しようとする権力との間に齟齬を孕むものともなる。

🏛 都市の死

吉見俊哉は，都市の文化的異質性の増大に歯止めがかかった状態を，**都市の死**と呼んでいる（吉見 2005）。吉見によれば，都市の死は，2つの異なる現象として生じている。第1に，グローバリゼーション下での経済的衰退を背景とする周縁化による死である。シャッターの閉まった店が続く商店街は，都市文化の母胎の消滅をも意味するのだ。第2の死は，高度な中心化による死である。吉見は，後者の都市の死を完全なかたちで表したものが，ディズニーランドであるという。ディズニーランドにおいては，空間のイメージが厳格に管理されており，客は場面が提供するシナリオに合わせ演じることを求められる。そこでは，人々は，文化をつくりだす主体ではまったくない。また，吉見は，1970年代以降の渋谷を例に，**都市のディズニーランド化**を論じている（吉見 1996）。「公園通り」「スペイン坂」などエキゾチックな地名をつける。メルヘンの世界のようなストリート・ファニチャーを並べる。ヨーロッパ風（？）の石畳で道路を覆う。それは，都市空間のもつ歴史性や，多様な人々が巣食う都市の襞を除去するものだった。

だが，渋谷は，ディズニーランドのようにではなく，別のかたちで死につつあるようだ。北田暁大によれば，都市空間が舞台となるためには，そこを歩く人々のなかに「見られているかもしれない」不安が浸透していることを前提とする（北田 2002）。そこにふさわしくない振る舞い，格好をしてしまうことへの恐れがあってこそ，舞台装置は機能するのだ。ところが，1990年代以降，むしろ「見られていないかもしれない」不安が凌駕しているのだという（そうした移行の要因として，携帯電話の普及があることが示唆されている）。その不安にとりつかれた人々は，都市空間という自由な空間においても既存の帰属関係に絡め取られており，そこから離れることを恐れる。渋谷は，演技によって何かに「なる」場所ではなく，今のままの私が「話のネタ」を探しに行く場所となった。「情報量・ショップの多さというなんとも色気のない数量的な相対的評価によって評価される」「（たんなる）ひとつの大きな街」。そうした人々にとって，郊外や地方都市に増殖した大型ショッピングセンターと渋谷との間の差異はもうほとんどない。陳腐化した都市空間を歩く純粋な消費者たちは，都市に「何か」を付け加えることなどない。結果として都市は死ぬ。

> **重要ポイント㉕**
>
> **多文化主義**(multiculturalism)
> 　多文化主義とは，単一の支配的文化による同化に抗して積極的にマイノリティ文化を尊重し強化を図る考えのことである。具体的には，学校教育において母語や独自の歴史を学ぶことを求めたり，文化的異質性を根拠にマイノリティを排除する経済・社会に介入して生活機会を拡充したりする政策・運動の背景に，この思想はある。多文化主義がめざす社会は，文化的異質性が消去された同化社会ではなく，むしろ異質性・多様性を保証したゆるやかに統合された社会であるということができる。ナショナルな同化が多くの抑圧をもたらしてきたことへの反省として，20世紀において出るべくして出た思想であるといえるが，批判も多い。肯定のための文化的異質性の強調が，社会統合へと向かわずむしろ文化を理由にした対立や差別を強化してしまうこと。マイノリティ文化の尊重がマイノリティ内部での差別や抑圧の肯定になってしまうこと（たとえば女性差別が文化として許容されてしまう）。だが，内容の再吟味を求められつつも，過剰な国民的統合へのアンチテーゼとして重要な思潮であり続けていることは確かだ。

アーバン・トライブ

　しかし，都市は，それでもそこにサブカルチャーを担う**アーバン・トライブ**（都市の「族」）(上野 2005)を発生させ，都市の死に抵抗しようとする。渋谷もまた，空間に残された襞に新たにトライブを吸着させつつ，それでもまだ「何か」を産もうとしている。ここではクラブカルチャーについて述べよう（西澤 2001）。
　クラブDJは，ごく一握りの人を除けば，職業として成り立つものではない。ほとんどの自称クラブDJは，金儲けとは無縁の，学生やフリーターである若者たちといえる。だが，この無名の多数派こそが，クラブカルチャーの中核的存在なのだ。彼らそして数は少ないが彼女らは，「小箱」と呼ばれる小さなクラブを借り切って，自分たちで客を集め場を演出する。この「小箱」であるが，その多くは，飲食店として営業しており，実態は貸しスペースに近い。クラブDJたちは，「ノルマ」を店に払って，それを超える分をようやく稼ぎとする。店からすれば，バブル崩壊後いっこうに戻ってこない客に代わって，ノルマ分きっちり支払ってくれ酒を売る客まで集めてくれるクラブDJたちは，渡りに舟のありがたい新客であった。イソギンチャクとクマノミのような，夜の盛り場とクラブDJたちの共棲関係はこうして成立し，数十軒（正確な数字を数える

ことは難しい)のクラブが登場, 渋谷が音楽の街としてほかから差別化されることに貢献することになった。

　クラブDJたちにとって, 集客において頼りになるのは, まずは自前のネットワークである(ネットワーク概念については→unit ⑧)。そのネットワークは, クラブDJが望む客をそのなかからある程度集められるほどの規模をもつとともに, 開放されておりほかのネットワークへと連鎖していくものでなくてはならない。そうしたネットワークのありようは, 深入りを避けながら薄く広く関係をはりめぐらせていく, 郊外を生きる少年少女のものと重なり合う(実際, クラブDJたちには, 郊外居住者・出身者が多いようである)。いや, 少年少女だけではない。そもそも大都市圏の郊外に居住する人々におけるネットワークの特徴は, 生活圏を広域化しつつそれとともに友人関係も広くかつ多数形成されるところにある(浅川 2000)。この広さ薄さは, サブカルチャー形成を抑制する要因となることもあるが, この場合, 広範な人々を集結させトライブを可視化させることにつながったといえる。

　都市の死に抗う,「都市的なもの」のゲリラ戦は始まったばかりである。渋谷のクラブカルチャーは, そのようなゲリラ戦のいくつもある事例のひとつとしてとらえることができる。

読書案内

考える糸口

□ 東浩紀・北田暁大『東京から考える——格差・郊外・ナショナリズム』NHKブックス, 2007。
　自らの体験を交えつつ, 東京の都市空間の現在が語られる対談本。「ジャスコ化」や監視の強化など, 東京に限定されないテーマが東京「から」論じられている。

問題を見つける

□ 町村敬志・西澤晃彦『都市の社会学——社会がかたちをあらわすとき』有斐閣, 2000。
　劇的な変化のなかでもう古くなってしまったのかもしれないが, 今日的な都市の論じ方についてはあらかた提示できたと著者の1人として自負している。

unit 26

メディア環境

「やらせ」から考える

　マスメディアの「**やらせ**」の発覚は後を絶たない。しかし「やらせ」の何が問題なのかははっきりしているわけではない。

　たとえば珊瑚の落書きへの警鐘の写真を撮るため，新聞社のカメラマンが自分で落書きをした事件が「やらせ」として問題視されたことがあった。またテレビについては，暴走族のリンチを報道する番組で，番組制作者が暴走族にカメラの前でのリンチを依頼した事件もあった（川上 1994）。これらの事件は珊瑚が破壊されたりリンチの被害者が生じるといった点で倫理的に問題があることは明白であり，それゆえ批判を受けた。しかし「やらせ」とみなされる事例は必ずしもこうした被害をともなうわけではない。

　たとえばジャーナリスト石川真澄が紹介する次のような事例がある。かわせみがやって来るある有名な池があり，そこでよくかわせみの写真が撮られ，季節の風物詩として新聞などで紹介されるという。しかし偶然その池に行ってみると，池を背景にしたかわせみを撮影しやすくするために，舞台装置のように人工的に止まり木が配置されていた。それは現場では「やらせの木」とさえ呼ばれているという（石川 2002）。

　この例では，たしかに珊瑚破壊やリンチの被害は生じていない。ではこの「やらせ」はどこに問題があるのだろうか。石川はこうしてつくられたフォトジェニックな写真は，かわせみの「自然の姿」といえるかどうか問いを投げかける。

　しかし「やらせ」は虚偽の報道とはいえない。かわせみは実際に飛んでくるのであり，存在しない事件を存在するとして報道しているわけではないからで

ある。「やらせ」が問題だとすれば，それは何らかの事件が生じるよう，報道の客体に作為的，積極的に働きかけ，結果として起こった事件を「事件」として報道しているからである。つまり報道する側が作為的に，つまりわざと起こした事件を，自然発生的な──作為とは関係のない──事件であるかのように報道することが「やらせ」と呼ばれる。珊瑚への落書きは，カメラマンが直接自分で書くことによって起こした事件であり，暴走族のリンチ事件の場合は，依頼というかたちの間接的な働きかけである。間接か直接かという違いはあるが，「やらせ」のどこが問題かといえば客体に対する働きかけという点であろう。『広辞苑（第5版）』では「やらせ」を「事前に打ち合わせて自然な振る舞いらしく行わせること。また，その行為」と定義されている。これを単に「自作自演」と呼んでいいだろう。

　さらに突き詰めれば，客体への「働きかけ」とは何かという問いに突き当たる。たとえば店の取材の際，事前に打ち合わせをしたり，「さくら」の客を用意しておくことを業界用語で「しこみ」というが，これらは「やらせ」と違って罪のないものとみなされているようである。しかし「やらせ」と「しこみ」（あるいは「演出」），そして「自然」の間の境界線は依然として曖昧である。

　D. ブーアスティンは「作られたできごと」を**擬似イベント**と呼ぶが，この概念は「やらせ」に限りなく近い。ブーアスティンによれば，擬似イベントとは報道されるという目的のために仕組まれたできごとである。現代では人々はニュースのネタとなるイベント（できごと）を「製造」するようになったという。

　たとえばあるホテルが業績を上げようとする際，設備やサービスに投資するのではなく，町の名士たちを招いて創業30周年の記念祝典を開き，ホテルが町の発展に貢献したことをアピールし，メディア報道を通じて世間から注目を浴びようとする場合，これはまさに擬似イベントである（ブーアスティン 1964）。擬似イベントは，それがどれくらい報道されたかということによってその成功が測られるのである。

　また記者が重要人物にインタビューしたり，記者を招いて記者会見をする場合も擬似イベントである。前者の場合は，記者が積極的に「インタビュー」というできごとをつくりだし，後者の場合は取材を受ける側がつくりだしている

といえる。どちらも取材する側と取材される側が共同して，あるいは共謀してできごとをつくりあげているのである。たとえばワイドショーなどでタレント同士の結婚が報じられることがあるが，その多くが結婚という事実の報道ではなく，記者会見での発表（というイベント）の報道であることに気づくはずである。政府高官による「リーク（漏洩）」は特種記事のように見えるが，実際はほとんどがあらかじめ周到に計算された擬似イベントになっている。

オリンピック，歴史的な条約の調印式，王室の結婚式，暗殺された大統領の葬儀などメディアによって中継される大掛かりなイベントはどうだろうか。このような大規模なイベントはしばしば**メディア・イベント**と呼ばれる（ダヤーン＆カッツ 1996）。たとえ，これらのイベントが国家主催であろうとも，それが報道されることを前提としている限りは擬似イベントなのである。それはホテルの記念祝典と質的には違いはない。また G. ドゥボールによれば現代社会は**スペクタクル社会**である。ドゥボールは，現代社会では報道されるできごとはすべて見世物（スペクタクル）として構成され，私たちの生すらも擬似的なものとなってしまったと指摘する（ドゥボール 2003）。私たちは「真のできごと」と「作られたできごと」を区別することのできない不透明な世界に住んでいるのである。

ハイパーリアル

擬似イベント的なものの全面化をポストモダンの条件として認めようとする議論もある。J. ボードリヤールの**ハイパーリアル論**はその代表であろう。ボードリヤールは，シミュレーションの様態を3つの段階に分けている。まず現実の表象としての第1の段階があり，次に現実と表象の境界が曖昧となる第2の段階がある。さらにモデルが現実に「先立つ」第3の段階がある。そこではもはやオリジナルとコピー，現実と表象の区別がつかない。そしてこのような「現実」をハイパーリアルと呼ぶ（ボードリヤール 1984）。

『シモーヌ』（A. ニコル監督，2002年）という映画があるが，この映画はハイパーリアルとは何かを説明してくれる。アル・パチーノ演じる落ち目の映画監督は，ある日，発明家から本物そっくりな CG をつくることのできるソフトを譲り受ける。彼はそれによって自分の思い通りに演じてくれる理想の女優，シ

モーヌをつくる。人々はそれを本物の女優と信じ，シモーヌは爆発的な人気を得る。映像を通じてしか見ることができない人々の側からすれば，シモーヌが実在しようがしまいがどちらでも同じである。人気スターの実像がどんなものであれ，テレビの前の人々にとってはテレビのなかの演じられた像が唯一の現実である。

ハイパーリアルの世界は，**シミュラークル**（＝虚像）が現実に対して先行する世界である。実際の戦争が政府，メディア，広告代理店などによって，あらかじめ筋書きがつくられ，過剰に演出されていたとしたら，その「戦争」は「ニセ」であろうか，それとも「本物」であろうか。アメリカでは広告代理店による情報管理によってこうした傾向は強まっている。1990年代に長期化したユーゴ紛争の際，ボスニア・ヘルツェゴビナは敵側（セルビアのミロシェヴィッチ）を悪役に仕立て上げるために，アメリカのPR会社と契約し，驚くほど効果的に印象操作を行い，国際的世論を味方につけた（高木 2005）。だが，そのような「戦争」でも人は死ぬ。その空爆によってもたらされた多くの人の死さえも筋書きにそったものであったとさえいえる。ボードリヤールによれば湾岸戦争はそんな戦争であった（ボードリヤール 1991）。

マスメディアへの批判

新聞などのメディアは体制批判的な力をもつことも歴史的な文脈から指摘できる。J. ハーバーマスは，国家から自律し，国家と対立する市民的公共圏の出現の契機の1つに新聞の成立と，新聞を読み討論する空間の重要性を指摘する。18世紀の西欧ではたとえばコーヒーハウスなどが，こうした空間を提供し，国家から自律した市民をつくりあげたのである（→重要ポイント㉖）。

だが市民的公共圏内部の対立が顕在化し，市民的公共圏が社会国家（福祉国家）に吸収されていくにつれ，自律した公共圏は消滅する。このときマスメディアは政治的な宣伝の道具に成り下がっていったとハーバーマスは考えている（ハーバーマス 1994）。

他方，B. アンダーソンは国民という自覚の成立にマスメディアが関与していたことを批判的に検討している。彼は『想像の共同体』において，国民国家の成立の条件として，新聞などの出版メディアの重要性を指摘する。新聞はそ

れを読む見ず知らずの者同士を，同じ時空間に生きる「国民」として共同体に結びつける装置として機能する。また「出版語」としての標準語をつくりだすことによって言語共同体としての「国民」をつくりだすことに貢献したのである（アンダーソン 1997）（→unit㉔）。

　カルチュラル・スタディーズ（→重要ポイント⑭）のメディア論は，視聴者を社会的なコンテクストに生きる具体的な存在とみなす視点をもたらした。カルチュラル・スタディーズは，従来のメディア研究が，受け手を出来合いのメッセージを受け取る受動的な存在とみなしていた点を批判し，読みの能動性や多様性を強調する。S. ホールの「エンコーディング／デコーディング」論は，メッセージの生産（エンコード）にさまざまな物質的な諸条件――現実のできごとを支配的な「物語」に加工する際のフィルター――の存在を強調する一方，読み手がメディアのメッセージを解釈（デコード）する際，送り手の意図した支配的メッセージをそのまま受け取るのではなく，彼らの社会的なポジションに応じて，批判的に読み取ることができると主張した。ジェンダー，エスニシティ，階級など読み手のポジションの違いによって，解釈は異なり，支配的なメッセージに対して対抗的な読みが可能となる。さらにこれらの読みも常にヘゲモニー闘争のなかにある。この視点はオーディエンス研究に応用されていった（Hall 1980；吉見編 2000；ターナー 1999；プロクター 2006）。取材や編集などの工程を通じてメディアがいかに特定の現実を切り取ってつくられているかを，教育実践として受け手に教える**メディア・リテラシー**の試みも，カルチュラル・スタディーズの能動的オーディエンスの系譜に位置づけることもできる（たとえば，菅谷 2000）。

　ビジネスとしてのメディアという観点からマスメディアを批判的にとらえる必要もある。テレビ局とスポンサーにとってのテレビ番組は，視聴者をテレビCMにおびき寄せる「エサ」であり，それゆえ視聴率の獲得のための競争とは，いかにそそられる「エサ」を視聴者の鼻先につるすかということにつきる。したがってCMの延長に番組があると考える必要がある。たとえば，特定の決め言葉の連呼は**サウンドバイト**と呼ばれるが，こうした広告的な手法は，番組をつくるうえでも重要な要素となり，視聴者の理解に時間がかかる難しい問題を扱うことを極力避ける傾向がある（ブルデュー 2000；小田 2003；斉藤 2004）。

> **重要ポイント㉖**
>
> **世　論**
>
> 　世論は，公論とともに public opinion（公の論）の訳語として用いられるようになった言葉である。そもそも世論とは何か。世論は，単なる瞬間的な多数決の結果ではない。世論が世論としてまとまるまでには，知識の流布・浸透と討論がなされる社会的な過程があるのだ。カフェやサロンにおける公衆（public）の討論から世論が現れ出るさまを J. ハーバーマスは市民的公共性と呼んでいるが，それは世論形成に関する1つの理念型であるといえる。しかし，今日の私たちがもつべき意見の対象は，あまりに広範囲でありまた極度に複雑化している。ニュースからもたれる意見は，リアルな体験を欠いた「きっとこうに違いない」という直感的判断にとどまらざるをえない。W. リップマンは，主著『世論』（1922年）において，世論が依拠する間接的環境を擬似環境と呼んだ。擬似環境は，ステレオタイプ（対象についての固定観念）に支配されやすい。実際，マスメディアはステレオタイプを利用して「わかりやすい」物語を生産するほうへと向かいがちである。にもかかわらず，世論は単純にメディアによって操作されるだけのものでもない。市民的公共性からどのようにどれくらい遠ざかっているのかが，明らかにされなければならない。

▣ メディアと不安

　メディアに対してシニカルに距離を置き，言外の意味や裏の意味，表には表れない制作過程を読む視聴の技法がある。この技法は批判的なメディア・リテラシーというより，ある種のパロディー的な「読み」として現れている。北田暁大はこのような読みの技法が「お約束」的な定型表現を嘲笑する1980年代のテレビ経験によって培われたと指摘している。北田によれば，80年代を通じて，裏事情を知っている者だけが面白がるギョーカイ的な内輪ウケの「輪」が一般視聴者にまで拡大していったという。この読みの技法は，メディアによってもたらされた情報内容の真偽判断を停止し，情報の形式を審美的に，つまりネタとして面白いか面白くないかという観点からのみ判断しようとする。それは「まじめ」な読みを拒否し，送り手の意図した意味の外に「遊び」を見いだす態度であり，ポストモダン的な感性といえるかもしれない。

　しかしこの感性は「裏読み」という「リテラシー」によって内輪で「繋がる」こと自体を自己目的とする共同体を志向するものでもある。とくに「2ち

ゃんねる」のようなネット空間は,「ベタ」な反応をする者を「厨房（中坊）」として否定しようとするが，彼らはこうした否定を可能にするシニカルな「リテラシー」を共有することによって,「繋がり」や共同性を求めるといえるかもしれない（北田 2005）。

とはいえこのシニカルな「繋がり」を純粋に楽しむことは意外に難しい。それは高度な「リテラシー」を必要とするだけでなく，真偽判断の宙づりに耐えなければならないからである。メディアのもたらす情報は私たちの生活世界を構成するが，もし原初的な生活世界に確信がもてずそれを疑いだすと，自己の一貫性に対して存在論的不安を感じざるをえない。メディアの提供する不確かな情報とともに生きざるをえない私たちは，程度の差こそあれ常に存在論的不安につきまとわれている（→unit ⑪）。

F. ジェイムソンによれば，グローバルなポストモダン的世界では，因果関係として互いに関連づけることが難しいできごとの情報や記号が入り混じる。「貧者」はこの複雑化した社会関係を何とかして理解しようとパラノイア的な「認知地図」を用いるという（Jameson 1988）。たとえばオウム真理教は日本の不況や失業はユダヤ資本，多国籍企業，国連が結びつき反日本的な政策を行っているからだという陰謀論を展開していた（大澤 1996）。こうした陰謀論は無秩序の原因として隠れた主体を措定することによって複雑な因果関係に向き合うことを回避しようとする。

高度な裏読み「リテラシー」によって不透明な現実をカッコに入れるシニカルな態度と，不透明性を陰謀論によって回収するような，マスメディアをいっさい信じない態度。どちらも疑似イベントによってつくられるハイパーリアルな世界を乗り切る技法といえる。では，これらに対するオルタナティブは存在するだろうか。

読書案内

考える糸口

□ 森達也『放送禁止歌』知恵の森文庫，2003。
　　差別表現を含むとされる歌が放送禁止となったのは，メディアの事なかれ主義によるものだったことを明らかにしている。オウムの内側を描いたドキュメンタ

リー『A』『A2』は中立報道とは何か考えさせてくれる。

問題を見つける

□ 伊藤守編『テレビニュースの社会学——マルチモダリティ分析の実践』世界思想社，2006。
　ニュースを見る者の立ち位置や感情は，ニュースの内容だけではなく，語り口，編集，BGMなどを通じて，矛盾をはらみつつ構築される。

□ 原宏之『言語態分析——コミュニケーション的思考の転換』慶応義塾大学出版会，2007。
　フランスのコミュニケーション論を軸にした言説分析を紹介。小泉元首相の言説など具体例を分析した章から読むと入りやすい。

unit 27 旅

移動の効果

　近代化は，人の地理的移動を劇的に促進した。産業都市の勃興と農村の没落，身分秩序の崩壊と労働者階級の膨張，中心地域への周辺地域の政治的・経済的・文化的従属の深化，そうした近代の変動は多くの人々を土地から遊離させ移動させた。戦乱や迫害，強制移住による難民も近代以降大規模に発生した。生まれ故郷から遠く離れた生活が，特殊な体験ではなくなったのだ。移住者の存在は交通網と情報網の発達を促し，またそれが移住者をいっそう増やした。そして，移住者の足跡は各地をつなぐ回路となって，旅行をさらに容易にし観光の大衆化をもたらしたのである。

　旅とは，慣れ親しんだ家（ホーム）から離れることをいう。旅は，あえてホームから物理的に遠ざかることによって，未知なる世界に身をおいて広い視野と経験を知る機会となってきた。「お友だち」の家に「初めてのお泊まり」をする幼児は，言葉の正しい意味において旅をしているといえる。そうした体験を通じて，幼児は，囲い込まれた家庭の外には，お化けや狼が跋扈する魔界があるのではなく，同じ人間が生きる社会という拡がりがあることを知り始める。

　移動が国境によって内へと屈曲するものであるならば，それは，国民国家という拡がりへと自らを投げ入れ直す効果をもつだろう。すべての鉄路が東京へと通じるかのような鉄道網の整備は，中央と地方を結びつけ１つの「日本」という空間を感覚させていく装置でもあった。人々は，この鉄道網に組み入れられ「上り」「下り」することを通じ，国民化され地方人化されていった。

　一方，国境をこえる移動が広範化すれば，国民国家という枠組みに収斂しない人間・社会認識が生みだされる。グローバリゼーションは，**コスモポリタン**

を層として世界的に蓄積させつつあり，「人類」大・「地球」大の社会についての認識とそれに基づく価値・道徳を現につくりだしている。諸国家による経済活動の規制を否定しグローバル・スタンダードを世界に貫徹させようとする強者による新自由主義も，新自由主義に抵抗する反グローバリズム勢力の世界的連帯も，かつては港町の片隅にひっそりと生息しているにすぎなかったコスモポリタンが，いまや量をもって世界史の前面に登場してきていることを示す（→unit ㉔）。もちろん，国境をこえる移動が，自動的にコスモポリタンを生みだすわけではない。かつての上京者が「田舎者」としての劣等感を刻みつけられたように，国境をこえる移動において体験される苦難や挫折が強烈なナショナリストを育てることもある。いずれにせよ，旅は，その結論がどうあれ，社会を再定義させるほどの衝撃となりうるものなのだ。

他所者

A. シュッツによる**他所者**(よそもの)論は，旅の一撃にとらわれた旅人の特徴をもいいあてている（シュッツ 1980）。シュッツは，ある社会集団のなかにおかれた他所者の態度について2つの特徴をあげている。第1に，他所者は，客観性をもつ。他所者にとっては，眼前の人々が「当たり前」のこととして反復していることが「当たり前」ではない。それゆえに，些細なことが気になりあれこれ考えるようになる。また，同時に，他所者は，自らの常識や人生観がいろいろにありうるうちの1つにすぎずけっして「当たり前」のことではないことを学ぶ。そのようにして，他所者は，自他に向け客観的な視座を得るのである。第2に，他所者は，忠誠心が曖昧に見られがちである。どちらの日常にも埋没しきれない立ち位置は，周囲の疑念を呼びやすい。旅人は，旅先にとどまり続けるならば，やがては同化の不足をあげつらわれることになるだろう。帰郷をすれば，旅先の魅力を語るそのことが，やがてはいぶかしがられることになるかもしれない。戦時には，敵国からの移民はもちろんのこと，敵国をたびたび訪れた観光客でさえ，スパイや裏切り者としてまなざされてしまうことがあった。そうした他所者のありようは，R. E. パークが**マージナル・マン**（→unit ⑤）として定式化した人間類型に合致している。

しかし，他所者たちは，ただ孤立するばかりではなく，他所者たちのコミュ

ニティを形成することがある。**ディアスポラ**とは，もともとはユダヤ人の離散のことをいった。起源を離れ，しかし，起源との結びつきによって連帯する人々。そうした状態がこの語には含意されている。大規模な移民・難民の移動を受けて，今日では，ユダヤ人に限らず，起源から遠ざかりつつ起源において結合するマイノリティに対して，この語は広く用いられるようになっている（上野・毛利 2000）。ディアスポラを生きる人々のマージナリティは痛切である。しかし，複数の文化の影響を受けつつ，そのどれからも距離のある位置は，独自の文化や政治的意見を生みだして発信する場所となり，また，経済活動においても交易や新しい産業を興すうえでメリットをもつことがある。ユダヤ人のディアスポラが，人類史において重要な役割を果たしてきたように（あるいは果たさざるをえなかったように），今日の移民たちによって形成されつつあるディアスポラが政治的・経済的・文化的にもつ意味も大きい。

▣ パッケージのなかの旅人

旅人を他所者やマージナル・マンとする見方は，「豊かな」旅人たちには実感がわかないかもしれない。情報テクノロジーや観光産業の発達は，それを享受しうるほどの人々にとっては，旅をホームの空間から断絶しない快適なものにさせる。現代の旅人は，誰もがパッケージのなかにいるのかもしれない。しかし，ストレスなど何もないリゾート地への完璧な移動は，そもそも旅といえるものなのだろうか。

あてのない貧乏旅行のイメージで語られるバックパッカーも，現代ではパッケージのなかの旅人である。1980年代，円高と格安航空券の登場により，いっそう安上がりな旅行が可能になった。また，『地球の歩き方』などのバックパッカー向けのマニュアル本も現れた。高度経済成長期においては，国民的な生活水準の底上げがなされそれとともに消費生活は極端に「世間並み」へと画一化されていたが（→unit ㉘），70年代のオイルショックを経て，豊かさをそれぞれのやり方で味わう多様な消費スタイルへと枝分かれしていく（→unit ㉜）。そこで買われるものは，他者との差異によって示される「私らしさ」であった。バンコクで多くの日本人バックパッカーが訪れる「安宿街」カオサンの調査を行った新井克弥によれば，まぎれもなく高度消費社会の若者たちであるバック

パッカーは,「充実したメディア環境のなかで」バックパッキングの旅を選択している (新井 2000)。格安航空券は簡単に手に入るし (大学生であれば大学生協で買える),マニュアル本も充実している。また,バックパッカーが訪れるカオサンは,無菌的な日本の都市空間と比べれば猥雑かもしれないが,英語が共通語として定着し,バックパッカーのニーズをみたすレストラン,ゲストハウス,旅行代理店,インターネットカフェが軒を並べ,不潔さや猥雑さもフェイクでしかない。つまりは,カオサンとは,「『貧乏旅行』のゲーム」を楽しむためのディズニーランドなのであり,バックパッキングとは,退屈で窮屈な日常を離れ「自由な」旅を通じて「私らしさ」を買うための消費行動なのだ。バックパッカーもまた,パッケージのなかの旅人である。

新井の知見で興味深いのは,バックパッカーである若者たちは,「自分からみて自分が『個性的』と思えることが重要」なのであって,差異化の対象としての他者を必要としていないとの指摘である。それ以前の問題として,旅先で出会う現地の人々とのコミュニケーションはそもそも希薄だ。そのうえで,同じ日本人バックパッカーとのコミュニケーションも欠如し,貧乏やあてのなさを競うこともなくなりつつあるという。この「他者に対する視線の欠落傾向」は,ディズニーランド体験に大した個性がないように,バックパッカーの体験を画一化していく。バックパッカーは,バンコクに行こうがどこに行こうが変わらない「私らしい私」(→unit ⑤) を築き上げようとしているのである。

パッケージの外部

それでも,パッケージには外部があるといわねばならない。

文化人類学者の山下晋司は,バリの観光資源たる「伝統文化」について述べている (山下 1996;1999)。バリの「伝統文化」は,西洋からの観光客に応えて考案され創造された「伝統」なのであり,それによって「最後の楽園」バリは演出されている。そもそもバリに「原初のもの」を見いだそうとするまなざしは,**オリエンタリズム**以外の何ものでもない。オリエンタリズムとは,ヨーロッパ人が東方人支配を合理化するためにつくり上げた知識の体系のことである。バリ文化への「原初のもの」という評価は,たとえ肯定的になされているものであっても,バリ人を「野蛮」に押し込め「文明」としての西洋による「善

> **重要ポイント㉗**
>
> **グローバル資本**
>
> 　経済的グローバリゼーションは，工業グローバリゼーションと金融グローバリゼーションに分類される（加茂利男）。前者は，グローバルな範域で製造工程が分割され，資本と労働力が再配置されていく過程である。後者は，金融市場のグローバル化にともなう銀行や各種金融機関の多国籍化である。オイルショック以降，両者があいまって展開することにより，広域的な中枢管理機能を集積した世界都市（グローバルシティ）が浮上した。明らかに突出したのはニューヨークとロンドンである（東京は，工業グローバリゼーションの中枢都市ではあるが，金融グローバリゼーションの中枢都市にはなれなかった）。グローバル資本の展開は，国民国家の「外から」国民国家の政策を揺さぶる強力なアクターを生みだした。そして，グローバル資本は，「規制緩和」や「グローバル・スタンダード」を国民国家に受け入れさせた。「グローバル」とはいうが，ニューヨークやロンドンの利害とはもちろん癒着している。それゆえ，経済的グローバリゼーションは，「反グローバリズム＝反アメリカ」のローカルな運動をグローバルに発生させてもいる。

導」を同時に肯定する植民地主義を合理化するものであるといえる。オリエンタリズム概念は，西洋－東洋の関係に限られず応用されるべき射程をもつ。政治学者の姜尚中は，日本のアジアへのまなざしのなかにオリエンタリズムを読み取っている（姜 1996）。

　しかし，オリエンタリズムに彩られたものではあっても，西洋－東洋の関係において，現にバリの「伝統」は創られたのである。創られたものにすぎない「伝統」がまがいものであることを嘆いたところで仕方がない。そもそも「伝統」とは，実はきわめて近代的な産物であることが多いことは今日では明らかである（→unit ⑭）。山下は，バリの「伝統文化」をすばらしいという。バリ文化はバリ人たちが外界からの刺激に対し柔軟かつしたたかに応じてきたことを示していて，そこがすばらしいと山下はいうのだ。したたかさをまで垣間見たとき，旅人の目にはようやくそこに他者が現れるのである。あるいは，旅先の人々が，もっと直截に反応することもありうる。山中速人は，ハワイ先住民による，日本の観光ガイドブックや旅行雑誌における先住民を貶しめる差別表現への抗議活動を紹介し，「国際的なネットワークを使って，これまで一方的に観光によってイメージの搾取を受けてきた人びとの反撃が始まった」と述べて

いる（山中 1996）。そこにいる人々は，旅人に見られるためにある風景ではない。その人々によって旅人もまた見られているのだ。旅人を見る他者の存在が露出することにより，旅人を包むパッケージは破砕される。移動は旅になる。

　かつて新聞記者であった作家の辺見庸は，容易な解釈を拒み意味をとれないものが露出することを反逆する風景と呼ぶ（辺見 1997b）。彼によれば，新聞は，風景の反逆に気づかないふりをして無視し，「古くさい意味世界」を守ろうとする。その結果，新聞は，わかりやすいありきたりのストーリーにみたされることになる。しかし，不整合のない風景など「ひどい嘘」なのだ。「世界に反逆」して不整合をも見ること。したたかさや反逆をも受け止めること。自分自身の「古くさい意味世界」を混乱させること。どのようなパッケージをも壊してしまう不穏な風景はやはりあるのであって，だからこそ旅は可能性としてまだある。旅において古い意味を壊し新しい意味を見てとる，そのための方法として社会学も準備されねばならないと思う。

読書案内

考える糸口

- 辺見庸『もの食う人びと』角川文庫，1997（初出 1994）。

  本文中にも出てきた辺見が，食うことにこだわって世界を廻った旅行記。あまたある食べ歩き本とは逆に，旅によって身体を，感覚を徹底的に世界に開こうとする記録。これが旅だ。

問題を見つける

- 山下晋司編『観光人類学』新曜社，1996。

  本文中でも触れた山下，山中の論考を含む，観光研究のすぐれた入門書。

unit 28

生　活

生活の底

　E. エンゲルは，19世紀末のドイツにおいて，より貧しくなればなるほど家計支出に占める飲食費の比率が大きくなることを示した。この比率は**エンゲル係数**としてよく知られる。エンゲル係数は，基底に肉体の維持をおいて，余裕が生まれるとともにより高次の欲求を充たしていく欲求段階の存在を示すものだった。収入や資産に限定されつつ，生活に型が与えられ相応の暮らしぶりが培われる。そこにおける型は，**生活構造**と呼ぶことができる。家計のなかにだけではなく，生活構造は，時間や空間の使い方や人づきあいのなされ方などにおいても見いだされてきた。

　生活には危機がある。いうまでもなく，失業などによる収入の低下は，決定的な危機である。そうでなくても，財布の心配が必要な多くの家族は，その**ライフサイクル**においていく度かの危機は避けられない。B. S. ラウントリーは，1899年にイギリス・ヨーク市においてすべての労働者世帯を調査し，多数の労働者は人生において3度，収入が栄養学的に必要な最低生活費を下回る時期を過ごすことを明らかにした（この最低生活費のラインは**貧困線**〔第一次貧困線〕と呼ばれる。ラウントリー 1959）。多くの人々が貧困状態に陥る3つの時期とは，子育て期（これを子どもとして親として2度経験する）と老齢期である。20世紀の福祉国家において程度に差はあれ整備されていった**社会保障**制度（→unit ㉚）が，子どもと高齢者に手厚いものであるのは，発見されたライフサイクル上の危機に見合うものであった。だが，そうした制度的介入にもかかわらず，今もなお，子育て期と老齢期をどうしのぐかは人々の心配の種である。

　楠木ぽとす『産んではいけない！』では，産んでみて初めてわかった「育児

地獄」とでもいうべきこの社会の悲惨がおもしろおかしく描かれている（楠木 2005）。私たちはそれなりに生活の設計をする。若い夫婦の生活設計が，保育園を前提したものになることは，今では一般的なことになっている。しかし，設計図は，往々にして楽観的なものになりがちだ。子どもは親になった夫婦にそれを思い知らせる。子どもはしょっちゅう高熱を出す。特に保育園に通い始めて1，2年の間は，病気を拾いに行くような羽目になる。熱が下がるまでは看病をしなければならない。有給休暇はみるみるうちに使い果たされ，欠勤が重なっていく。無理やり保育園に連れて行っても，熱があれば連れて帰らなければならない。ほかの親からのまなざしを見ない振りして熱をごまかし預けても，保育園は子どもの熱を見逃さない。容赦なく職場に電話がかかってきて，今すぐ連れ帰ってくださいと呼びだされる。おまけに，病気を拾い集める子どもは，しっかりと親に病気をうつす。働かなければやっていけないが，欠勤を重ねる勤め人を抱え込んでくれる鷹揚な職場はそうはない。だから，「そう，今の日本，子供を『産んではいけない』のです」。子どもが仕事をさせてくれない，だが，仕事を辞めれば生活が壊れてしまう，そのような状態から発せられる窮鼠の言葉がここにある。

反発する生活

　危機に対して，人々はただ手をこまねいているわけではなかった。生活の単位となる家族集団は，踏み抜けば暗闇に吸い込まれそうな「生活の底」を感じながら，生活の型を保とう，それが無理でも，集団生活の維持を第一義に型を修正しながら，何とか生活を再構造化しようと反発する（中川清は，それを生活構造の抵抗と呼んだ〔中川 1985〕）。おこづかいを減らす，働き手を増やす，子どもが進学をあきらめる……そうした修正を重ねながら，それでもそれなりの安定をつくりだそうと苦労するのである。つまり，生活構造は，単なる家計状態の反映なのではなく，それがひとたび構造化されれば生活を律する枠組みとなるものなのだ（生活構造概念は，P. ブルデューのハビトゥス〔→unit ⑭〕と似通ったところがある）。そして，もし，その家族集団において，生活の構造化が不可能になったとき，集団は解体し再編されざるをえなくなる。直接の動機はともあれ，多くの離婚の背景には貧困がある。

ひとつの家族の生活は，その家族の成員による奮闘だけでは成り立たない。親族，近隣，職場，友人による物心両面での**援助ネットワーク**や社会保障制度は，危機をより軽くすませるための資源である。しかし，援助ネットワークの質と量には格差があり，社会保障制度から疎外されたり排除される人々がいることも忘れてはならない。楠木が述べているのは，援助ネットワークが質的に弱く，また，保育行政に多くの問題を抱えている大都市部における，乳幼児を抱えた家庭にとっての「生活の底」であった。

　ここまで触れることはなかったが，いうまでもなく，単身者にも生活があり，生活の危機への反発もある。単身者は，収入源が単一であるためそもそも反発力の脆弱さは免れない。また，経済的な支援が期待できる援助ネットワークには限りがあり（年老いていく親だけであることが多い），公的扶助の対象にもなりにくい。これまで，社会保障制度も，そして生活をめぐる研究も，家族集団を前提としてきたといってよい（社会保障制度と福祉国家については→unit ㉚）。未婚単身者の急速な増加は，これまでの家族中心主義の見直しを促し，また，単身者の生活構造とその危機の把握を要求しているといえる。

⃞d 生活の生産への従属

　近代は，生活と生産を分離させた。そして，さらに，生活を生産に従属させた。

　資本主義は，かつては一部の上流層の家族規範にすぎなかった家父長制が広く浸透することによって，家事労働を不払い労働のままにおくことができた。それなしには，日々の労働力の維持も労働力人口の再生産も不可能であるにもかかわらず。そして，男性は賃金労働者に，女性は主婦にとの**性別役割分業**（→unit ⑯）も，徐々に自明のものとなっていった。近代以前の人々のくらしでは，生産と生活とがほぼ一体化していた。働く場所と住む場所は同じだったし，働くことと住むこととを区分することもできなかった。しかし，生産（公）と生活（私）が分離され，価値を生む生産（賃金労働）は価値を生まない生活（家事労働）に優越して，女は男に，生活は生産に従属するようになったのである。

　割烹着，七輪，釜，おひつ，火鉢……。1949 年に木村伊兵衛が撮影した写真は，たしかに過去の風景といえるものなのかもしれない。しかし，男が身体

の緊張を解除させ新聞——「天下国家」(公)——に目を向け，女がかいがいしく家事(私)をする役割分業のパターンは，近代のハビトゥスとして深く浸透・定着しており，けっして過去のものではない。

　近年のいくつもの調査によれば，性別役割分業規範が男女ともに弱まり，「男は仕事，女は家庭」という見方はもはや少数派になっている。だが，それはあくまでも意識調査の結果である。現実の家事分担の不均衡は著しく，男性の家事時間については低い水準にとどまったままほとんど変わっていない。つまり，男も女も外で働くようになったのだが，男の身体だけが家の玄関をくぐるとともに弛緩し，女の身体は座り込むことなく回転し続けているのだ。あの写真がとらえた男と女のハビトゥスは，いまだ身体の水準で作動している。

撮影：木村伊兵衛

生活の消費への従属

　生活が従属したのは生産に対してだけではない。消費に対しても従属した。この言い方は変かもしれない。なぜなら，生産に対応する営為が労働であり，生活に対応する営為が消費であるとみなされてきたからだ。だが，消費が自己目的化するとき，生活から消費が遊離し，「生活の底」が突き破られる事態もあるのである。

　T. B. ヴェブレンは，『有閑階級の理論』(1899年)において，**有閑階級**の生活

> **重要ポイント㉘**
>
> **アンペイド・ワーク**
>
> アンペイド・ワークという語は，家事（炊事・洗濯），育児，介護，買い物，ボランティア活動などその多くが女性が担ってきた無償労働を可視化するために使われる概念である。いったんアンペイド・ワークという観点を導入すれば，それまで賃労働のみを労働とみなしていた先進資本主義社会中心の労働観の変更が迫られ，労働や生産とは何かをあらためて検討せざるをえなくなる。たとえば第三世界の農村で見られる自家用食料の栽培，水くみなどのインフォーマル労働（家族的就労など公式の雇用関係にない労働）は，その多くが女性が従事し，大きなエネルギーを割く重労働であるが，こうした労働は第三世界では生産活動の中心にある。先進国に目を移しても女性だけでなく男性労働者の「サービス残業」，あるいは「研修」の名のもとで従事する外国人の安価な労働もアンペイド・ワークといえる。さらにこの観点から，第三世界の持続可能な「生産」の可能性を再評価することができるとともに，環境破壊や公害を生みだす，先進工業社会の男性による「生産」のまさに生産性に疑問を付すことになるだろう（古田 2000 参照）。

のなかに**誇示的消費**を見いだした。ヴェブレンによれば，有閑階級は物財消費の誇示にもっぱら精を出す。なぜなら，消費を通じて，その地位を誇示することができるからである。そして，ヴェブレンは，資本主義の高度化とともに，より低い階層にもそうした様式が伝播していくと考えていた。消費は，それぞれが「必要なものを買う」ためのものではない。「地位を買う」ためのものなのだ（ヴェブレン 1961）。高度経済成長期には，誰もが「世間並み」という地位を買う消費に熱中した。「三種の神器」と呼ばれたテレビ，洗濯機，冷蔵庫は，いずれも商品化されて 15 年足らずの間に世帯普及率が 9 割をこえた。洗濯機や冷蔵庫の購入が利便性から説明できたとしても，テレビはそうはいえないだろう。高度成長期が終焉した 1980 年代以後，かつてほどには誰もが同じものを消費することに血眼になることはなくなった。それでも，誇示的消費は，「差異」を誇示することで「普通」とは違う「私」を提示するものとして，かたちを変えつつ消費の基調として持続している（→unit ㉜）。

地位に見合った消費から，消費による地位の提示へ。そうした転換の帰結として，「生活の底」に触れながら生活をおずおずと立ち上げていく生の技法は，「貧乏臭い」ものとして積極的に忘却されているかのようである。生活が苦し

くなっても「車のランクを落とせない」「ご近所並みに教育には金をかけたい」，そうしたありがちなこだわりは現代版の生活構造の抵抗である。しかし，この抵抗は，明らかに生活それ自体をいっそう危機に追い込みかねないものなのだ。

生活の言葉

　生活は，生産や消費の植民地なのか。そうではあるかもしれないが，それでも生活に根ざして立ち上がってくるものはある。

　10年くらい前に一度ある女子学生から耳にし，最近になってまた別の大学でも1人の女子学生から聞いた同じ話がある。彼女たちは，「お母さんが嘘をつく」のだという。家庭をひとつの小宇宙としてそこに生きる人にとっては，何よりも家庭の平和こそが優先されるべきものになる。そのためには，少々の矛盾に目をつぶり亀裂を覆い隠す辻褄あわせの言葉も吐きだされる。だが，家庭がいくつかある帰属集団のひとつになり，家庭を客観的に見ることができるようにもなった娘たちの目からすれば，母親の辻褄あわせは場当たり的な「嘘」としてしかもう見えないのだ。しかし，「お母さんの嘘」は，やはり生活の場としての家庭が相対的に自律した論理体系を生じさせるものであることを意味していないだろうか。

　資本主義の精神（→unit ⑫）を端的に表現した格言として，フランクリンの「時は金なり」はよく知られている。そこでは，今このときの快楽が否定され，勤勉と節約に励めば未来において富が得られることが言い表されている。そして，資本主義は，そのような過去・今・未来を直線上におく時間観を全面浸透させ，他の時間観を駆逐・抑圧してきた。にもかかわらず，生活の時間は生産の時間とは異質なものとして取り残された。生活の時間は，直線というよりも反復，円環である。どうしようもないルーティン・ワーク。せっかくつくった料理はまたたくまに消滅し，洗い物の山になる。掃除をしてもあっというまにほこりは舞う。洗濯物は毎日溢れ，干してたたんでの繰り返し。それでも，毎日の家事が蓄えられて富につながるわけではない。実際，家事の量と経済的見返りとはまったく相関していないのである（→重要ポイント㉘）。ここに，生活が，自律した領域としてある根拠がある。

　戦争賛美の短歌を次々に発表し，戦時の短歌をリードした1人である土岐善

麿は，敗戦後に次のような歌を発表している。

あなたは勝つものと思っていたのですかと老いたる妻のさびしげに言う

「天下国家」の物語に浮かれた愚かな男。その傍らにあったさめざめとしたまなざし。この歌について，鶴見俊輔は，「敗戦の日にも，他の日とかわることなく，その日の夕食をととのえた女性のくらしの姿勢のなかに……指導的知識人をこえる未来への道を」見ると述べている（鶴見 1995）。もちろん，主婦たちが戦争においてイノセントであったはずはない。しかし，生活というどこか「貧乏くさい」場所は，「天下国家」の論理とは質の違う言葉を生みだしてきたとはいえると思う。そして，そこは，虚勢から解放された男性たちに対しては，開かれた世界であるはずだ。

読書案内

考える糸口

- 天野正子『「生活者」とはだれか――自律的市民像の系譜』中公新書，1996。
  いまやどの政党も「生活」を語りたがるが，それほどに軽い言葉ではない。この言葉のもつ歴史的，社会的，政治的な奥深さはこの本でわかる。

問題を見つける

- 岩田正美『現代の貧困――ワーキングプア/ホームレス/生活保護』ちくま新書，2007。
  貧困研究というマイナーな領域は，どこよりも生活が論じられてきた場所である。「貧乏くささ」から目を背けては，生活は語れないだろう。

unit 29

政　治

🗐 新しい社会運動

　政治的なものを語る言葉としてもっとも普及している言説は「右翼（右派）」「左翼（左派）」である。この2つは対立する政治的立場を表すとされている。しかし，何をもって「右」「左」を定義するかは困難である。かつての戦後福祉国家期＝冷戦期において，それは比較的容易だった。というのもそれは社会主義に対する賛成か反対かによって規定されていたからである。特に資本主義陣営では，左派は，左派労働組合が支持する社会民主主義政党によって，右派は保守政党に代表されていた。

　しかし1970年代以降，こうした右-左の政治的スペクトルに合致しない，さまざまな主張を耳にするようになった。環境問題，フェミニズム，反戦，人種差別問題などである。これらの主張は，従来の政治的スペクトルのどこにも位置づけることはできない。フェミニズムの観点からすれば，左派も右派も，ともに男性原理が支配的であることには変わりない。環境問題に理解があるのは右か左か一概に決めることはできない。人種問題についてもしかりである。

　こうした新しい争点を発見し，主張する運動を「**新しい社会運動**（new social movement）」と呼ぶことがある（トゥレーヌ 1983；メルッチ 1997；杉山 2000）。この「新しさ」は「旧い」社会運動，すなわち政党主導の労働運動との対比による命名である。旧い運動では，党など組織の決定に従わなくてはならなかったため，多くの切実な問題や要求が封じ込められていた。こうした状況に対し，若者たちが中心となり，反権威主義的，反官僚主義的な社会変革への機運が高まったのである。こうした運動は，ベトナム戦争への異議申し立てと渾然一体となって世界的に高揚した「68年」がその出発点とみなされることがある。

この年，フランスでは学生たちによる五月革命が生じ，アメリカではベトナム反戦運動や黒人のブラック・パワー運動が最高潮に達していた（ドイツの運動に関しては井関 2005）。

　新しい社会運動はさまざまな観点からとらえられる。たとえば，A. ギデンズはこの新しい争点を**ライフ・ポリティクス（生の政治）**という用語によって説明している（ギデンズ 2005）。ギデンズは，従来の搾取，不平等，抑圧からの解放を目的とする**解放の政治**——従来の社会主義的な労働運動はこれに含まれる——と区別される，生き方の自己決定や自己実現を志向する人々の新しい関心をライフ・ポリティクスと呼ぶ。たとえば，フェミニズムの「個人的なことは政治的である」というスローガンは，ライフ・ポリティクスを体現している。この主張は，女性の生き方の自己決定を促すものだが，従来，非政治的なもの，私的なものとみなされていたもののなかに政治的な問題を見いだすことを可能にした。官僚主義に異議申し立てをする若者の運動もこれに含まれる。自己実現という点でライフ・ポリティクスはニューエイジ的な「宗教」まで含めて考えることも可能である。

　さらに，従来の福祉国家体制のもとでは従属的で不可視な存在であったマイノリティ集団（黒人などの人種的〔エスニック〕マイノリティ，ゲイやレズビアン，障害者など）がそれまで封じ込められてきた声をいっせいに上げて，アイデンティティの肯定を試みたことから，**アイデンティティの政治**としての側面が強調されることもある。福祉国家の時代には「妥協」によって過小評価され，非政治化されていたさまざまな争点が，新しい社会運動によって公的・政治的な争点として顕在化しているといえよう。

ラディカル・デモクラシー

　しかし，新しい社会運動（ライフ・ポリティクス）は，その内部においても，労働運動（解放の政治）との関係においても，複雑な問題をはらんでいる。たとえば，解放の政治とライフ・ポリティクスの重要性や優先順位をめぐる対立がある。

　解放の政治とライフ・ポリティクスの対立は，たとえばアメリカでは「多文化主義」（→重要ポイント㉕）をめぐる「文化戦争」と呼ばれ，論争を巻き起こ

している。T. ギトリンは普遍主義を重視する旧左翼的な立場から，マイノリティの権利の主張である「多文化主義」を，普遍主義を放棄し左翼を分裂させているとして批判している（ギトリン 2001）。N. フレイザーは，配分の政治と承認の政治という二項対立――ギデンズの解放の政治とライフ・ポリティクスの二項対立に相当する――を提唱し，両者の折衷を提案している（フレイザー 2000）。他方こうした議論に対し，二項対立自体を問う J. バトラーの批判もある（バトラー 1999）。

　さらに新しい社会運動自体も内部にさまざまな矛盾を抱えている。たとえば，黒人の反人種差別運動は，フェミニズム的な視点やゲイやレズビアンの視点を欠く，男性中心的な運動になることもある。この場合，あるマイノリティ集団の生き方の自己決定が，他のマイノリティ集団の自己決定を排除しているといえる。このように従属的な集団の権利擁護やアイデンティティの承認を求める主張が他のマイノリティ集団を事実上排除してしまうことは，**本質主義**（エッセンシャリズム）として批判されることがある。本質主義とは，たとえば「黒人らしさ」を肯定する黒人運動のように，ある集団に固有の何らかの真正な本質を前提とし，それを規範とする考え方である。もちろん，抑圧されたアイデンティティは肯定される必要があるが，同時にそれが他者の抑圧に転化する恐れもある。つまり新しい社会運動やライフ・ポリティクスはそれ自体としては，抑圧的なものや，右翼的ないし保守的なものにもなりうる。この場合，新しい社会運動（ライフ・ポリティクス）は，解放の政治を阻害してしまうかもしれない。

　1970 年代以降，新しい社会運動同士の不信や対立は実際さまざまな場面で見ることができた。E. ラクラウと C. ムフは，こうした困難な状況を乗り越えるために，**ラディカル・デモクラシー**を提唱する（ラクラウ＆ムフ 1992）。彼らの主張は，それぞれの争点をめぐる闘争が本質主義に陥ることなく連帯することである。たとえば，女性の権利の闘争がゲイやレズビアンの権利の闘争や他の社会運動を排除せず，これらの運動同士のリンク（フェミニズム＝ゲイやレズビアンの運動＝エコロジー運動＝労働運動＝……）が長ければ長いほど民主主義はラディカルなものとなると彼らは主張する。実践において新しい社会運動は民主主義的かどうかが試されているのである。

「第三の道」

　自己決定や反官僚主義という目標は,「68年」の運動や新しい社会運動の目標であった。これは,解放の政治に対するライフ・ポリティクスの側からの批判といえる。しかし解放の政治が排除され,ライフ・ポリティクスが純化することは,「政治的なものの道徳化」という危険と隣り合わせである。

　ギデンズの主張する「**第三の道**」はこうした危険をともなっているように見える。「第三の道」とは旧左派的な階級政治と新自由主義的な市場万能主義の双方への代案としてブレア労働党政権が打ち出した「道徳的コミュニティ」重視政策である。ギデンズは1994年の著書『左派右派を超えて』において,「今日,政治的スペクトルの左右両サイドに,社会解体の不安と,コミュニティ復活への希求が見られる」と述べ,1998年の『第三の道』では,ブレア労働党の理論的支柱として道徳的なコミュニティ復活を強く主張するにいたっている（ギデンズ 1999；2002）。ギデンズにおける道徳的ないし倫理的コミュニティ復活の強調——しばしばコミュニタリアニズムと呼ばれる——は,解放の政治の捨象によるライフ・ポリティクスの純化の帰結ともいえる（デランティ 2006；ムフ 2006 参照）。

　ライフ・ポリティクスに純化された政治は,映画『ヴィレッジ』（M. シャラマン監督,2004年）で描かれている世界に予示されている。この映画では,富者たちが道徳的生き方を実現するために,あえて世俗世界から撤退し,宗教的共同体アーミッシュを彷彿とさせるコミュニティをつくろうとする。彼らは——少なくとも彼らの意識のなかで——富ではなく,「道徳」を守るため,道徳的コミュニティを守るために「汚れた」世界からの自己隔離を試みたのである。だが結局それはバーチャルなものにすぎないことが露呈されるのだが。

　いま,アメリカ各地で富める者がセキュリティ強化によって他者から自己を隔離して,共同で管理する**ゲイテッド・コミュニティ**と呼ばれる居住空間が出現しつつある（ブレークリー＆スナイダー 2004；バウマン 2008）。ディズニー社は「セレブレーション」というコミュニティを開発して1950年代の「古きよき」アメリカの再現を試みている。これらのコミュニティは,一方で富者が資産価値を高めるという利害に動かされているが,他方,個人のライフスタイルの自己決定の尊重を意図している。しかし他者との接触を忌避するこの種の

> **重要ポイント㉙**
>
> **コミュニケーション的合理性**
>
> 　人がモノに対し関係をもち，働きかけをする際の合理性を道具的合理性（道具的理性）という。たとえば，いかに効率的にモノを生産するかの判断がこうした合理性に基づいて行われる。しかし，このような合理性はモノだけでなく人に対しても影響を及ぼすことがある。たとえば，効率的にモノを生産するということは，効率的に人を働かせることに簡単に転化されてしまう。J. ハーバーマスは，現代社会において，人と人との関係の世界，すなわち生活世界を，道具的理性が植民地化していると考える（生活世界の植民地化）。では生活世界は合理性とまったく関係ない領域なのだろうか。ハーバーマスは生活世界には生活世界に固有の合理性のあり方があると考え，これをコミュニケーション的合理性と呼ぶ。そこではコミュニケーションの誠実性が問われるのである。さらに彼はこの考えを下じきに，生活世界における草の根レベルでの討議（熟議）民主主義の実践を提唱する。

　「ライフ・ポリティクス」はひたすら内向きに自分たちだけの「ユートピア」に閉じ込もってしまうのではないだろうか。

グローバル・ジャスティス運動とマルチチュード

　1990 年代に入ると，市場経済の**グローバル化**が旧社会主義国を巻き込んで本格化した。このプロセスは国内的には新自由主義として現れる。先進国の多くの企業は，工場を人件費の高い（＝労働組合の強い）本国から人件費の安い国外に移し，現地政府には税金の免除を求める。こうして外国企業誘致のためにつくられたのが輸出加工特区と呼ばれるいわば「治外法権空間」である（たとえばメキシコのマキラドーラ）。金融資本にはタックス・ヘイブンと呼ばれる税金のかからない国に本社を移しているものもある。本国に踏みとどまっている企業も，国外に生産拠点を移す選択肢を可能性として常に保持している。それは政府に対する「脅し」として機能し，企業に有利な条件づくりに貢献している。

　1990 年代に入り，多くの国々の間で結ばれたさまざまな自由貿易協定は，海外の企業に自国での自由な経済活動を保証するものであるが，これはいわばお互いの国同士が「治外法権空間」を自国全体に拡大しようとするものである。こうした現象が示唆しているのは，先進国でも，第三世界の国々でも，国家単

位で多国籍企業の活動を規制したり税を取ることがますます難しくなりつつあるということである。たとえばカナダでは，1994年に発効したNAFTA（北米自由貿易協定）のもと，人体に害を与える恐れのあるアメリカの企業のガソリン添加物をカナダ政府が輸入を禁止することができなくなるなどの矛盾が生じている。

　このようにグローバル経済のもとでは，一国の政府に働きかけて国内で顕在化している社会問題を解決することには限界がある。この認識のもと，**グローバル・ジャスティス運動**と呼ばれる運動が世界レベルで活発化している。その争点は，貧困，労働，環境，保健，食料，累積債務，資源，暴力，戦争や紛争など多岐にわたる。これらの運動は，こうした社会問題の発生と改善に事実上責任があると思われるグローバルな意思決定のネットワーク——先進国政府（G8），WTO（世界貿易機関），OECD，先進国の銀行や多国籍企業——に働きかけ，改善を要求する。たとえばトービン税（為替投機の抑制の目的で，外国為替取引に対して一定の低率の税を課すシステム）の提案は投機的な国際金融取引に一定の税を課し制限することを目的としている。これらの運動は現在の新自由主義的な世界秩序に代わる「もうひとつの世界は可能だ」をスローガンとしており，**オルター・グローバリゼーション**とも呼ばれている。

　この運動は1999年のシアトルでのWTOの会議の際，大規模な抗議運動で世界中にその存在を知らしめた。2001年の9.11事件以降，弾圧強化により一時停滞したが，その後イラク反戦運動の高揚とともに再び活発になってきた。2002年，ブラジルのポルトアレグレで最初に開かれた世界社会フォーラムは，その後，世界のさまざまな運動体が意見交換をする場として機能している（フィッシャー＆ポニア 2003；ジョージ 2004）。

　この運動に特徴的なのは，それが運動することにともなう楽しさや快楽を否定しないことである。それは身体的な楽しさに開かれているので，音楽やアートと運動が相互に接近する（高祖 2006，unit ⑨も参照）。毛利嘉孝はこの傾向を「文化＝政治」として本のタイトルで表している。たとえば，1980年代後半から欧米で高揚したレイブ文化（空き倉庫や空き地などを利用してゲリラ的に行われるダンス・パーティーの文化）は，エコロジー運動と強い親和性をもち，90年代に路上でのデモとパーティが一体化したリクレイム・ザ・ストリート（路上奪

還)の運動が生みだされた。日本でもイラク反戦運動以降，このスタイルのデモは広がりつつある（毛利 2003）。

　換言すれば，この運動の特徴は組織による統制を忌避し，中心のないネットワークとして構成されている点にある（→unit ⑧）。シアトルの抗議デモでは，労働運動，環境保護，アナキスト，あるいはこれらに分類不可能なさまざまなアクティヴィストが世界中のどこからともなく結集した。彼らは政党や党派の指令によって動員されたわけではなく，抗議運動の呼びかけに呼応して集まったのである。

　このとらえどころのなさは管理する側にしてみれば不気味である。M. ハートと A. ネグリはこのとらえどころのなさを積極的に評価し，この新しい運動体を「**マルチチュード（複数性）**」――一者に還元されない存在――と呼ぶ（ネグリ & ハート 2005）。グローバル化した世界においては，政治のあり方自体も大きく変容しつつある。

読書案内

考える糸口
□　雨宮処凛『**右翼と左翼はどうちがう？**』河出書房新社，2007。
　　若者の「政治離れ」とか「右傾化」がいわれているが，その歴史を知れば両者を明確に分けることは難しいことがわかるはず。左右に揺れる著者の個人史も興味深い。

問題を見つける
□　大畑裕嗣ほか編『**社会運動の社会学**』有斐閣，2004。
　　ボランティアや NGO から反戦運動まで社会運動の多様性とともに，さまざまなアプローチを紹介。社会運動は身近にあるし，誰にでもつくることができる。

KeyWords 6

- 国民国家　192
- 家（イエ）　193
- 家連合　193
- 同族結合　193
- 講組結合　193
- 親方子方（親分子分）関係　193
- 都市化　194, 200
- 都市的生活様式　194
- 過疎　194
- 情報テクノロジー（IT）　194
- 時間−空間の圧縮　194
- フローの空間　195
- 場所の空間　195
- 世界都市　195
- デュアルシティ化　195
- アンダークラス　195
- アーバニズム　200
- 第二次的接触　200
- 社会的距離　200
- ディストピア　200
- サブカルチャー　201
- 都市の死　202
- 都市のディズニーランド化　202
- アーバン・トライブ　203
- やらせ　205
- 擬似イベント　206
- メディア・イベント　207
- スペクタクル社会　207
- ハイパーリアル論　207
- シミュラークル　208

- メディア・リテラシー　209
- サウンドバイト　209
- コスモポリタン　213
- 他所者　214
- マージナル・マン　214
- ディアスポラ　215
- オリエンタリズム　216
- エンゲル係数　219
- 生活構造　219
- ライフサイクル　219
- 貧困線　219
- 社会保障　219
- 援助ネットワーク　221
- 性別役割分業　221
- 有閑階級　223
- 誇示的消費　223
- 資本主義の精神　224
- 新しい社会運動　226
- ライフ・ポリティクス（生の政治）　227
- 解放の政治　227
- アイデンティティの政治　227
- 本質主義　228
- ラディカル・デモクラシー　228
- 第三の道　229
- ゲイテッド・コミュニティ　229
- グローバル化　230
- グローバル・ジャスティス運動　231
- オルター・グローバリゼーション　231
- マルチチュード（複数性）　232

第7章

社会と向き合う

30 福祉社会
31 高齢社会
32 消費社会
33 情報社会
34 格差社会

この章の位置づけ

　現代社会論というジャンルが社会学にはある。私たちがどこから来てどこへ向かうのかがそこでは論じられる。この章では，福祉社会，高齢社会，消費社会，情報社会，格差社会という5つの視点から，これまでの章で述べてきた議論も踏まえつつ，現代社会論を論じてみたいと思う。たとえば，1990年代であるならば，格差社会というunitは成立しなかっただろうし，福祉社会，高齢社会，消費社会，情報社会の内容も随分と違ったものになってしまっていたかもしれない。それほどに現代というものの見え方が，21世紀に入って急激に変容してしまった。

　今日の福祉社会を検討する際のキーワードは，新自由主義と「自立」である。福祉予算の削減と威勢のいい「自立」の要求がもたらしたものについては，unit ㉚ とunit ㉛ において検討する。また，unit ㉝ では，情報化が新しい不平等をつくりだすとともに，排除のテクノロジーの洗練を促進していることが述べられる。unit ㉜ では，記号の消費によって自己を「買う」消費社会の消費様式が確認されるとともに，自己を「買えない」，消費社会から排除された現代の貧困層が「消費できない恥」を刻印される悲惨について論じる。

　どうにも露出しているのは，強要される「自立」の裏で，「自立」などとてもできない貧困層の蓄積である。これは相対的な格差としてとらえるべきものではなく，社会的排除による貧困化メカニズムの問題として論じられるべきではないか。unit ㉞ では，そこにまで踏み込んで議論している。

　排除による社会の縮小とでもいうべき事態を前にして，排除された人々をも含んだ社会という拡がりは，どのような条件のもと，どのようなものとして可能になるのだろうか。それが現代社会論の現在的課題である。

現代社会の構図

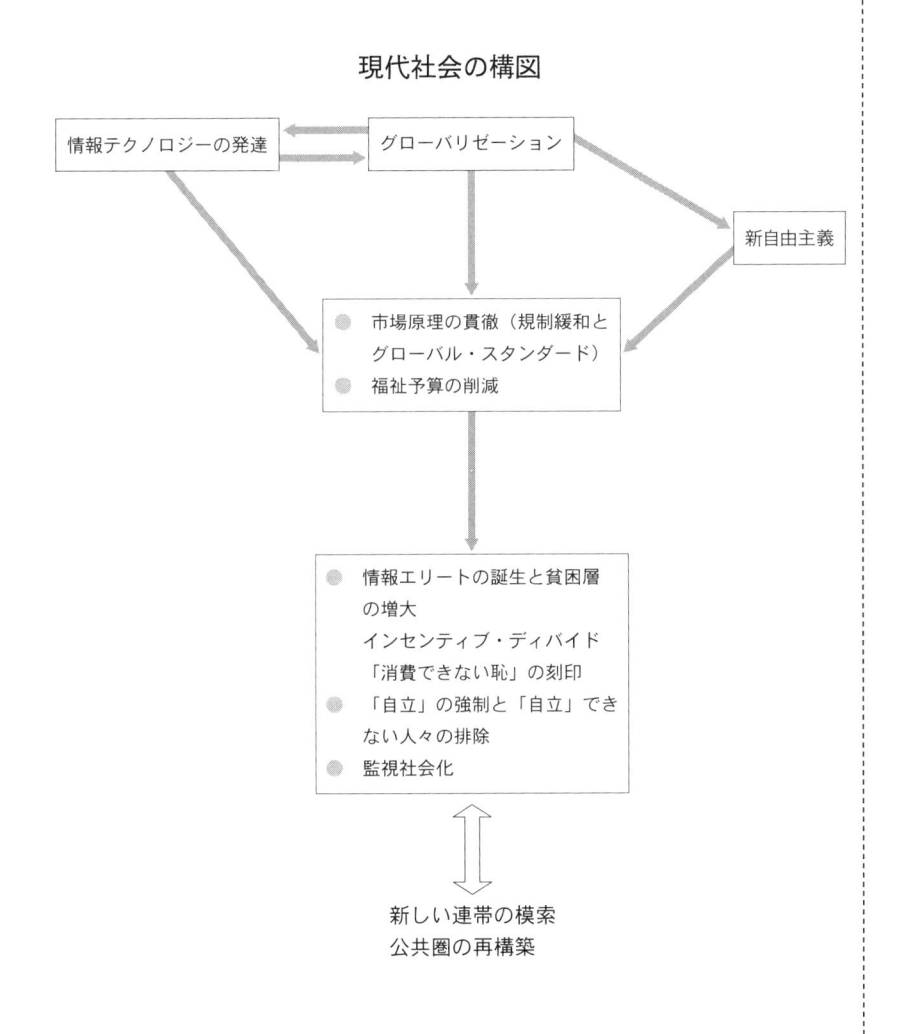

```
情報テクノロジーの発達 ⇄ グローバリゼーション
                              ↓
                         新自由主義
         ↓            ↓       ↓
    ● 市場原理の貫徹（規制緩和と
      グローバル・スタンダード）
    ● 福祉予算の削減
                    ↓
    ● 情報エリートの誕生と貧困層
      の増大
      インセンティブ・ディバイド
      「消費できない恥」の刻印
    ●「自立」の強制と「自立」でき
      ない人々の排除
    ● 監視社会化
                    ⇅
          新しい連帯の模索
          公共圏の再構築
```

unit 30

福祉社会

恩恵から権利へ

「福祉」という言葉を聞いて若い学生はあまり具体的なイメージがわかないかもしれない。福祉とは基本的に，**自立**が困難な人々に関わる領域とみなされているからである。現代社会において「福祉」とは「労働」が困難になった人々に関わる領域とされており，私たち「一般人」は関わりがないとみなされている——本当にそうであるかという問題は後で論じる。たとえば人は年をとると仕事を続けていくことがだんだん難しくなっていく。そうなると年金が唯一の生活費となる。これから社会に出て仕事の世界に入り「自立」しようとする若者には縁遠い話に聞こえるだろう。

しかしそのように感じる若者たちも実はさまざまなかたちで福祉に関係している。たとえば，日本の場合，年金支給は 65 歳からであるが，年金の拠出（支払い）は 20 歳からとなっている。消費税を通じて福祉に貢献もしている。もちろん支える側としてだけでなく，たとえば病気やけがをした場合，医療サービスを安く受けられるのも福祉——この場合医療保険——のおかげである。自分の家族の介護サービスが受けられるのも介護保険による。

このように福祉とは，社会を構成する人々が——互いに知り合い同士ではなくとも——互いに連帯し支えあい，社会的に安心を確保する仕組みである。この制度が社会保障（social security）とも呼ばれるのはそのような理由である（さらに制度的には税金を財源とする公的扶助と保険料を財源とする社会保険を分けることもある）。

また，このような社会保障制度を備えた社会の枠組みを通常，**福祉国家**（welfare state）と呼ぶ。だがその歴史は意外に新しく，福祉国家が理念として確立

されたのは第二次世界大戦後の先進諸国においてであり,ほんの5,60年しかたっていない。イギリスのベバリッジ・プランのスローガン「揺りかごから墓場まで」は生涯にわたって生活を保障するという福祉国家の明快なイメージとして広まっていった。もちろんそれ以前の社会にも貧困者への慈善事業や政府の救貧対策などがあった。しかし以前の「福祉」はあくまでも上からのお恵みとしての福祉にすぎず,もっとも貧しい者が生存と引き換えに耐え忍ばねばならない類のものであった。これに対して福祉国家の福祉は,国民であれば誰でも平等な権利として要求できる市民的権利(シティズンシップ)としての福祉である。福祉への権利は社会権や生存権と呼ばれるもので,市民的権利の歴史のなかでももっとも最近になって登場したものである(伊藤 1994;1996)。

　もちろん福祉国家は理念としてだけでなく,現実的な政治上の力関係に根ざしている。福祉国家は労使間の妥協と協調という政治的な力のバランスの産物でもある。国によって進度の差はあるものの,労働者たちが19世紀を通じて,労働組合を組織し,選挙権を獲得することによって漸進的に政治力をつけ,これによって実質的な高賃金を勝ち取るとともに,国家を通じた税の再配分(間接賃金)としての福祉を勝ち取った。使用者側にとってみれば労働者がラディカルな労働運動を慎むその見返りとして高賃金と福祉(社会保障)を約束したという側面がある。したがって一般に労働組合の力(ヘゲモニー)が強い国では高水準の福祉が維持される傾向がある。

　福祉国家とは狭義の「福祉」だけでなく,特定の「労働」のあり方を同時に規定する社会の枠組みである。つまり福祉国家においては,完全雇用が可能であるという想定のもと,人々は「労働」によって賃金を得て自分と家族の生活を支え,それが困難な者は「福祉」を通じて生活が保障されるものと考えられる。したがって,それはフォーディズムとともに戦後の社会の特徴を総合的にとらえる概念(フォーディズム的福祉国家)といえる(→unit ㉑)。

　だが社会の枠組みとして福祉国家を見る場合,さまざまな負の側面も指摘されていることは見逃せない。福祉国家はその再配分機能をもって平等のイメージで語られやすいが,実は福祉国家そのものはさまざまな社会的格差を再生産するものでもある。たとえば,年金は個々人の賃金水準に連動する場合が多いが,このことは,賃金格差が年金水準の格差に反映されることを意味する。ま

た福祉国家において当初、社会保障給付や年金は家族単位で再分配されることが前提となっていた。結果的に、主婦は世帯主たる夫を経由して給付を受けとるという構造ができあがった（男性稼ぎ手モデルと呼ばれる）。労働市場における女性の排除とあわせて、福祉国家ではジェンダーを軸にした不平等が再生産されていた。

また福祉国家において市民的権利はあくまでも国民の範囲をこえることはなかった。したがって社会連帯という理念は、「国民同士の」という現実的な限定のなかではナショナリズムと読み替えられ、実際そのようにも機能してきた。たとえば山之内靖は日本における戦時動員体制が福祉国家の源流である社会政策と表裏一体であったことを明らかにしている（山之内 1996）（→unit ㉓）。

また福祉国家には管理社会あるいは権威主義という側面もある。建前としては福祉とは国民の権利であるとしても、具体的な決定をする主体はあくまでも国あるいは行政であり、官僚主義的な決定に準じて個別の福祉サービスは実施される。結果として国民は単なる客体となり、福祉は管理の発想に限りなく近づく（マーゴリン 2003）。こうした発想は「福祉イデオロギー」として批判されつつある。たとえば施設における障害者福祉に典型的だが、そこでは障害者をあくまで管理の対象とみなし、それが善意に基づくものであれ、施設の権威に服従する生活が強いられることになる（安積ほか 1995）（→unit ㉒）。

新自由主義とワークフェア

第二次世界大戦後、福祉国家は労働のあり方を規定したフォーディズムとともに順調に発展していくように見えた。しかしフォーディズムによる生産性にかげりが出てきた1970年代に入ると、「福祉国家の危機」が叫ばれるようになり、福祉国家の見直しが迫られるようになる。さらに80年代に入ると、サッチャーやレーガンをはじめとする、反福祉国家をスローガンに掲げた政策が多くの先進国で現実的な力をもつようになる。この主張によれば、福祉国家とは大きな政府であり、無駄が多く、国際的な競争力をつけるためには市場原理を導入し小さな政府の実現をめざすべきであるという。それは福祉の権利の制限も含意する。この考え方は新自由主義（neoliberalism）と呼ばれている。

ところで、この新自由主義が国民の支持を得たのは「**依存**」に対して反感を

煽る批判的言説によるところが大きい。福祉への「依存」は怠け者を甘えさせ、「自助」や「自立」の精神を損なわせるというものである（杉本 2003）。このような考え方から、1980年代のサッチャーやレーガンの新自由主義は、福祉削減を試み、結果として**アンダークラス**や**社会的排除**と呼ばれる貧困形態を生みだす一因となった（ウィルソン 1999）。しかし90年代に入ると、むしろ福祉による給付——受動的な——ではなく、労働による「自立」を後押しする政策が模索され始めた。こうした政策はしばしば**ワークフェア**と呼ばれている。アメリカではクリントン政権の96年の改革——「従来の福祉の終焉」——が、イギリスではブレア政権の「積極的福祉（positive welfare）」や「福祉から労働へ（welfare to work）」政策が、ワークフェア政策とみなされている。

この政策のねらいは労働市場から——つまり社会から——排除された者を、再び社会に包摂（inclusion）することにある。そこに含意されているのは、従来の福祉受給者を福祉の権利ばかり主張する受動的な存在とみなし、そのような彼らを働く意志のある、「意欲的で」「能動的」な主体に変えようとすることである。

たとえばアメリカでは、この改革で従来の「要扶養児童家庭扶助」（AFDC）（日本における母子家庭への生活保護に相当）に代わり、「貧困家庭一時扶助」（TANF）が登場した。この制度のもとでは、現金給付の期間の上限が設けられ（生涯で5年のみ）、受給の条件としてボランティアや職業教育・訓練などへの参加が義務づけられている。イギリスでは若年失業者への支援政策において、求職活動や職業訓練への参加が求職手当の条件になっている（小林 2007；埋橋 2007；居神 2007；ケリー 2007：3章）。

ワークフェアはこのように福祉の「依存者」を「やる気」や「意欲」を欠く者とみなし、福祉を権利から条件つき給付に変えることによって、彼らに脅しをかけ、「意欲」を出させようとするのである。だが、彼らは本当に「意欲」がないのだろうか。また、そもそも「意欲」は脅しによって生まれるものなのだろうか（2番目の点については後で再び触れる）。

このような考え方は日本でも広がっている。というのもワークフェア（とくにイギリスの若者支援政策）の副産物が、日本の「やる気のない」若者イメージの形成に大きく寄与しているからである。ブレア政権は社会的排除に取り組む

> **重要ポイント㉚**
>
> **シティズンシップ**
>
> 「市民（シティズン）」であることにともなう権利をしばしばシティズンシップと呼ぶが，その権利内容は歴史的に変化してきた。T. H. マーシャルは，シティズンシップは歴史的に徐々に進化し，豊かになってきたと考える。まず18世紀に経済的な自由（所有権，良心や言論の自由など）が，ついで19世紀に政治的権利（選挙権など）が確立し，最後に社会権（労働基本権，生存権など）が20世紀の福祉国家で確立した。しかし，前二者が国家からの自由を保障する権利であるのに対し，社会権は国家が積極的に介入することによって成立する権利であり，特に経済的自由と鋭く対立する。実際，福祉国家の危機以降，社会権は抑制される傾向にある。またグローバル化が進み，文化的な多様化が進む現在，シティズンシップを享受する「市民」とは誰かをめぐっても，従来の定義はもはや共通了解とはなりえなくなっている。たとえばかつて国籍が「市民」であるか否かの基準であったのに対し，現在では，ますます多くの国で，「居住」がシティズンシップの要件とみなされ始めている。

ために social exclusion unit という政府機関を設置し，その取り組みのなかで，NEET（not in employment, education or training）——つまり，雇用，教育，職業訓練のいずれにも参加していない状態の若者——という概念をワークフェアのターゲットとして創出した（Levitas 2005）。2004年に日本にこの概念が「輸入」されるやいなや本国以上に流通し，「ニート」とは「やる気のない若者」のことであるという解釈が成立した。さらに若者一般がいつ「ニート」になるかわからない「ニート」予備軍とみなされるようになったのである（本田ほか 2006）。日本では「ワークフェア」という言葉それ自体は広まっていないものの，問題としての「ニートの若者」は，実はその解決策としての「ワークフェア」——「自立への意欲」の活性化——を要請しているのである。

「自立」とは

ワークフェアは〈福祉の世界〉での「依存」ではなく，〈労働の世界〉での「自立」をめざす。日本でもワークフェアの枠組みのもと，若者に限らず，生活保護世帯のシングルマザー，障害者，ホームレスなど，公的扶助の対象が「意欲」のない「依存」者とみなされ，彼らの「自立」を目標とする各種の自

立支援法が成立し始めた。しかし「意欲ある」「自立」した者たちの〈労働の世界〉に目を転じれば，そこはじつはワーキング・プアの世界だという現実に突き当たる。

　ワーキング・プアとは労働しているにもかかわらず貧困を抜けだせない人々のことである。「やる気のない」者たちの多くは，給与水準が高く安定した，「まともな」仕事をするための文化資本（→unit ⑭）をもっていない。しかも現在，この「まともな」仕事はどんどん希少なものとなり，残りの多くは給与水準の低い不安定でつまらない仕事となっている。ワーキング・プアの多くはこうした仕事しか選択する余地がない（→unit ㉞）。このような状況で若者たちに「仕事」をして「自立」せよと要請するメッセージは，実はワーキング・プアに耐えろということに等しい。そこに「意欲」が生じることは難しいのではないだろうか。

　「自立せよ」というワークフェアの政策目標が労働の世界への包摂ということを意味するのであれば，まず受け皿である「仕事」をまともなものにする必要がある。これは ILO（世界労働機構）で提唱されている**ディーセント・ワーク**（品格ある仕事）の考え方である。それは，仕事における諸権利の保障，適切な雇用機会，社会保障制度の整備，社会的対話（政・労・使および市民グループやNGO の対話）によって構成される（埋橋編 2007；高橋 2007）。もちろんこれが必要なのはワーキング・プアの職場に限らない。現在の日本において長時間労働やサービス残業を強いられる多くの正社員の仕事も「品格ある仕事」とはいえないだろう。

　したがってむしろ，こうした「品格のない仕事」になぜ耐えられないのかと問うよりも，なぜ耐えられるのかと問うほうが理にかなっている。湯浅誠らは，ホームレスだけではなく，ネットカフェやマクドナルドで寝泊りする不安定な居住形態を漂流させられるフリーターを「生活困窮フリーター」と呼び，彼らとそうでない者の違いは，"溜め" の有無にあると指摘している（湯浅・仁平 2007）。"溜め" とは，人を外界から守る「保護膜」のようなものであり，金銭的な "溜め"（貯金），人間関係の "溜め"（家族や友人など），知識の "溜め"（貧困を自己責任ととらえない余裕のある態度，権利意識など），精神的な "溜め"（自分は「できる」という根拠のない自信）などによって重層的に保持されている。

「意欲」と呼ばれるものはこの精神的な"溜め"の一形態といえる。これらの"溜め"のおかげで，一時的に経済的な貧困状態に陥っても，たとえば家族の仕送りなどによってそれに耐え，這い出ることができるのである。貧困者とはこの"溜め"が少ない者のことである。そして"溜め"の多寡は努力によるものではなく，運であるとしかいえない。とすれば「自立」できる者とできない者の差の根拠はどこにもなく，ただ偶有的であるにすぎない。

そうだとすれば，「自立」とは何かあらためて考える必要がある。私たち「普通」の人々は「普通」の会社に就職し，その「仕事」を通じて「自立」していると素朴に考える。では「会社」は「自立」しているといえるのだろうか。たしかに資本主義の世界では民間の会社は競争と淘汰のなかで生きているとされる。しかし戦後の日本は政府主導のもとに工業地帯の開発が進められ，政府の保護と規制によって産業が育成された（このような政策は開発主義と呼ばれる）。たとえば工場用地の取得がただ同然でなされた企業もある。バブル崩壊の後には，地方に雇用を創出するために借金によって国は公共事業を増やした。企業の「保護・育成」と個人の「依存」はどう違うのだろうか。また企業組織のなかにも「依存」があるが，これを明確にするのは難しい。役立たずで高給取りの正社員は，派遣社員やフリーターに「依存」しているといえるかもしれないからである。「自立」と「依存」の境界もはっきりしたものではない。

読書案内

考える糸口
- 額田勲『孤独死――被災地神戸で考える人間の復興』岩波書店，1999。
  阪神淡路の震災後，孤立した高齢者が生きる気力をなくしたのはなぜか。セーフティネットとしての福祉の重要性を考えるために。

問題を見つける
- 伊藤周平『福祉国家と市民権――法社会学的アプローチ』法政大学出版局，1996。
  福祉は狭義の政策だけではなく，労働・文化・思想などの広範な問題と密接に関連していることがわかる。
- エスピン＝アンデルセン, G.『福祉資本主義の三つの世界――比較福祉国家

の理論と動態』(岡沢憲芙・宮本太郎監訳) ミネルヴァ書房, 2001。
　福祉国家を保守主義 (大陸型), 自由主義 (アングロサクソン型), 社会民主主義 (北欧型) の3つに類型化。その後, 日本はどこに入るかが議論となる。

unit 31

高齢社会

老人から高齢者へ

　高齢社会とは社会の構成員のなかで高齢者の割合が比較的多い社会のことであるが，めやすとして 65 歳以上の高齢人口が総人口の 14％ をこえると高齢社会（aged society）と呼ばれることが多い。この意味で日本は 1994 年に高齢社会に突入した。では，若者や壮年が中心のかつての社会と高齢社会とでは，社会のあり方としてどのような質的な違いがあるのだろうか。

　高齢社会はまず福祉の問題として語られる。高齢化は年金や医療を中心とした社会保障制度の拡充を要請するからである。そのため，社会の高齢化の進展は福祉国家の発展を要請すると考えられ，福祉国家の長期的な発展において，経験的に両者の間の相関関係が証明されうるとさえ考えられていた。しかし日本のように最近になって急激に高齢化が進展した国では特に，福祉「依存」を批判し「自立」を要請する近年の新自由主義的政策によって，高齢化イコール福祉国家という主張をすることは困難になってきた。

　この困難は「自立した高齢者」の「表象をめぐる政治」に表れている。日本においては奇妙にも 1980 年代の高齢社会への転換過程のなかで，「老人」という言葉が政府や行政の使う語彙から消えていったのである。「老人福祉法」などの定型用語を除けば，この言葉は行政文書のなかから次第に消え，「高齢者」というそっけない言葉に取って代わられるようになった。

　1990 年代に入ると厚生白書などではさらに「自立」した「元気な高齢者」のイメージが積極的に打ち出され，かつて流布していたとされる「弱者」としての高齢者から「元気な」高齢者への高齢者像の転換がより意識的に称揚されるようになる。また最近では，「多様な高齢者」像を強調することによって，

かつての「弱者」イメージを相対化しようとする試みも見られる。またその延長に自己決定の主体としての高齢者像がある。

　一方において，高齢者自身が「老人」というネガティブな言葉を忌避するようになったという側面がある。たしかに「老人席」よりも「シルバーシート」のほうが聞こえはいい。だが「老人」の「弱さ」が福祉への「依存」を意味するのに対し，「高齢者」はあくまで中立的であり，高齢者の「自立」を促す政策的な立場から「老人」が忌避されたといえる。政府からすれば，高齢者を身体的に「元気」で「活力ある」存在とみなすことによって，経済的に「自立」した存在とみなし，医療費など高齢者向けの公的福祉の抑制を正当化することができるのである（→unit ㉚）。また経済的に「自立した」高齢者は，1990年代に入り規制緩和された民間の医療保険を積極的に活用することが望ましいとされるのである。

　政府が白書などでイメージを打ちだそうとする「高齢社会」や「長寿社会」は，こうした「元気な高齢者」，いわば「AAA（トリプルA）の高齢者」（小幡2002）を模範的高齢者とみなす。だが老人から「元気」な人々へとイメージ転換が図られたとしても，若者と比べて身体的には脆弱な存在であることには変わりない。たしかに近年，経済的に豊かな高齢者も増えてはいるが，その反面，経済的に苦しい高齢者も相変わらず多い。さらに経済的な格差は「健康格差」と強く相関する（近藤2005）。「格差社会」は高齢者層のなかでもっとも顕著である（→unit ㉞）。「元気な高齢者」によってつくられる「高齢社会」は，結果として「老い」そのものを不可視なもの，タブーにさえしてしまう恐れがある。

介　　護

　「元気な高齢者」像が不可視のものとする別の問題は**介護（ケア）**である。弱者と見られたくないとの思いがどれほど強くとも，身体的な衰えとともに高齢者は他者による介護を必要とするようになる。この意味で高齢者は「自立」した存在ではなく，配偶者，家族，ケア労働者など彼らを介護する他者との関わりのなかで生きていかざるをえない。したがって「老い」の不可視化は，介護の不可視化，さらには介護者の不可視化に直結する。

　「高齢社会」の到来とともに，介護（者）を不可視化する力とこれを可視化

する力のせめぎあいとでもいうべき歴史を見ることができる。

　高度成長期における核家族化の進行とともに高齢者の介護の担い手不足が顕在化する。しかし国は公的介護の要求を抑制するために、高度成長が終焉し「福祉見直し」に着手する1970年代後半から80年代にかけて、個人や家族を福祉の基本とみなす「日本型福祉社会」論を主張した。たとえば1978年の『厚生白書』は三世代同居を日本の「含み資産」とみなし、家族介護を日本の「美風」として奨励するものであった（大沢 1993）。そこで実質的に介護の担い手とみなされていたのは、家族のなかでも女性たち（妻、娘、長男の嫁）である。

　しかし同時に、この頃から家族介護の過酷さが社会問題化していく。たとえば有吉佐和子の『恍惚の人』（1972年）や佐江衆一の『黄落』（1995年）といった小説は、家族介護者の介護疲れや「共倒れ」を告発する（上野 2003）。また家族介護を避けるために仕方なく選択された「社会的入院」（本来、「介護」されるべき高齢者を「看護」という医療の枠組みで代替させる）の問題が浮上してくる。

　しかしこれらの家族介護の可視化の試みが問題にしているのは、単なる身体的「疲労」ではない。彼女たちは介護労働の「苦しさ」もさることながら、それが「当たり前」とされ、不可視なものにされることそれ自体に違和感を覚えるのである。この違和感は彼女たちの介護が、介護される本人も含め家族の誰からも感謝さえされないという不条理のなかにある（春日 2001）。

　だがその後「高齢社会をよくする女性の会」「介護の社会化を進める1万人市民委員会」などの草の根の運動もあり、「介護の社会化」の必要性が徐々に認識されるようになっていく。1990年代に入ると「ゴールドプラン」「新ゴールドプラン」といった包括的な高齢者福祉の拡充計画が策定され、家族介護から公的介護へのレールが敷かれる。2000年には公的介護保険が策定され、公的なサービスとして介護が保障されるようになる。

　しかし介護の不可視化の問題はこれで解決したわけではない。家族介護の負担は依然として残り、その多くは女性が担っている。さらに公的介護保険のもとでも、介護労働者の多くは女性である。彼女らの介護は主婦の家事労働の延長として位置づけられ、専門的な労働とみなされることが少ない。介護労働は依然として不可視であり、低賃金を余儀なくされている（森川 1999）。また介護保険制度では介護サービスの供給は市場化され、採算が取れるビジネスとし

て位置づけられたため，現場の労働者は，介護をビジネスとして割り切るプレッシャーを受け続けることになる。

老　い

　ところで「弱者としての高齢者」論も「元気な高齢者」論も，身体の衰え，つまり「老い」をネガティブなものととらえている点では同じ前提に立っている。前者は身体の衰えをカバーするために，社会的な援助の必要性を主張し，後者は元気なお年寄りはたくさんいるではないかと主張する——言い換えれば，「元気でない」ことは依然としてネガティブなものとして位置づけられている。しかし，「老い」を避けられない必然的なものとしたうえで，まだ老いていない「普通の人たち」が「高齢者」とどのような関係をもつべきかを問い直す倫理的な問題として評価することはできないだろうか。そしてそれは「普通の人々」によって構成される「私たちの社会」を問い直すものとなる。

　老いが高齢者自身にとって彼／彼女の生き方を問い直す契機となりうることは比較的わかりやすい。たとえば映画『生きる』（黒澤明監督，1952年）の主人公は，病で余命がいくらもないことを知らされたしがない退職間近の初老の地方公務員である。彼はこれまでの自分の人生の無意味さを痛感することによって，残された時間を新たに生きようと自己の存在意義を求めてもがく。これは老いによってもたらされる可能性である。

　しかしある人の老いは，介護を通じて他者（家族や介護労働者）を巻き込む。巻き込まれた人々は，「老い衰えゆく」当事者とどのような関係を結ぶべきか，その応答の仕方（＝責任 responsibility）が問題となる。「高齢社会」に特有の質があるとすればこの応答責任という問題である。

　天田城介（2004 ; 2007）は老いを自己が自己に対して制御不能となる事態ととらえ，これを「根源的暴力」と呼ぶ。老い衰えゆくとは自己の身体がままならなくなっていくことである。それまで人に頼られていた者が身体的な衰え（認知症〔痴呆〕も含む）によって受動的な存在になると，自分の存在意義が疑わしくなり，屈辱感さえ抱くことになる。これにより自己の存在論的安心が脅かされるのである（→unit ⑪）。彼らにとって自明であった世界は壊れ，自分を社会のなかにどのように位置づけていいのかわからなくなる。

> **重要ポイント㉛**
>
> **リスク社会**
>
> 　現代はリスク社会であるという認識が生まれ，リスク言説は拡がってきた。環境破壊や放射能汚染など，それまで産業の発展を優先してきた社会が無視したり過小に評価していたリスクが，現在，無視しえぬほど大きくなって人々の生活を脅かしている。こうした脅威は従来型の配分の政治や個々人の力では防ぐことができず，この意味でのリスク社会は産業社会の論理そのものを批判し，新しい政治をつくりだす可能性をもっている（ベック 1998）。しかし他方，リスクを自己責任によって管理すべきという考えも強まっている。公的年金や社会保障など国家によって一元的に管理されていたリスクは，民間保険会社に委託され，個人の選択に任される（小幡 2002）。またリスクの認識は不確かな予測に基づくという性質から，リスク言説が一人歩きする場合もある。しばしば少年犯罪のリスクはメディアを通して増幅され，人々の間に防犯への強迫観念を生みだす。

　認知症高齢者の一見理解不可能な行動は，記憶の衰えに対する存在論的不安に起因すると考えられる。家族介護者への「攻撃」的な態度は，依存している不本意な状況を相殺するために，つまり自己の尊厳をかろうじて保つためになされる場合もある（小澤 2003）。祖父の介護を任されたことのある女子学生の話であるが，彼女の祖父は認知症が進み，彼女のことを孫ではなく，なぜか「馬子」であると思っていた。どうやら彼女の祖父は戦争中従軍経験があり，現在の自分の「ふがいない」状態を再定義するために，彼女のことを軍隊時代の「部下」とみなしたかったようだ。彼らの生活世界に注目すれば，その行動の少なからぬ部分はある種の合理性をもつことがわかる。

　しかしこのような「合理的な」行動は同時に介護者（配偶者，家族，介護労働者）を傷つける。介護される当事者が自己の存在論的安心を確保するために行う非難や攻撃は，介護者にとっては耐え切れない理不尽な言いがかりである。つまり「根源的暴力」にさらされる高齢者に関わることによって，介護者もまた「根源的暴力」にさらされ，その存在論的安心が脅かされることになるのである。介護者の側はこれをかわしたりシャットアウトするさまざまな手段（たとえば無視するなど）を行使するが，今度はそれが介護を受ける当事者を傷つける。この悪循環は自己のアイデンティティを維持するために他者のアイデンテ

ィティを傷つける「闘争」といえる。あるいはいわばトランプのババ抜きのように「根源的暴力」を否認し，互いになすりつけ合う事態とでもいったらよいのだろうか。おそらくそれは私たちの現在の「高齢社会」の縮図である。

　天田はこのような「闘争」が解除されている先駆的な施設がすでに存在することを同時に指摘している（高齢者の介護施設ではなく，精神障害者の施設ではあるが，たとえば北海道浦河の「べてるの家」がそうである）。こうした施設では，介護者と介護を受ける当事者の相互行為においてアイデンティティへの執着を解除するような「場」が形成されているのが特徴的である。スタッフの側が「福祉の専門家」としてのアイデンティティに頼らずに接することも含まれている。

高齢社会と倫理

　こうした介護の現場における「闘争」と先駆的施設の実践は，私たちの高齢社会が福祉や社会保障の問題である以上に，アイデンティティの「闘争」の問題であり，他者への応答責任（responsibility）の問題であるということを示唆している。

　たとえば先の女子学生の祖父のアイデンティティの形成とこだわりは，個人的に特殊というよりも，青年時代に戦争に従軍しその後高度成長を生きたその世代の経験——彼女の祖父は1920年生まれ，あの「決死の世代」であった（→unit ⑮）——からくるといえる。彼ら年長者の生きた歴史と生活世界は，彼らに固有のアイデンティティ＝文化を与える。だから私たちにとって，彼らは他者であり，彼らを理解するためにはまず彼らの歴史的に形成された生活世界に内在して彼らの声に耳を傾けるほかはないのである。

　しかし，他者の声に耳を傾けることは面倒なことである。他者のアイデンティティを理解するということは，彼らに感情移入するということでは必ずしもない。むしろ理解不能な他者の行動を理解することによって，彼らと距離をとり相対化することである。しかし，そのことによって，私たち「普通の人々」のアイデンティティへの固執も同じように相対化され，ある場合にはそれを疑うきっかけとなってしまう。

　私たち「普通の人々」も自分たちなりのやり方で，さまざまなアイデンティティに固執しているからである——誰かの親，誰かの息子や娘，一流企業のサ

ラリーマンとその妻，などのように。私たちにとって他者である高齢者のアイデンティティが必然的なものではなく，特定の社会や歴史の産物，つまり偶有的（天田 2004）であるなら，私たちのアイデンティティも同じように偶有的である。

　介護の場で「福祉イデオロギー」が採用されたり，行政が「高齢者」という無味無臭の用語を使うのは，他者の声を聞き取ることにともなうこの面倒くささをあらかじめ締めだすためでもある。高齢社会で賭けられているのは，私たち自身のアイデンティティが揺るがざるをえないこの「面倒くさい」倫理なのである。

読書案内

考える糸口
- 香山リカ『老後がこわい』講談社現代新書，2006。
  自分の老後を想像してみるのは誰にとっても怖いが，高齢者を理解する第一歩でもある。

問題を見つける
- 山田富秋編『老いと障害の質的社会学——フィールドワークから』世界思想社，2004。
  フィールド調査から高齢者の多様な生活世界に迫る試み。豊かだが脆弱でもある高齢者の生活世界を知るために。

unit 32

消費社会

生産から消費へ

「生産」されたものは「消費」されるという意味で、人類の歴史が始まってからずっと私たちの社会は「消費社会」であった。たとえば後輩に酒を奢るときや結婚式の披露宴などで、「けち」といわれないために「みえ」をはってぶりのよいフリをすることがある。こうした消費をT. B. ヴェブレンは誇示的（顕示的）消費と呼び、人類の歴史とともにあることを示した（ヴェブレン 1998）。

しかし「生産」を重視するか「消費」を重視するかは、人によっても社会によっても違う。この2つの活動のうち、どちらに価値の比重が高く置かれていたかという観点からその社会が生産社会か消費社会かを定義することができる。M. ウェーバーが指摘するように、近代資本主義は節制と勤勉を美徳とみなすエートス（精神構造）によって発展してきたとするなら、近代社会は「生産」に価値を置く生産社会であったといえよう。

しかし、ウェーバーが示唆するように勤労倫理の「魂」は徐々に形骸化する一方、消費の快楽が徐々に価値を獲得し始めた。20世紀前半の大量生産＝大量消費というパターン（フォーディズム）は、大衆の消費への欲望をかき立てることなしには成立しえなかった（→unit ㉑）。

とはいえ、そこで含意されている消費とは、大量に生産された、それゆえきわめて画一的な製品（マス・プロダクト）を、きわめて画一的な大衆（マス）が消費者として受動的に受け取るという消費パターンである。いわば隣人と「同じような」クルマやテレビや冷蔵庫を欲し、それで満足であるという「粗野な」消費であった。この広義の「消費社会」を大衆消費社会と呼ぶことができる。

253

図 32-1　生産社会から消費社会への転換のイメージ

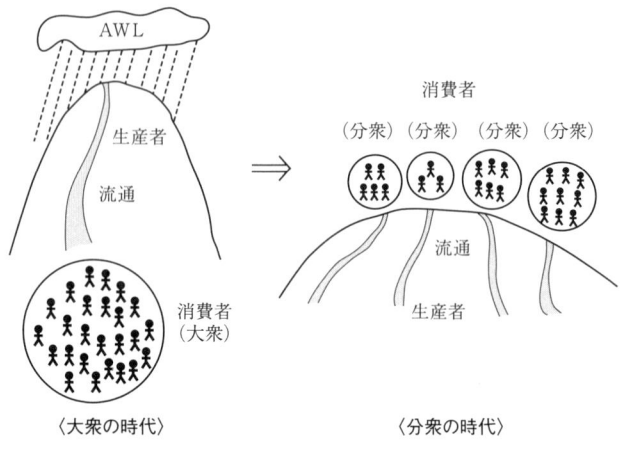

〈大衆の時代〉　　　〈分衆の時代〉

（出所）　博報堂生活総合研究所編 1985 より作成。

　高度な消費文化に彩られた現代的な——狭義の——消費社会への実質的な転換が生じたのは，消費者が画一的な消費には物足りなくなり，ほかとは異なった商品，新しい商品，つまり消費における差異，多様性，選択性を重視し始めたときである。具体的にはそれは 1970 年代から 80 年代であると考えるのが妥当である（→unit ㉘）。この頃には大衆はどの家庭でもすでにテレビ，冷蔵庫，洗濯機といった耐久消費財を購入するようになっている。一方で，人々は従来の横並びの消費に飽き足らなくなり，他方で，巧みな広告戦略によって消費への欲望が喚起されるようになった。

　広告代理店の博報堂が消費社会を「大衆の時代」（大衆社会）から「分衆の時代」へととらえていることからも，この意味における消費社会の到来をより自覚的につくりだそうとしていることがわかる（博報堂生活総合研究所編 1985）。その分析によれば，かつての「大衆の時代」において人々は，アメリカ式生活様式（AWL）を唯一のモデルに，生産者がつくる製品を，一枚岩の「大衆」として受動的に消費しているにすぎなかった。それゆえその社会は生産者が消費者よりも優位な生産社会であるといえる。これに対し来るべき「分衆の時代」では，消費者は自分たちの好みやライフスタイルの差異を認識し，そうした好みに合致した製品を生産者に能動的に要求することができるという。この

とき消費者は「大衆」ではなく，差異を重視する「分衆」なのであり，生産者は消費者の声を製品に反映させねばならず，この意味で消費者優位の社会，消費社会なのである（図32-1）。

記号の消費

この転換は，消費のあり方の転換でもある。かつての大量生産の社会では，消費は基本的に必要（ニーズ）に応じて行われた。人々はその商品の実体，あるいはその機能を消費していた。たとえばクルマであれば必要最低限の機能さえ満たしていればよかったのである。しかし消費社会では機能の重要性は低下し，むしろ商品の意味が重視される。言い換えれば，商品は必要性（ニーズ）よりも他人と差をつけたいという欲望によって購入が促される。特定の意味を運ぶ媒体を記号と呼ぶとするならば，商品は実体（モノ）ではなく記号として消費されるのである。

たとえばクルマを考えてみよう。自家用車を買うというとき，クルマとしての機能よりも，その車種やモデルによって喚起されるクルマのイメージや意味が重視される。ベンツやBMWなどのように高級感があるかどうか，それともスポーツタイプ，あるいはファミリー向けか，最新のモデルかどうか。もちろん利便性などの機能も満たされなければならないが，それは十分条件ではない。たとえば，四輪駆動車はオフロード用という機能そのものよりも，「オフロードを走る」という「たくましさ」や「ワイルドさ」，つまり「らしさ」が消費されるのである。機能はアリバイにすぎない。

ところで，こうした「らしさ」は社会で流通するイメージである。そして商品はそれ自体では社会的なイメージや意味をかもしだすことはない。したがって商品のイメージは広告戦略によって積極的につくられ広められなければならない（ウィリアムスン 1985）。先の四輪駆動車が「たくましさ」を意味するためには，たとえば荒野を疾走する姿がCMで映しだされる必要がある。ことによると，より明確に意味をつくりだすために，広告のキャプションやナレーションを通じて「舗装された道」を走る「普通のクルマ」と「オフロード」を走る「ランドクルーザー」を対比させる広告戦略を駆使するかもしれない（岡本 1998）。

こうして私たちは広告が提供する説明を通じて商品のイメージを受け取るのであるが、この説明は単なる機能の説明以上のものである。効果的な広告は商品を小道具として配した物語を構築する。私たちはこの物語を通じて商品のイメージを受け取るのである。

記号の消費をもっとも体現しているのがブランドだといえよう。ブランドとは個々の商品ではなく、商品を販売する特定の生産者や企業への信用によって支えられた商品群である。ルイ・ヴィトン、ナイキ、スターバックスなどの企業は「ブランド・イメージ」を何よりも大事にする。企業は個々の商品を直接売り込むのではなく、ブランドそれ自体の宣伝やイメージアップに力を入れる。これを買う側も個々の商品の性能というよりも、商品をめぐって構築されたイメージや物語を消費する。消費者が偽ブランドに簡単にだまされるのも、商品の性能への関心をもっていない証拠である。

消費そのものに自由や解放の側面が含まれていることも確かである。生産社会において生まじめな労働倫理によって人々は支配され、勤勉という道徳が欲望を押さえつけ、将来の自分のために現在の自己を犠牲にしていたとすれば、消費社会はたしかにこうした不合理な抑圧からの解放を意味する。冷戦時代の旧東欧において豊かさと自由のイメージは西側諸国の商品へのあこがれと結びついていた。また政治や労働の世界に存在するヒエラルキーは動かしがたいが、消費社会が提供する商品は誰に対しても開かれているように見える（特に女性や子どもに対して）。しかしバラ色の消費社会のイメージは本当だろうか。

自己を「買う」——消費社会における自己

消費社会は商品を介してイメージや意味を提供するが、なぜ人はイメージや意味を「買う」のだろうか。

たとえば、四輪駆動車を所有することによって、機能には還元できない「オフロード」や「ワイルド」というイメージを手にすることができるということは指摘した。このイメージは最終的には四輪駆動車を所有する自己についてのイメージに行き着く。たとえ現実にオフロードを走らずとも、このクルマを運転する者は、「ワイルド」な自己像、ひいては「男らしい」自己像を手にすることができるのだ。ある商品を所有し消費すると、その商品イメージによって

重要ポイント㉜

コモンズ

　住民が共同で管理・維持する共有地，共有資源をコモンズという。明確な私有財産概念をもたない共同体社会では，財はコモンズであったが，近代資本主義の進行とともに，土地の私有化が生じ，土地や財の所有の線引きがなされ，土地をもたないものは農村から締めだされる囲い込み（エンクロージャー）が進行した。コモンズは第三世界では一般的な土地の管理方法である。しかし維持や管理の責任が曖昧になり，たとえば放牧の際，農民が無制限に牧草を牛に食べさせ，牧草を枯渇させるといった「コモンズの悲劇」（G.ハーディン）が起こるという主張がある。この主張は，モラル・ハザードを招かない私的所有のほうが効率的だとし，第三世界の開発の論拠にもなっていた。しかし近年，むしろ私的所有のほうが乱開発を生み，コモンズのほうが開発を抑制し，環境保護や持続可能な発展に親和的であるという考え方が広まり，コモンズの見直しが進んでいる。また，土地や物質的な資源だけでなく，知的資源や情報をコモンズとしてとらえる観点も出てきている。フリー百科事典 Wikipedia や，OS のリナックスの場合などは，情報を著作権などによって囲い込むことはせず，誰でも改良のプロセスに参加することを可能にしているが，このように共有された知や情報もコモンズととらえることができる。

自己像を構築することができる。消費社会ではいわば自己を「買う」ことができるのである。

　ブランドの場合，売り込み戦略がより自覚的なだけに，自己を「買う」という隠れた動機はさらに鮮明に見えてくる。たとえばスターバックスのイメージ戦略は，コーヒーそのものを売るのではなく，スターバックスでコーヒーを飲むという「体験」や「雰囲気」を売ることに主眼を置く。そのため，人々があたかも物語の主人公となれるような演出をする。スターバックスの COE はこういう。「彼らが求めるのはコーヒー体験のロマンスなのだ。人々は，暖かくて親しみやすいスターバックスの雰囲気を求めてやってくる」（クライン 2001）。人々は「コーヒーを飲む体験」「コーヒーを愛する体験」を買うわけである。出店はオシャレな街に絞り，客は若者が多く，女性が１人でも気軽に入ることができる。禁煙であることによって，ある種の客──たとえばダサいオヤジ──を締めだす。同じコーヒーでもオヤジくさい喫茶店でもうもうたる紫煙に巻かれてすするコーヒーとは意味が違う。そしてこの「体験」には必然的に

「体験する自己」をともなう。また「体験」の日常的な反復はライフスタイルを構成する。その意味で私たちは「コーヒーを飲むライフスタイル」と「コーヒーを飲む自分」を「買って」いることになるのである。

つまり商品のイメージを買うということは，そのイメージと適合的な「自己イメージ」を買うということである。ナイキのスニーカーを買うとき，私たちは「スポーツを愛する自分」を買っている。ボディショップで動物実験をしない化粧品を買うとき，私たちは「動物実験に反対する（＝倫理的な）自分」を買っていることになる。コンサバ（ティブ）なブランドを身に着けることによって，「きちんとした私」を買っているのである。

この意味で消費社会とは，いわばさまざまなタイプの「自己」や「ライフスタイル」ができあいのものとして店頭に並んでおり，消費者はそれを選択し，お気に入りの「自己」，理想の「ライフスタイル」を購入することができる社会である。それは「自己実現」を買うことのできる社会といってもいいだろう。これを売る側からいえば「魅力ある自己を手に入れたいのなら，この商品を買いなさい，このブランドを買いなさい」と誘惑する社会である。

消費社会のよそ者たち

繰り返すことになるが，消費者が生産者より優位になるということはバラ色の社会なのだろうか。私たちは消費者であると同時に生産者でもある。消費をするためには働いて給料をもらわなければならない。ところが消費社会では，消費者の声が大きくなるにつれ，生産と労働の場の自律性はどんどん失われ，移り気な消費者の好みに振り回されるようになる。というより，新しい商品に買い換えさせるために，一刻も早く消費者を飽きさせなければならないのだ。モデル・チェンジのスピードを速め――まだ使える携帯も1年後にはダサくなる――，売れない商品の生産はすぐにストップしなければならない。この変化に対処するために，労働現場では生産調整に臨機応変に対応できるフレキシブルで人件費の安い非正規雇用が大量に必要とされる（→unit ㉑）。たとえばNHKのドキュメント『フリーター漂流』（2005年）の携帯電話の組み立て工場がそうだ。こうした環境で長年働く者の多くは，貯金をためることができず，ワーキング・プアとなる（→unit ㉚）。彼らは消費社会が提供する消費の機会を

享受することはできない。逆説的にも消費社会は消費社会の誘惑に応えることができない「よそ者たち」を大量に生みだしていく。

消費社会から排除された「よそ者」はどうなっていくのだろうか。Z. バウマンが示唆する消費社会の「よそ者」の姿は私たちを気落ちさせる。貧困は消費の不可能性を意味し，単に恥（スティグマ）となるからである。まばゆい消費生活を映すメディアはこの状況をさらに悪化させる。彼らは消費することによってしか恥を克服することができないが，克服するその手段をもっていないのである。

さらにバウマンによれば，消費社会では「おもしろさ」が絶対的な価値となり，「退屈」がもっとも忌避すべきものとなる。この価値観は消費だけでなく，労働のあり方をも規定していく。かつての生産社会にあっては労働倫理のおかげで実直に働く者は地味な仕事でも貧しくとも誇りをもってやり通すことができた。しかし消費社会では仕事までもが「おもしろく」なければならない。メディアは「やりがいのある」仕事を見せつける。退屈な仕事はくだらなく見える。しかし実際はそのように「やりがいのある」仕事は一握りであるため，「消費者の資格」がないとして消費社会から排除された者たちは，仕事に熱意を振り向けることもできず，犯罪などによって非合法的に消費社会への再入場を試みるか，すべてをあきらめ長い人生を「余生」として生きるしかない（バウマン 1999；2003）。

では消費社会への批判はどのように可能だろうか。消費社会のオルタナティブをめざすさまざまな試みがある。消費社会に距離を取り，批判的に生きることは可能だろうか。第三世界の農民から買い叩きを止めた企業の商品を買う**フェア・トレード**はそうした試みのひとつである（鈴木 2007）。児童労働や環境破壊をした企業を告発するより積極的な運動もある

なかでもユニークなのは，N. クラインが紹介するアドバスティング（広告破壊）という——おそらく非合法な——戦略である（クライン 2001）。広告がブランドにイメージを与え，さらにブランドを購入する消費者に自己のイメージを与えるのであれば，その裏をかいて広告を書き換えればよい。あるエイプリル・フールの日，彼女の住むトロントで目抜き通りの数百の屋外看板のやせすぎたファッション・モデルの顔にマジックで骸骨が書き込まれ，彼女たちはゾ

ンビに仕立て上げられた──それはあるアーティストの仕業であった。消費社会から距離を置くことはこのような笑いによって可能になるのかもしれない。

読書案内

考える糸口
- 大塚英志『「彼女たち」の連合赤軍──サブカルチャーと戦後民主主義』角川文庫, 2001。
- 大塚英志『「おたく」の精神史──1980年代論』朝日文庫, 2007。
  80年代の消費社会がそれ以前の社会からどのように断絶しているかを知ることができる。

問題を見つける
- クライン, N.『ブランドなんか, いらない──搾取で巨大化する大企業の非情』(松島聖子訳) はまの出版, 2001。
  消費社会化, 先進国の若者の排除, 途上国労働者の搾取, この3つのプロセスが同時に進行していることをわかりやすく示すとともに, 理不尽さへの抵抗を描く。

unit 33

情報社会

モノから情報へ

　現代社会は情報の流れ（フロー）が活発化し，情報社会となったといわれる。特に1990年代に入り大量の情報を処理し加工する情報科学技術の発展によって，パソコン，インターネット，メール，携帯電話などが普及した。知りたい情報はネット検索で簡単に手に入れることができるし，ブログをつくることで簡単に情報を発信することもできる。インターネットやメールは物理的な空間を飛び越え，遠い外国のできごとや情報に手軽に，しかもリアルタイムでアクセスすることを可能にした。グローバル・ビレッジ（地球村）の概念によってM. マクルーハンが予見していたことは，このように世界が1つの「村」のように身近になることであった（マクルーハン 1986）。

　しかし情報社会においては，情報の量的な側面にもまして，社会における情報の重要性の高まりという質的な変化を考える必要がある。情報の重要性が高まるということは，情報が価値あるものとみなされることである。そして情報に価値があるということは，情報量の流通の増大という特徴とは逆の動き，すなわち価値ある情報を独占し，占有しようとする動きを招き入れる。情報の排他的占有が，競争社会のなかで勝ち残り，社会のヒエラルキーのなかで上位を占めるための決定的要素となるからである。

　社会において情報の重要性が高まったということは，生産の場における変化にもっともよく現れている。現在，物質的なモノの生産ではなく，モノの**プロトタイプ**（原型）の生産のほうが重要になりつつある。純粋なプロトタイプは物質的な実体を欠いた情報である。実際のモノの生産はプロトタイプのコピーにすぎない。プロトタイプがすぐれていれば，販売競争に勝つことができるし，

プロトタイプが負けると，販売競争でも負けてしまう。このように企業の将来がかかっているプロトタイプは，それゆえ占有され，保護される必要がある。他方，実際のモノの生産は副次的な地位に貶められ，第三世界に「外注化」される。コツコツまじめに働くことを美徳とみなす工業社会に特有の勤労倫理が廃れていく要因をここに見ることができる。

　S. ラッシュはプロトタイプの生産として2つの形式を指摘している。「**実験室**（ラボラトリー）」と「**スタジオ**」である（ラッシュ 2005）。「実験室」では物質商品のプロトタイプが生みだされ，「特許」によって保護され，占有される。他方「スタジオ」では，シンボル商品のプロトタイプが生みだされ，「著作権」や「商標（トレードマーク）」によって占有が保証される。ディズニー・スタジオの占有物であるミッキーマウスのキャラクターを想起すればいいだろう。「特許」や「著作権」や「商標」として法律で保護される対象となったプロトタイプは知的財産と呼ばれる。ある情報が知的財産となるということは，他者による利用の排除をともなうことを意味する。

　情報社会において力を持つ者と持たざる者を分割するのは，いち早く情報にアクセスし，その情報に依拠した「発明」や「イノベーション」を知的財産として囲い込むことのできる者とできない者の違いである。しかし「発明」や「イノベーション」とは何かということに関する重大な疑問が提起されている。

　たとえば先進国の製薬企業や化学企業のなかには，伝統的にインドで医薬品や農薬として利用されてきた，植物から抽出された成分を「発明」したとして特許をとったり，特許を出願しているものもある。しかしこれらの植物の利用方法は，インドの人々が薬草としてどんな方法で，どこに効くかなどを長い年月の試行錯誤を通じて体系化してきたものである。これらの植物の知は元来，地域の人々に開かれた共有財（コモンズ→重要ポイント㉜）であったが，今では「発明」の名のもとに特定の企業によって専有化され，収奪されている（シヴァ 2005）。人間のDNAを解析し特許化する動きも同様に議論を引き起こしている。

　著作権に関しても同じような問題が生じうる。著作権は「オリジナル」を保護するものであるとされているが，では「オリジナル」と「コピー」の違いは何だろうか。どんな「オリジナル」な小説も，先行するさまざまな小説の「引

用」を含んでいる——それが作者の意識に上らなくとも。J. クリステヴァはこうした「引用」のあり方を相互テクスト性と呼び，むしろ小説を豊かにする可能性を示唆する（クリステヴァ 1983）。また，既存のネタの編集や変奏によって，「オリジナル」な小説やコミックは誰にでも簡単に書ける。大塚英志は「ライト・ノベルズ」の執筆に物語の構造分析の手法が有効であることを指摘し，作家養成の専門学校でもそのように指導しているという（大塚 2004；2006）。物語の構造分析は，民話の構造が特定のパターンに従っていることを明らかにする手法である。もちろん民話には特定の作者はいない。R. バルトはこうしたパターン（構造）の存在を小説にも見いだすことができるとして「作者の死」を宣言したが（バルト 1979），現在，既存のネタを焼き直し，微修正することによって大量に生みだされる「作品」では，「作者」が「スタジオ」として生き返りつつあるのかもしれない。

情報社会における抗争

　しばしば，IT 産業などを積極的に育成する経済政策を「ニューエコノミー」と呼ぶことがある。クリントン政権の労働長官だった R. ライシュは，1990 年代にこうした「ニューエコノミー」を推し進めた人物だが，彼は著書『ザ・ワーク・オブ・ネーションズ』(1991 年) において，「ニューエコノミー」を牽引するエリートをシンボリック・アナリストと呼んだ。ライシュによれば，シンボリック・アナリストとは，「シンボル操作」によって問題を発見し，解決したり，戦略的媒介を行う者である。彼らは，現実を抽象イメージに単純化し，それを組み替えたり実験したり，他分野の専門家と意見を交換しながら，再びそれを現実に戻すという仕事をする。こうした高度の抽象化の操作を必要とする仕事には，科学研究者や技術者，投資銀行家，法律家，専門会計士，コンサルタント，マーケティング戦略家などから，建築家，映画監督，テレビ・プロデューサー，ジャーナリストなど文化産業の専門家までが含まれる。フォーディズム＝福祉国家時代のエリートが融通の利かない官僚主義的なものであるとすれば，シンボリック・アナリストとは，フレキシブルに問題を発見し解決する情報社会のエリートといえよう（ライシュ 1991）。
　これに対し，M. カステルは情報社会における新たな不平等のパターンを強

> **重要ポイント㉝**
>
> **象徴的暴力**
> 　M. ウェーバーによって提起された支配の正統性の問題は，今もなお，社会学における中核的問題のひとつであり続けている。P. ブルデューの象徴的暴力概念は，ミクロな場における不断の正統化メカニズムに焦点をあてるものである。政治的・経済的・社会的エリートは，実際にはスターティング・ポイントにおいてそもそも有利であった人々から集中して選抜されている。民主主義や平等主義の建て前が厳然とある社会においては，そのことが暴露されれば，支配階層は支配の正統性の調達が難しくなってしまう。それを覆い隠して，支配層の地位があくまでも「能力」に由来し非支配層の地位がその欠如に由来すると得心させることができれば，正統性は確立できる。ブルデューは，事実としてある力関係を隠蔽し，現実に事実とは異なる意味を供給して，結果的に構造的秩序を安定させる力の作用を象徴的暴力であるとした。たとえば，教師が生徒になしているのは，構造的秩序の再生産に沿う知識の押しつけでもあるが，教育内容の中立性や教師の人格性が強調されることによって，そのことが隠されてしまう。そのようにして，構造的秩序が疑いがたいものとして受け入れられていく，というわけだ。

調する。彼は電子通信技術や情報システムの飛躍的発展により，ビジネスや日常生活において物理的，身体的な空間的近接性の意義が低下していることを指摘する。カステルはこうした物理的，身体的な空間を「**場所の空間**」と呼び，抽象化された情報・資本・コミュニケーションの空間である「**フロー（流れ）の空間**」と区別し，情報社会における後者の発展を検討している。「フローの空間」へのアクセスや影響力の違いが社会的な不平等や権力の不均衡の新たな源になっている（→unit㉔）。

　カステルはフローの空間を自我ないしアイデンティティへの執着を必要としない空間とみなしている。たとえばこの空間にアクセスし，そこから権力を得ている情報社会のエリートたちは，自国民への同胞としての帰属意識やその出自の文化的アイデンティティは希薄である。むしろグローバルなエリート同士の相互のつながりを重視する。彼らは互いにビジネス上はライバルであったりするが，同じフローの空間の住人である。彼らはグローバルな都市間のネットワークを通じて互いにコミュニケーションをとりあい，皆一様なライフスタイルを身につける。ラッシュも「実験室」や「スタジオ」はその地域固有の文脈

から離床し,どの国においても均一であり,一般的な空間であると指摘する。

他方で,カステルはこうした抽象的,一般的な「フローの空間」に対し,アイデンティティや固有性を求める力が対抗的に働く局面を指摘する。たとえば,現代の社会運動や宗教運動などは固有な「場所の空間」に根ざしているという。彼は1990年代半ばのグローバル化に対抗する運動として,アメリカの右翼的民兵組織(映画『ファイト・クラブ』のモデルの軍事組織),日本のオウム真理教,メキシコ南部の先住民運動サパチスタ闘争をあげている。彼自身,前二者はきわめてネガティブな運動であり,後者はポジティブな運動と評価するが,フローの空間への異議申し立てをしているという点での同時並行性を指摘する(Castells 1997)。

情報社会と新しい監視

情報社会は,監視に関しても新たな局面に達する。情報技術の発展は,個人に関する情報をモニターし,それを**データベース**に蓄積することを可能にする。私たちは個人に関する情報を得ようとするさまざまな装置に囲まれて日常生活を送っている。これらの装置には意図的に個人情報を集めようとするものもあれば,副次的,結果的に集めているものもある。個人の活動の痕跡は,こうした装置によって日々捕獲され続けている。クレジットカードで買い物をするときの記録,ネット・サーフィンをするときのログ,車で道路を走るときに監視されるナンバープレート,公共施設や街頭の監視カメラ,出入国の記録(ポスター 2001:3章)。

たとえば,データベース・マーケティングという手法がある。それは,住所,性別,年齢などの個人の基本属性に関する情報(店で発行しているポイントカードなどから得られる)と,消費行動(買い物の頻度,金額など)から,顧客を格づけし,上位の顧客をVIP待遇したり,ダイレクトメールを送ったりする方法である。こうした個人情報の活用は一見便利に見えるかもしれないが,個人情報の漏れやすさという危険をはらんでいる。D.ライアンは,データベース化される情報は,テクノロジー的,技術的に簡単に蓄積が可能である反面,コピーがしやすいがゆえに,紙面の情報とくらべてきわめて漏れやすいと指摘する。またある装置の個人情報と別の装置の個人情報とが連結し,悪用される危険が

大きくなる。データベース化された個人の病歴や健康情報（たとえば，メタボ検診の結果）が，就職・転職活動の際に会社に知れた場合，採用が拒否されるかもしれない。

　顧客を絞り込むプロセスは裏返せば，選別と排除の実践でもある。優良な顧客になりえない者たちにはダイレクトメールは送られないし，金融機関のブラックリストは同様の個人情報に基づく選別の結果である（ガンジー 1997；オハロー 2005）。

　このような個人情報の利用は，さらに私たちを不安にさせる要素をはらんでいる。たとえば，ダイレクトメールで私たちがまさに欲しいものがズバリと提示されたとしらどうだろうか。あるいは，マタニティ関連の商品を通販で買った家庭に，七五三，小学校の入学，成人式と，子どもの成長に合わせて関連する商品案内が送られてきたとしたら。ダイレクトメールを発送している会社にしてみれば，当の家庭を監視しているわけではない。子どもの誕生のおおよその日から成長を算出するのはごく簡単なことである。しかし，ここに便利さに還元できない，どこか不気味な視線を私たちは感じとるのではないだろうか。

　この不気味さは，厳密にいえば監視の視線というよりは，おそらく時間の先取りに関連する。子どもが小学校に上がるときに，ランドセルのダイレクトメールが送られてきたら，私たちは自分たちが欲しいもの，必要なものが，時間的に先取りされて提示されると感じるからである。いわば個人情報の集積によって，個人のおおよその人生が計算のなかで先取られ，蓋然性（確からしさ）として予測することが可能になる。さらにこの不気味さは，私たちの生があの「実験室」のなかで情報化され，シミュレートされているという不安，あるいは私たちが暮らすこの社会がまるごと「実験室」の実験の素材にされてしまっている，そんな不安に由来するのかもしれない。

　W. ボガードは，現代社会特有のこうした現象を，監視とシミュレーションの融合と特徴づけている。シミュレーションとは，バーチャルな想定上の空間でさまざまな可能性を検討し，試行錯誤をすることである。子どもの成長に合わせてダイレクトメールを送った会社は，この意味でシミュレーションをし，もっともありうべき蓋然性に基づきダイレクトメールを送付しているわけである（ボガード 1998）。

監視とシミュレーションの融合は，犯罪の取り締まりやリスク管理にも利用されつつある。犯罪社会学者の J. ヤングは，犯罪の取り締まりにおいて，実際に起こった事件の捜査から，リスクそのものに敏感になるという焦点のシフトを指摘している。すなわち，実際の事件を先取りし，事件が生じるのを未然に防止することをめざすようになりつつあるということである。ヤングはこうした手法を**保険統計学アプローチ**と呼ぶが，それは生命保険会社が，加入者たちの平均寿命や疾病のリスクなどさまざまなリスク・ファクターを計算し，保険商品を開発するのに似ていて，リスク・ファクターの組み合わせによって，もっとも犯罪発生の可能性の高いリスク集団（人種）や地域に注目するからである（ヤング 2007；酒井 2001；重田 2003）。また児童虐待の予防でも同様に虐待予備軍をさまざまな情報の連結によりあらかじめ絞り込む手法が試みられつつある（上野・野村 2003）。

　この延長には映画『ガタカ』（A. ニコル監督，1997 年）で描かれたような「階級社会」があるかもしれない。この映画は，新生児の誕生と同時に DNA 解析によって子どもの将来（体の頑強さや寿命など）が割り出され，その情報によって保育園などの公的施設や就職において差別や排除が正当化される未来社会を描いている。

読書案内

考える糸口
- 宮台真司ほか『ネット社会の未来像』春秋社，2006。
- 鈴木謙介『カーニヴァル化する社会』講談社現代新書，2005。
  ネット社会をめぐる鼎談。他者のまなざしを気にしなくなった現代では監視技術は必要悪という意見も。多角的に監視社会を考えるために。

問題を見つける
- ライアン，D.『9.11 以後の監視——「監視社会」と「自由」』（清水知子訳）明石書店，2004。
  監視が人の手を離れ，プログラム化，自動化された現在を描く。いまや万人が潜在的なテロリストとみなされている。

unit 34

格差社会

格差社会論争

　この社会には，多くの人々がそれを求め，しかし不均衡にしか分配されない財がある。お金や土地も財であるが，それだけではない。地位に結びついた**権力**，職業や経歴，家柄などに付着する**威信**（「偉さ」とでもいおうか），**有名性**なども，財に含まれる。**階層**や**階級**は，そうした財の所有状態に基づく序列づけられた地位（にある人々の集合）を示す概念である。私たちの行為や意識・無意識はそれぞれの利害状況とあまりに強く関連しているので，社会学において階層や階級の研究に分厚い蓄積があるのは当然のことだろう。そしてまた，階層や階級がいかにして形成されるのかについてへと，論が進められてきたのも当然のことだった。しかし，一般には，20世紀最後の30年くらいの間，日本ではそうした身も蓋もない事実について触れられることは少なかった。近年になって，それが隠し通せなくなることによって，ようやく議論も活発化したのである。

　幾人もの社会学者が大きく関与した1990年代末からの格差社会論争は，「勝ち組」「負け組」をめぐる軽薄な道徳論・根性論が溢れつつあったメディア上において，事実を求める人々に対し説得力をもった。論争以降のマスメディアは，その成果を吸収し，論調を徐々に変えていった。だが，格差社会論は，論争の枠組みにそもそも制約があって，持つ者と持たざる者の今日的なリアリティを論じきることができないでいる。社会的分極化がいっそう進行するとともに，そのような限界もあらわになるだろう。格差社会論を突き抜けるところまで視野に入れて，格差社会について述べてみたい。

階　層

　格差社会論争に，経済学者たちとともに社会学者が中心的に関与できたのは，何よりも**社会移動**（地位の変化）研究の成果があったからである。社会移動研究が前提とする社会は，身分秩序が解体されて，属性ではなく業績によって地位が決定され，血筋や家柄ではなく能力あるものによる支配（**メリトクラシー**〔→unit ⑳〕）（竹内 1995）が確立した近代社会である。そして，社会移動研究における階層概念は，近代以降の移動性の高まりを前提として，地位の相対的固定・流動を論じるためのものであった。この概念を用いて，社会学者は，社会の状態が個人の能力・努力がまっすぐに地位の移動に反映する開放へと向かっているのか否かを統計データに基づいて観測してきた。上下の相対的格差の伸び縮みや「中流」部分の膨らみの程度なども，同じねらいに基づいて測定され続けてきた。そして，そこでの観測が，不満や不公平感，政治意識など社会的「天候」の観察と結びつけられ論じられてきたのである（その今日的達成については，たとえば原・盛山 1999；原編 2002 など）。現実には，移動においてもっとも重要なステップボードとなりうる学校も，個人の能力・努力を見極める仕組みとしては不徹底なものでしかなかった。なぜなら，能力を発揮しやすい環境や努力がなされやすい条件は，社会的に不均衡だからである（→unit ⑭）。高学歴の両親をもつ子どもほど高学歴になりやすく，都市部の子どもは農村部の子どもよりも進学において有利なのは統計的な事実だ。それでも，社会移動を論じる社会学者たちにとって，「個人の『能力』の有無が地位を決定する」という仮定は揺らぐことなく，「個人の『能力』の有無が地位を決定しない」事態はあくまでも社会の「遅れ」や「歪み」を示す周縁的要因によるものとみなされてきた。

階　級

　相対的格差についての社会学的観測は，やはり相変わらず重要な仕事だ。それが継続されることによって，確かめられる変化はある（たとえば，佐藤 2000）。しかし，そもそも「個人の『能力』の有無は地位を決定しない」ことこそ，社会や経済の常態ではないのか。そうだとすると，個人の力ではどうにもならない**絶対的格差**が問われることになるだろう。

かつて K. マルクスが**資本家階級（ブルジョアジー）**と**労働者階級（プロレタリアート）**をそう扱ったように（マルクス＆エンゲルス 1971），絶対的な不均衡と社会のカテゴリカルな分断を前提するとき，階級概念が用いられる。
　階級は，第1に，**搾取**によって現実のものとなり固定化する。持たざる者の生活は常に綱渡りである。持たざる者の賃金は生活を維持するのに精一杯であり，到底持つ者の側に回ることなどできない。だが，それは，持たざる者の労働が生存ぎりぎりの低い価値をしかもたないことを意味しない。実は，持たざる者がつくりだすモノやサービスは，常に賃金以上の価値を生みだしているのだ。街角のコーヒーショップで働くフリーターの時給がコーヒー3杯分だからといって，彼女の労働がその程度のものだとはいえない。生みだされた価値から賃金分を引いた価値を**剰余価値**というが，剰余価値分については持つ者たちがそっくりもっていき「勝ち組」たちに分かたれるのである。そうした剰余価値の移動をマルクスは搾取と呼んだ（マルクス 1969-70）。搾取は，労働組合による賃金の押し上げ圧力や社会福祉・保障政策による再分配の仕組みが弱ければ，はっきりと階級を可視化するだろう。
　階級は，第2に，**排除（社会的排除）**によっても生みだされ強化される。排除とは，財や権限を既得する層・集団や国家権力が，特定の社会的カテゴリーを資格外とみなし財や権限から締めだすことをいう（→unit ㉚）。排除は，構造的秩序のもとでマジョリティの通念に支えられて，「当たり前」のようにあるいは「仕方がない」こととして遂行される。職場や討論の場など公共領域からの，女性やマイノリティの排除などはそのわかりやすい例である。あくまで階級や階層は端的に財の所有状態によって序列づけられ区分されるものなので，ジェンダーやエスニシティ，宗教，国籍をそのまま階級や階層として扱うことはできない。しかし，カテゴリカルな排除によって，排除された人々が偏った階級・階層的地位に結びつけられることはままある。
　20世紀を通じ，国家が社会に積極的に介入し**福祉国家**（→unit ㉚）化することによって，資本家階級と労働者階級という二大階級の対立は見えにくくなった。しかし，企業社会の中核的労働者と周縁的労働者――**正規雇用**と**非正規雇用**――の間のしきりは，労働者の管理化・組織化が進むとともに強化されてきた。今日においても，女性や外国人は，非正規雇用の労働者に偏って労働市場

に組み入れられている。ジェンダーやエスニシティ，国籍といった横並びの質の違いを示すカテゴリーは，縦並びの序列的カテゴリーへと読み替えられているのである（Blau 1977；稲上 1989）。それゆえ，現代の不平等問題は，女性問題やマイノリティ問題というかたちをとることも多く，1970年代以降先進産業社会に登場した**新しい社会運動**（→unit ㉙）には，排除された人々による異議申し立て運動という側面もある（トゥレーヌ 1970）。

　排除がそのまま階級化・貧困化に直結しないことはむろんある。たとえば，女性は，「専業仕事人」の男性と結婚することによって，貧窮を逃れることがある程度はできた。それは，社会が女性に対しそのような**包摂**の回路を用意していたということではある。だが，しかし，多くの母子家庭がそうであるように，そのような回路が断ち切られればむきだしの排除の力にさらされることになる（青木編 2003）。専門職でもない限り，母子家庭の母親を受け入れる職場は，相当に限られているのである。制度的な包摂の回路が充分になければ，排除された人々は**アンダークラス**の予備軍（あるいはアンダークラスそのもの）を構成していくことになるだろう。

構造的不均衡とイデオロギー

　搾取や排除は，私たちのアイデンティティ（→unit ⑤）と密接不可分の関連をもつ。持つ者たちあるいはマジョリティは，自らの位置を正当化する選民主義的なアイデンティティを想像し，それに言葉を与えてきた。伝統，天賦の才，人並み以上の努力，遺伝子などなど，時代によって決定的要素とされるものに移り変わりがあるが，持つ者たちあるいはマジョリティは，それをもつがゆえに「私」が優位であるのは当然だ，それらが欠如した人々は「私」よりも下位におかれることがふさわしい，そう正当化してきたのである。社会にはそうした言葉――イデオロギー――が，溢れるほどに流通しており，誰もがその言葉をつまんで語っている（→unit ⑬）。

　一方，構造的不均衡に異議を申し立てる者は少ない。通常，持たざる者は闘わないし，マイノリティは立ち上がらないのだ。持つ者だけが構造的不均衡を容認しているのではない。持たざる者の積極的・消極的是認によって，構造は構造として完成する。潜在的抵抗勢力とでもいえそうな持たざる者やマイノリ

> **重要ポイント㉞**
>
> **基本所得**
>
> 「働くことは楽しい」と公言する人がいる。ではその人は給料が出ない場合でも働くだろうか。この問いが揚げ足とりに見えるとすれば，それは私たちの日々の労働の内容が圧倒的に貧しいことの証拠である。自分の日々の労働に照らしてみて「働くことは楽しい」という言葉を疑ってしまうのだ。ベーシック・インカム（基本所得）の発想は，「働くことは楽しい」という言葉を額面どおり受け取ることから始まる。ベーシック・インカムとは，社会のメンバー全員に一律に所得を配分する制度のことである。働いても働いていなくともかまわない。男女も大人も子どもも老人も関係ない。そんなことをしたら人は働かなくなってしまうのではないかと心配する人がいるとすれば，「働くことは楽しい」を額面どおり信じていないからである。無条件で月20万円を支給されても，働くことが楽しければ時給500円でも働く人は働く。苦しくきつい労働があれば労働条件は改善されるだろう。ベーシック・インカムは，誰も信じていない労働倫理が成立しているフリをするワークフェア型社会に対するオルタナティブな構想である（ヴェルナー 2007）。

ティが，なぜ不均衡を受け入れるのだろうか。経済力や時間的ゆとりの欠如が，まずもって闘おうとする気持ちを萎えさせる。それはそうだが，気持ちの萎えは，排除や貧困を宿命とあきらめさせるイデオロギーによっても生じる。そうしたイデオロギーを潜在的な抵抗勢力に注入すれば，銃弾よりも効果的な支配が可能になる。マルクスが述べたように，礼賛される「自由」は，資本家階級がその経済活動を「自由」に維持・拡大することを正当化するためのイデオロギーとしての側面をもつ（マルクス＆エンゲルス 1956）。貧しい労働者階級は，そもそも「自由」を行使できる条件など与えられていない。そうであるにもかかわらず，「自由」のイデオロギーの影響のもと，「自由」に生きた帰結として自らの貧しさを「仕方がない」と納得するようになり，「自由な」商取引（賃金と労働力の交換）であるかのような体裁をもつ搾取について恨み言さえいえなくなる。このように，持たざる者のアイデンティティも，イデオロギーの言葉に沿って，構造に対し適合的に鋳造されていくのだ。奴隷解放の思想にとっての最大の敵は，自らの奴隷根性──宿命論──であった。

貧者の地獄

　久木元真吾は，フリーターへのインタビューで頻出した「やりたいこと」という語と「やりたいこと」へのこだわりが，それを語るフリーターにおいて「よいフリーター」と「悪いフリーター」の識別規準になっており，彼ら彼女らが「よいフリーター」として自らを救いだしフリーター生活を長期化させる論理となっていることを述べている（久木元 2003）。それはそれとして，そこでの「やりたいこと」は，「私らしい私」や「本当の私」の表象として提示されているといえると思う（「夢」などもそうだろう）。だが，結局のところ「やりたいこと」をはっきりと呈示できずそれを承認する他者も乏しい人々は，実のところ境界のはっきりしない「悪いフリーター」「よいフリーター」カテゴリーを対立的に構築し，自らを「よいフリーター」に分類することによって，「私らしい私」を延命させようとしているのである（この背後にある存在論的不安については→unit ⑪）。

　「私らしく」，そして，萎えることなく。大量の非正規労働者を必要とする現代の労働市場においては，先の見通しも立たないのに萎えずに働けるフリーターこそ「金の卵」である。そして，そのような「よいフリーター」の内面は，「自己責任」を称揚し貧困層を放置する**新自由主義**（→unit ㉚）の動きに整合的である。明るいとはいえない未来において，「私らしさ」を追及した結末は，「自己責任」以外の何物でもないということになってしまうだろうから。しかも，彼ら彼女らは，「私らしい私」（→unit ⑤）を救いだすために，同じ境遇の人々を分割して，連帯よりも卓越化を選ぶ，雇う側にとって何とも都合のいい存在であるのだ。だが，経済的な基盤もなしに，「私らしい私」を萎えずに貫き続けることができる人などいるのか。

　格差社会論を「突き抜ける」とは，排除や搾取，そして貧困について臆せず論じるということであるだろう。階級を論じることを引き受けるといってもいいかもしれない。日本の社会学者たちは，そのような地点にあって逡巡しているように見える。しかし，社会学は，「仕方がない」とあきらめさせる力に抗して成立する貧者の連帯や，排除に対抗してなされる貧者を包摂しての社会・公共圏の再編成について，テーマ化していかなければならない。それがどのようにして可能あるいは不可能になるのかを明らかにしなければならない。宿命

論をこえる言葉の生産は，社会学の任務である。

読書案内

考える糸口
- 本田由紀・内藤朝雄・後藤和智『「ニート」って言うな！』光文社新書，2006。

「ニート」や「フリーター」であることをあたかも個人的欠陥の帰結であるかのように見せてしまうイデオロギーへの批判として。

問題を見つける
- 佐藤俊樹『不平等社会日本──さよなら総中流』中公新書，2000。
- 橋本健二『階級社会──現代日本の格差を問う』講談社，2006。

「さよなら総中流」そして「階級社会」。何かが終わり何かが始まるその時代について論じた社会学書。

KeyWords 7

- 自立　238
- 福祉国家　238, 270
- 依存　240
- アンダークラス　241
- 社会的排除　241
- ワークフェア　241
- ディーセント・ワーク　243
- 介護（ケア）　247
- 老い　249
- フェア・トレード　259
- プロトタイプ　261
- 実験室　262
- スタジオ　262
- 場所の空間　264
- フロー（流れ）の空間　264
- データベース　265
- 保険統計学アプローチ　267
- 権力　268
- 威信　268
- 有名性　268
- 階層　268
- 階級　268
- 社会移動　269
- メリトクラシー　269
- 資本家階級（ブルジョアジー）　270
- 労働者階級（プロレタリアート）　270
- 搾取　270
- 剰余価値　270
- 排除（社会的排除）　270
- 正規雇用　270
- 非正規雇用　270
- 新しい社会運動　271
- 包摂　271
- アンダークラス　271
- 新自由主義　273

文献一覧

unit① 言葉
バーガー，P.L., 1995（原著 1963）水野節夫・村山研一訳『社会学への招待』新思索社。
太宰治，1950（初出 1947）『斜陽』新潮文庫。
マンハイム，K., 1971（原著 1929）徳永恂訳『イデオロギーとユートピア』（世界の名著第 56 巻）中央公論社。
ミルズ，C.W., 1995（原著 1959）鈴木広訳『社会学的想像力』紀伊國屋書店。
ヴェーバー，M., 1998（原著 1904）富永祐治・立野保男訳，折原浩補訳『社会科学と社会政策にかかわる認識の「客観性」』岩波文庫。

unit② 社会
アンダーソン，B., 1997（原著 1983）白石さや・白石隆訳『想像の共同体——ナショナリズムの起源と流行（増補版）』NTT 出版。
デュルケム，E., 1978（原著 1895）宮島喬訳『社会学的方法の規準』岩波文庫。
デュルケム，E., 1989（原著 1893）井伊玄太郎訳『社会分業論』上・下，講談社学術文庫。
Park, R.E. & Burgess, E.W., 1921, *Introduction to the Science of Sociology*, University of Chicago Press.
テンニース，F., 1957（原著 1887）杉之原寿一訳『ゲマインシャフトとゲゼルシャフト——純粋社会学の基本概念』上・下，岩波文庫。

unit③ 社会学
バーガー，P.L., 1995（原著 1963）水野節夫・村山研一訳『社会学への招待（第 3 版）』新思索社。
江原由美子，1985『生活世界の社会学』勁草書房。
小森陽一，2001『ポストコロニアル』岩波書店。
宮台真司，2000（初出 1997）『まぼろしの郊外——成熟社会を生きる若者たちの行方』朝日文庫。
西原和久・宇都宮京子編，2004『クリティークとしての社会学——現代を批判的に見る眼』東信堂。
シュッツ，A. 著／ナタンソン，M. 編，1983（原著 1962）渡部光ほか訳『社会的現実の問題 [Ⅰ]』（アルフレッド・シュッツ著作集第 1 巻）マルジュ社。
盛山和夫，2004『社会調査法入門』有斐閣。
高田保馬，1926『社会関係の研究』岩波書店。
ウォーラーステイン，I., 1997（原著 1983）川北稔訳『史的システムとしての資本主義（新版）』岩波書店。
ヴェーバー，M., 1972（原著 1922）清水幾太郎訳『社会学の根本概念』岩波文庫。

unit④　社会学の論理

アルチュセール，L., 1994（原著1965）河野健二ほか訳『マルクスのために』平凡社．
バーガー，P.L.／ルックマン，T., 2003（原著1966）山口節郎訳『現実の社会的構成――知識社会学論考（新版）』新曜社．
長谷正人，1991『悪循環の現象学――「行為の意図せざる結果」をめぐって』ハーベスト社．
丸山圭三郎，1983『ソシュールを読む』岩波書店．
マートン，R.K., 1961（原著1949）森東吾ほか訳『社会理論と社会構造』みすず書房．
中西正司・上野千鶴子，2003『当事者主権』岩波新書．
オースティン，J.L., 1978（原著1960）坂本百大訳『言語と行為』大修館書店．
パーソンズ，T., 1992（原著1977）田野崎昭夫監訳『社会体系と行為理論の展開』誠信書房．
パーソンズ，T.／スメルサー，N.J., 1958（原著1956）富永健一訳『経済と社会』岩波書店．
ロストウ，W.W., 1961（原著1960）木村健康ほか訳『経済成長の諸段階――一つの非共産主義宣言』ダイヤモンド社．

unit⑤　私

ベッカー，H., 1978（原著1963）村上直之訳『アウトサイダーズ――ラベリング理論とはなにか』新泉社．
バーガー，P.L. ほか，1977（原著1973）高山真知子ほか訳『故郷喪失者たち――近代化と日常意識』新曜社．
ジンメル，G., 1998（原著1890）居安正訳「社会分化論」『社会分化論 宗教社会学（新編改訳）』青木書店．
ゴッフマン，E., 1974（原著1959）石黒毅訳『行為と演技――日常生活における自己呈示』誠信書房．
宝月誠，1990『逸脱論の研究――レイベリング論から社会的相互作用論へ』恒星社厚生閣．
草柳千早，2004『「曖昧な生きづらさ」と社会――クレイム申し立ての社会学』世界思想社．
マートン，R.K., 1961（原著1949）森東吾ほか訳『社会理論と社会構造』みすず書房．
パーク，R.E., 1986（原著1926-52）町村敬志・好井裕明編訳『実験室としての都市――パーク社会学論文選』御茶の水書房．
齋藤純一，2000『公共性』岩波書店．
坂本佳鶴恵，2005『アイデンティティの権力――差別を語る主体は成立するか』新曜社．

unit⑥　集団・組織

ルーマン，N., 1988（原著1970）土方昭監訳『法と社会システム――社会学的啓蒙（改訳版）』新泉社．
マートン，R.K., 1961（原著1940）森東吾ほか訳『社会理論と社会構造』みすず書房．
パーソンズ，T., 1974（原著1951）佐藤勉訳『社会体系論』青木書店．
ウェーバー，M., 1960, 62（原著1956）世良晃志郎訳『支配の社会学』Ⅰ・Ⅱ，創文社．
ウェーバー，M., 1970（原著1956）世良晃志郎訳『支配の諸類型』創文社．

unit⑦　群れ

クーリー, C.H., 1970（原著1929）大橋幸・菊池美代志訳『社会組織論――拡大する意識の研究』青木書店。
ミード, G.H., 1995（原著1934）河村望訳『精神・自我・社会』人間の科学社。
小笠原祐子, 1998『OL たちの〈レジスタンス〉――サラリーマンと OL のパワーゲーム』中公新書。
Shibutani, T., 1986, *Social Processes: An Introduction to Sociology*, University of California Press.
ウィリス, P., 1996（原著1977）熊沢誠・山田潤訳『ハマータウンの野郎ども――学校への反抗・労働への順応』ちくま学芸文庫。

unit⑧　ネットワーク

アレクザンダー, C., 1984（原著1966）「都市はツリーではない」前田愛編『別冊国文学「テクストとしての都市」』学燈社。
天野正子, 2005『「つきあい」の戦後史――サークル・ネットワークの拓く地平』吉川弘文館。
ジンメル, G., 1979（原著1917）清水幾太郎訳『社会学の根本問題――個人と社会』岩波文庫。
ハニガン, J.A., 2007（原著1995）松野弘監訳『環境社会学――社会構築主義的観点から』ミネルヴァ書房。
市川浩, 1993（初出1984）『〈身〉の構造――身体論を超えて』講談社学術文庫。
飯島伸子編, 1993『環境社会学』有斐閣。
金子郁容, 1992『ボランティア――もうひとつの情報社会』岩波新書。
リップナック, J./スタンプス, J., 1984, 社会開発統計研究所訳『ネットワーキング――ヨコ型情報社会への潮流』プレジデント社。
リップナック, J./スタンプス, J., 1994（原著1993）鼡田栄作訳『チームネット――境界突破による競争優位』富士通経営研修所。
OECD, 2002（原著2001）日本経済調査協議会訳『国の福利――人的資本及び社会的資本の役割』日本経済調査協議会。
パットナム, R., 2006（原著2000）柴内康文訳『孤独なボウリング――米国コミュニティの崩壊と再生』柏書房。
佐藤慶幸, 1991『生活世界と対話の理論』文眞堂。
佐藤慶幸, 1994『アソシエーションの社会学――行為論の展開（新装版）』早稲田大学出版部。
澤田善太郎, 1997『組織の社会学――官僚制・アソシエーション・合議制』ミネルヴァ書房。
トクヴィル, A. de, 1987（原著1835-40）井伊玄太郎訳『アメリカの民主政治』上・中・下, 講談社学術文庫。
鶴見和子・川田侃編, 1989『内発的発展論』東京大学出版会。

山崎正和，2006（初出 2003）『社交する人間——ホモ・ソシアビリス』中公文庫．

unit⑨　身体
バチェラー，R., 1998（原著 1994）楠井敏朗・大橋陽訳『フォーディズム——大量生産と 20 世紀の産業・文化』日本経済評論社．
ブルデュー，P., 1990（原著 1979）石井洋二郎訳『ディスタンクシオン——社会的判断力批判』藤原書店．
カイヨワ，R., 1990（原著 1958）多田道太郎・塚崎幹夫訳『遊びと人間』講談社学術文庫．
エリアス，N.／ダニング，E., 1995（原著 1986）大平章訳『スポーツと文明化——興奮の探求』法政大学出版局．
フーコー，M., 1977（原著 1975）田村俶訳『監獄の誕生——監視と処罰』新潮社．
フーコー，M., 1986（原著 1976）渡辺守章訳『知への意志』（性の歴史Ⅰ）新潮社．
フランクリン，B., 1957，松本慎一・西川正身訳『フランクリン自伝』岩波文庫．
橋本毅彦・栗山茂久編，2001『遅刻の誕生——近代日本における時間意識の形成』三元社．
柏木博，1995『家事の政治学』青土社．
喜安朗，1982『パリの聖月曜日——19 世紀都市騒乱の舞台裏』平凡社．
小山静子，1999『家庭の生成と女性の国民化』勁草書房．
立岩真也，1997『私的所有論』勁草書房．
鷲田清一，1998『悲鳴をあげる身体』PHP 新書．

unit⑩　感情
エリアス，N., 1977-78（原著 1939）『文明化の過程』上・下，法政大学出版局．
ゴッフマン，E., 1974（原著 1959）石黒毅訳『行為と演技——日常生活における自己呈示』誠信書房．
ゴッフマン，E., 1980（原著 1963）丸木恵祐・本名信行訳『集まりの構造——新しい日常行動論を求めて』誠信書房．
ホックシールド，A.R., 2000（原著 1983）石川准・室伏亜希訳『管理される心——感情が商品になるとき』世界思想社．
柄谷行人，1988（初出 1980）『日本近代文学の起源』講談社文芸文庫．
片桐雅隆，1996『プライバシーの社会学——相互行為・自己・プライバシー』世界思想社．
奥村隆，1998『他者といる技法——コミュニケーションの社会学』日本評論社．
奥村隆，2001『エリアス——暴力への問い』勁草書房．
崎山治男，2005『「心の時代」と自己——感情社会学の視座』勁草書房．
Scott, S., 2006, "The Medicalisation of Shyness: from Social Misfits to Social Fitness", *Sociology of Health & Illness*, Vol.28 No.2.
ヴェーバー，M., 1972（原著 1920）大塚久雄・生松敬三訳『宗教社会学論選』みすず書房．

unit⑪　無意識

ベイトソン，G., 2000（原著1972）佐藤良明訳『精神の生態学（改訂第2版）』新思索社。
ファノン，F., 1996（原著1961）鈴木道彦・浦野衣子訳『地に呪われたる者』みすず書房。
ファノン，F., 1998（原著1951）海老坂武・加藤晴久訳『黒い皮膚・白い仮面』みすず書房。
フロイト，S., 1977，高橋義孝・下坂幸三訳『精神分析入門』上・下，新潮文庫。
フロム，E., 1965（原著1941）日高六郎訳『自由からの逃走（新版）』東京創元社。
ガーフィンケル，H., 1989（原著1967）北澤裕・西阪仰訳「日常活動の基盤——当たり前を見る」サーサスほか『日常性の解剖学——知と会話』マルジュ社。
ギデンズ，A., 2005（原著1991）秋吉美都ほか訳『モダニティと自己アイデンティティ——後期近代における自己と社会』ハーベスト社。
小森陽一，2001『ポストコロニアル』岩波書店。
丸山真男，2006（初出1956）「超国家主義の論理と心理」『現代政治の思想と行動（新装版）』未來社。
松尾尊兊，2001（初出1974）『大正デモクラシー』岩波現代文庫。
内藤朝雄，2001『いじめの社会理論——その生態学的秩序の生成と解体』柏書房。
レイン，R.D., 1971（原著1960）阪本健二ほか訳『ひき裂かれた自己——分裂病と分裂病質の実存的研究』みすず書房。
竹村和子，2000『フェミニズム』岩波書店。

unit⑫　意識

マルクス，K., 1950（原著1847）山村喬訳『哲学の貧困』岩波文庫。
小熊英二，2002『〈民主〉と〈愛国〉——戦後日本のナショナリズムと公共性』新曜社。
鶴見俊輔，1991（初出1975）「戦時から考える」『私の地平線の上に』（鶴見俊輔著作集8）筑摩書房。
ヴェーバー，M., 1988（原著1904-05）大塚久雄訳『プロテスタンティズムの倫理と資本主義の精神』岩波文庫。

unit⑬　物語

オールポート，G.W.／ポストマン，L.J., 1952（原著1946）南博訳『デマの心理学』岩波書店。
アルチュセール，L., 2005（原著1995）西川長夫ほか訳『再生産について——イデオロギーと国家のイデオロギー諸装置』平凡社。
デュルケム，E., 1975（原著1912）古野清人訳『宗教生活の原初形態（改訳）』上・下，岩波文庫。
ガーフィンケル，H., 1987（原著1967）山崎敬一訳「アグネス，彼女はいかにして女になり続けたか」ガーフィンケルほか『エスノメソドロジー』せりか書房。
早川洋行，2002『流言の社会学——形式社会学からの接近』青弓社。
リオタール，J.-F., 1989（原著1984）小林康夫訳『ポスト・モダンの条件——知・社会・言

語ゲーム』水声社。
三隅譲二，1993「外国人レイプ魔の噂の真相」『わかりたいあなたのための社会学・入門』別冊宝島 176 号。
大塚英志，2001『定本 物語消費論』角川文庫。
大塚英志，2004『物語消滅論──キャラクター化する「私」，イデオロギー化する「物語」』角川書店。

unit⑭　文化

網野善彦，1993（初出 1990）『日本論の視座──列島の社会と国家』小学館。
ブルデュー，P., 1990（原著 1979）石井洋二郎訳『ディスタンクシオン──社会的判断力批判』Ⅰ・Ⅱ，藤原書店。
ブルデュー，P.／パスロン，J.C., 1991（原著 1970）宮島喬訳『再生産──教育・社会・文化』藤原書店。
ヘブディジ，D., 1986（原著 1979）山口淑子訳『サブカルチャー──スタイルの意味するもの』未來社。
ホブズボーム，E.／レンジャー，T., 1992（原著 1983）前川啓治ほか訳『創られた伝統』紀伊國屋書店。
上野俊哉・毛利嘉孝，2000『カルチュラル・スタディーズ入門』ちくま新書。
吉見俊哉，2000『カルチュラル・スタディーズ』岩波書店。
吉見俊哉編，2001『カルチュラル・スタディーズ』講談社。

unit⑮　人生

ブラウ，P.M., 1974（原著 1964）間場寿一ほか訳『交換と権力──社会過程の弁証法社会学』新曜社。
千葉大学行動科学科社会学教室，2000『語りの生成と物語』(2000 年度社会調査実習報告書)。
Guillemard, A.-M., 2005, "The Advent of a Flexible Life-course and the Reconfiguration of Welfare," J.G. Andersen et al. eds., *The Changing Face of Welfare : Consequences and Outcomes from a Citizenship Perspective*, Policy Press.
宝月誠，1990『逸脱論の研究──レイベリング論から社会的相互作用論へ』恒星社厚生閣。
井上俊，1996「物語としての人生」井上俊ほか編『岩波講座現代社会学 (9) ライフコースの社会学』岩波書店。
ジュネ，J., 1994（原著 1986）鵜飼哲・海老坂武訳『恋する虜──パレスチナへの旅』人文書院。
森岡清美，1993『決死の世代と遺書──太平洋戦争末期の若者の生と死（補訂版）』吉川弘文館。
森岡清美，1996「ライフコースの視点」井上俊ほか編『岩波講座現代社会学 (9) ライフコースの社会学』岩波書店。

中野卓，1995「歴史的現実の再構成——個人史と社会史」中野卓・桜井厚編『ライフヒストリーの社会学』弘文堂。
中野卓編，1977『口述の生活史——或る女の愛と呪いの日本近代』御茶の水書房。
大村英昭，2002『非行のリアリティ——「普通」の男子の生きづらさ』世界思想社。
プラース，D.W.，1985（原著1980）井上俊・杉野目康子訳『日本人の生き方』岩波書店。
サルトル，J.-P.，1966（原著1952）白井浩司・平井啓之訳『聖ジュネ——演技者と殉教者』（サルトル全集第34，35巻）人文書院。
セネット，R.，1999（原著1998）斎藤秀正訳『それでも新資本主義についていくか——アメリカ型経営と個人の衝突』ダイヤモンド社。
渋谷望，2003『魂の労働——ネオリベラリズムの権力論』青土社。
竹内洋，1995『日本のメリトクラシー——構造と心性』東京大学出版会。

unit⑯　夫婦

ビーティ，M.，1999（原著1987）村山久美子訳『共依存症——いつも他人に振りまわされる人たち』講談社。
ブルデュー，P.，2001（原著1980）今村仁司ほか訳『実践感覚』みすず書房。
Burgess, E.W. & Locke, H.J., 1945, *The Family from Institution to Companionship*, American Book.
バトラー，J.，1993（原著1990）竹村和子訳『ジェンダー・トラブル——フェミニズムとアイデンティティの攪乱』青土社。
ホックシールド，A.R.，1990（原著1989）田中和子訳『セカンド・シフト　第二の勤務——アメリカ共働き革命のいま』朝日新聞社。
伊田広行，1998『シングル単位の社会論——ジェンダー・フリーな社会へ』世界思想社。
井上輝子・江原由美子編，2005『女性のデータブック——性・からだから政治参加まで（第4版）』有斐閣。
川島武宜，2000（初出1948）『日本社会の家族的構成』岩波現代文庫。
牟田和恵，1996『戦略としての家族——近代日本の国民国家形成と女性』新曜社。
小倉千加子，2007（初出2003）『結婚の条件』朝日文庫。
小倉敏彦，2002『赤面と純情——逃げる男の恋愛史』廣済堂出版。
パーソンズ，T.／ベールズ，R.F.，1981（原著1956）橋爪貞雄ほか訳『家族』黎明書房。
上野千鶴子，1994『近代家族の成立と終焉』岩波書店。

unit⑰　親子

ドンズロ，J.，1991（原著1977）宇波彰訳『家族に介入する社会——近代家族と国家の管理装置』新曜社。
広田照幸，1999『日本人のしつけは衰退したか——「教育する家族」のゆくえ』講談社現代新書。
川島武宜，2000（初出1948）『日本社会の家族的構成』岩波現代文庫。

香山リカ，2002『ぷちナショナリズム症候群——若者たちのニッポン主義』中公新書ラクレ。
宮台真司，2000（初出1997）『まぼろしの郊外——成熟社会を生きる若者たちの行方』朝日文庫。
牟田和恵，1996『戦略としての家族——近代日本の国民国家形成と女性』新曜社。
西澤晃彦，1995『隠蔽された外部——都市下層のエスノグラフィー』彩流社。
野々山久也・渡辺秀樹編，1999『家族社会学入門——家族研究の理論と技法』文化書房博文館。
大日向雅美，1995「母性概念をめぐる現状とその問題点」井上輝子ほか編『母性』岩波書店。
岡原正幸，1995（初出1990）「制度としての愛情」安積純子ほか『生の技法——家と施設を出て暮らす障害者の社会学（増補改訂版）』藤原書店。
小此木啓吾，1992（初出1983）『家庭のない家族の時代』ちくま文庫。
鶴見俊輔，1982「転向について」『戦時期日本の精神史——1931～1945年』岩波書店。
山田昌弘，1994『近代家族のゆくえ——家族と愛情のパラドックス』新曜社。
山田昌弘，1999『パラサイト・シングルの時代』ちくま新書。

unit⑱　恋愛

ベック，U. ほか 1997（原著1994）松尾精文ほか訳『再帰的近代化——近現代における政治，伝統，美的原理』而立書房。
ギデンズ，A., 1995（原著1992）松尾精文・松川昭子訳『親密性の変容——近代社会におけるセクシュアリティ，愛情，エロティシズム』而立書房。
井上俊，1973『死にがいの喪失』筑摩書房。
草柳千早，2004『「曖昧な生きづらさ」と社会——クレイム申し立ての社会学』世界思想社。
松浦理英子，1994『優しい去勢のために』筑摩書房。
日本性教育協会編，2001『「若者の性」白書——第5回青少年の性行動全国調査報告』小学館。
上野千鶴子，1994『近代家族の成立と終焉』岩波書店。

unit⑲　友人

網野善彦，1978『無縁・公界・楽——日本中世の自由と平和』平凡社。
浅川達人，2000「都市度と友人ネットワーク」森岡清志編『都市社会のパーソナルネットワーク』東京大学出版会。
ベラー，R.N. ほか，1991（原著1985）島薗進・中村圭志訳『心の習慣——アメリカ個人主義のゆくえ』みすず書房。
ボット，E., 2006（原著1955）野沢慎司訳「都市の家族——夫婦役割と社会的ネットワーク」野沢慎司編・監訳『リーディングス ネットワーク論——家族・コミュニティ・社会関係資本』勁草書房。
フィッシャー，C.S., 2002（原著1982）松本康・前田尚子訳『友人のあいだで暮らす——北カリフォルニアのパーソナル・ネットワーク』未來社。

グラノヴェター, M.S., 2006 (原著 1973) 大岡栄美訳「弱い紐帯の強さ」野沢慎司編・監訳『リーディングス ネットワーク論——家族・コミュニティ・社会関係資本』勁草書房。
磯村英一, 1959『都市社会学研究』有斐閣。
カッツ, E.／ラザースフェルド, P.F., 1965 (原著 1955) 竹内郁郎訳『パーソナル・インフルエンス——オピニオン・リーダーと人びとの意思決定』培風館。
河合隼雄, 2008『大人の友情』朝日文庫。
松本康, 1995「現代都市の変容とコミュニティ, ネットワーク」松本康編『増殖するネットワーク』(21 世紀の都市社会学第 1 巻) 勁草書房。
上野千鶴子, 1987「選べる縁・選べない縁」栗田靖之編『日本人の人間関係』(現代日本文化における伝統と変容 3) ドメス出版。
米山俊直, 1981『同時代の人類学——群れ社会からひとりもの社会へ』NHK ブックス。

unit⑳　学校

アリエス, P., 1980 (原著 1960) 杉山光信・杉山恵美子訳『〈子供〉の誕生——アンシァン・レジーム期の子供と家族生活』みすず書房。
デュルケーム, E., 1971 (原著 1893) 田原音和訳『社会分業論』(現代社会学大系 2) 青木書店。
ジンメル, G., 1979 (原著 1917) 清水幾太郎訳『社会学の根本問題——個人と社会』岩波文庫。
苅谷剛彦, 2001『階層化日本と教育危機——不平等再生産から意欲格差社会 (インセンティブ・ディバイド) へ』有信堂高文社。
ラッシュ, C., 1997 (原著 1995) 森下伸也訳『エリートの反逆——現代民主主義の病』新曜社。
正高信男, 1998『いじめを許す心理』岩波書店。
森田洋司・清永賢二, 1994 (初出 1986)『いじめ——教室の病い (新訂版)』金子書房。
中井久夫, 1997『アリアドネからの糸』みすず書房。
オルテガ, J., 2002 (原著 1930) 寺田和夫訳『大衆の反逆』中央公論新社。
大内裕和, 2002「教育を取り戻すために」『現代思想』4 月号。
吉見俊哉ほか, 1999『運動会と日本近代』青弓社。

unit㉑　工場・企業

雨宮処凛, 2007『生きさせろ！——難民化する若者たち』太田出版。
ブレイヴァマン, H., 1978 (原著 1974) 富沢賢治訳『労働と独占資本——20 世紀における労働の衰退』岩波書店。
コーエン, R.／ケネディ, P., 2003 (原著 2000) 山之内靖監訳, 伊藤茂訳『グローバル・ソシオロジー』上・下, 平凡社。
本田由紀, 2007「〈やりがい〉の搾取——拡大する新たな『働きすぎ』」『世界』3 月号。
木本喜美子, 1995『家族・ジェンダー・企業社会』ミネルヴァ書房。

小池和男，1999『仕事の経済学（第2版）』東洋経済新報社。
京谷栄二，1993『フレキシビリティとはなにか——現代日本の労働過程』窓社。
大沢真理，1993『企業中心社会を超えて——現代日本を「ジェンダー」で読む』時事通信社。
ピオーリ，M.J.／セーブル，C.F., 1993（原著1984）山之内靖ほか訳『第二の産業分水嶺』筑摩書房。
斉藤日出治，1998『国家を越える市民社会——動員の世紀からノマドの世紀へ』現代企画室。
斉藤日出治・岩永真治，1996『都市の美学——アーバニズム』平凡社。
ウィリス，P., 1996（原著1977）熊沢誠・山田潤訳『ハマータウンの野郎ども』ちくま学芸文庫。

unit㉒　収容所

ゴッフマン，E., 1984（原著1961）石黒毅訳『アサイラム——施設被収容者の日常世界』誠信書房。
中井久夫，1997「いじめの政治学」『アリアドネからの糸』みすず書房。
髙橋三郎，2000（初出1974）『強制収容所における「生」（新装版）』世界思想社。

unit㉓　戦争

カルドー，M., 2003（原著1999）山本武彦・渡部正樹訳『新戦争論——グローバル時代の組織的暴力』岩波書店。
エンロー，C.H., 1999（原著1993）池田悦子訳『戦争の翌朝——ポスト冷戦時代をジェンダーで読む』緑風出版。
ガルトゥング，J., 1991（原著1969）高柳先男ほか訳「暴力，平和，平和研究」『構造的暴力と平和』中央大学出版部。
ジョンソン，C., 2004, 屋代通子訳『帝国アメリカと日本——武力依存の構造』集英社新書。
道場親信，2005『占領と平和——〈戦後〉という経験』青土社。
ネグリ，A.／ハート，M., 2005（原著2004）幾島幸子訳『マルチチュード——「帝国」時代の戦争と民主主義』日本放送出版協会。
野口悠紀雄，2002（初出1995）『1940年体制——さらば戦時経済（新版）』東洋経済新報社。
ポリトコフスカヤ，A., 2004（原著2002）三浦みどり訳『チェチェン　やめられない戦争』日本放送出版協会。
酒井隆史，2004『暴力の哲学』河出書房新社。
竹村和子，2000『フェミニズム』岩波書店。
山之内靖，1996『システム社会の現代的位相』岩波書店。
四方田犬彦・斉藤綾子編，2004『男たちの絆，アジア映画——ホモソーシャルな欲望』平凡社。

unit㉔　地域

有賀喜左衛門，1966（初出1943）『日本家族制度と小作制度』上・下（有賀喜左衛門著作集

Ⅰ・Ⅱ）未來社。
有賀喜左衛門，1969（初出 1948）「都市社会学の課題」『民俗学・社会学方法論』（有賀喜左衛門著作集Ⅷ）未來社。
Castells, M., 1989, *The Informational City: Information Technology, Economic Restructuring and the Urban-Regional Process*, Blackwell.
ハーヴェイ，D., 1999（原著 1989）吉原直樹監訳『ポストモダニティの条件』青木書店。
倉沢進，1977「都市的生活様式論序説」磯村英一編『現代都市の社会学』鹿島出版会。
Mollenkopf, J.H. & Castells, M. eds., 1991, *Dual City: Restructuring New York*, Sage.

unit㉕　都市

浅川達人，2000「都市度と友人ネットワーク」森岡清志編『都市社会のパーソナルネットワーク』東京大学出版会。
フィッシャー，C., 1983（原著 1975）奥田道大・広田康生訳「アーバニズムの下位文化理論に向けて」奥田・広田編訳『都市の理論のために——現代都市社会学の再検討』多賀出版。
北田暁大，2002『広告都市・東京——その誕生と死』廣済堂出版。
西澤晃彦，2001「渋谷」上・下『書斎の窓』509, 510 号，有斐閣。
パーク，R.E., 1972（原著 1925）「都市」パーク，R.E. ほか著，大道安次郎・倉田和四生訳『都市——人間生態学とコミュニティ論』鹿島出版会。
セネット，R., 1975（原著 1970）今田高俊訳『無秩序の活用——都市コミュニティの理論』中央公論社。
上野俊哉，2005『アーバン・トライバル・スタディーズ——パーティ，クラブ文化の社会学』月曜社。
ワース，L., 1978（原著 1938）高橋勇悦訳「生活様式としてのアーバニズム」鈴木広編訳『都市化の社会学』誠信書房。
吉田純，2000『インターネット空間の社会学——情報ネットワーク社会と公共圏』世界思想社。
吉田純，2005「都市の変容——工業社会から情報化社会へ」植田和弘ほか編『都市とは何か』（岩波講座都市の再生を考える 1）岩波書店。
吉見俊哉，1996『リアリティ・トランジット——情報消費社会の現在』紀伊國屋書店。
吉見俊哉，2005「都市の死　文化の場所」植田和弘ほか編『都市とは何か』（岩波講座都市の再生を考える 1）岩波書店。

unit㉖　メディア環境

アンダーソン，B., 1997（原著 1983）白石さや・白石隆訳『想像の共同体——ナショナリズムの起源と流行』NTT 出版。
ボードリヤール，J., 1984（原著 1981）竹原あき子訳『シミュラークルとシミュレーション』法政大学出版局。
ボードリヤール，J., 1991（原著 1991）塚原史訳『湾岸戦争は起こらなかった』紀伊國屋書

店。
ブーアスティン, D., 1964（原著 1961）後藤和彦・星野郁美訳『幻影の時代——マスコミが製造する事実』東京創元社。
ブルデュー, P., 2000, 櫻本陽一訳『メディア批判』藤原書店。
ダヤーン, D./カッツ, E., 1996（原著 1992）浅見克彦訳『メディア・イベント——歴史をつくるメディア・セレモニー』青弓社。
ドゥボール, G., 2003（原著 1967）木下誠訳『スペクタクルの社会』ちくま学芸文庫。
ハーバーマス, J., 1994（原著 1990）細谷貞雄・山田正行訳『公共性の構造転換——市民社会の一カテゴリーについての探究（第 2 版）』未來社。
Hall, S., 1980 "Encoding/Decoding," S. Hall et al. eds., *Culture, Media, Language*, Hutchinson.
石川真澄, 2002「現在学・入門——ひょうたん池に見る日本」『世界』8 月号。
Jameson, F., 1988, *Cognitive Mapping, Marxism and the Interpretation of Culture*.
川上和久, 1994『情報操作のトリック——その歴史と方法』講談社現代新書。
北田暁大, 2005『嗤う日本の「ナショナリズム」』NHK ブックス。
Nelson, C & Grossberg, L. eds., 1988, *Marxism and the Interpretation of Culture*, University of Illinois Press.
小田玲子, 2003『サウンド・バイト——思考と感性が止まるとき』東信堂。
大澤真幸, 1996『虚構の時代の果て——オウムと世界最終戦争』ちくま新書。
プロクター, J., 2006（原著 2004）小笠原博毅訳『スチュアート・ホール』青土社。
斉藤貴男, 2004『安心のファシズム——支配されたがる人びと』岩波新書。
菅谷明子, 2000『メディア・リテラシー——世界の現場から』岩波新書。
高木徹, 2005（初出 2002）『ドキュメント 戦争広告代理店——情報操作とボスニア紛争』講談社文庫。
ターナー, G., 1999（原著 1990）溝上由紀ほか訳『カルチュラル・スタディーズ入門——理論と英国での発展』作品社。
吉見俊哉編, 2000『メディア・スタディーズ』せりか書房。

unit㉗　旅

新井克弥, 2000『カオサン探検——バックパッカーズ・タウン バンコク安宿街解剖』双葉社。
辺見庸, 1997a（初出 1994）『もの食う人びと』角川文庫。
辺見庸, 1997b（初出 1995）『反逆する風景』講談社文庫。
姜尚中, 1996『オリエンタリズムの彼方へ——近代文化批判』岩波書店。
シュッツ, A., 1980（原著 1964）桜井厚訳『現象学的社会学の応用』御茶の水書房。
上野俊哉・毛利嘉孝, 2000『カルチュラル・スタディーズ入門』ちくま新書。
山中速人, 1996「メディアと観光——ハワイ『楽園』イメージの形成とメディア」山下晋司編『観光人類学』新曜社。

山下晋司, 1996「『楽園』の創造——バリにおける観光と伝統の再構築」山下晋司編『観光人類学』新曜社.
山下晋司, 1999『バリ——観光人類学のレッスン』東京大学出版会.
山下晋司編, 1996『観光人類学』新曜社.

unit㉘　生活

古田睦, 2000「アンペイド・ワーク論の課題と可能性」『アンペイド・ワークとは何か』藤原書店.
原田勝弘ほか編, 2001『社会調査論——フィールドワークの方法』学文社.
楠木ぽとす, 2005（初出 2001）『産んではいけない！』新潮文庫.
中川清, 1985『日本の都市下層』勁草書房.
ラウントリー, B.S., 1959（原著 1901）長沼弘毅訳『貧乏研究』ダイヤモンド社.
鶴見俊輔, 1995「『精神革命』の実像」中村政則ほか編『戦後思想と社会意識』（戦後日本占領と戦後変革第 3 巻）岩波書店.
ヴェブレン, T.B., 1961（原著 1899）小原敬士訳『有閑階級の理論』岩波文庫.

unit㉙　政治

バウマン, Z., 2008（原著 2001）奥田智訳『コミュニティ——安全と自由の戦場』筑摩書房.
ベック, U., 1998（原著 1986）東廉・伊藤美登里訳『危険社会——新しい近代への道』法政大学出版局.
ブレークリー, E.J.／スナイダー, M.G., 2004（原著 1997）竹井隆人訳『ゲーテッド・コミュニティ——米国の要塞都市』集文社.
バトラー, J., 1999（原著 1998）大脇美智子訳「単に文化的な」『批評空間第 2 期』23 号, 太田出版.
デランティ, G., 2006（原著 2003）山之内靖・伊藤茂訳『コミュニティ——グローバル化と社会理論の変容』NTT 出版.
フィッシャー, W.／ポニア, T., 2003（原著 2003）大屋定晴ほか監訳『もうひとつの世界は可能だ——世界社会フォーラムとグローバル化への民衆のオルタナティブ』日本経済評論社.
フレイザー, N., 2000（原著 1997）「再配分から承認まで？——ポスト社会主義時代における公正のジレンマ」『アソシエ』第 5 号（『中断された正義』2003, 御茶の水書房に所収）
ジョージ, S., 2004, 杉村昌昭・真田満訳『オルター・グローバリゼーション宣言——もうひとつの世界は可能だ！　もし…』作品社.
ギデンズ, A., 1999（原著 1998）佐和隆光訳『第三の道——効率と公正の新たな同盟』日本経済新聞社.
ギデンズ, A., 2002（原著 1994）松尾精文・立松隆介訳『左派右派を超えて——ラディカルな政治の未来像』而立書房.
ギデンズ, A., 2005（原著 1991）秋吉美都ほか訳『モダニティと自己アイデンティティ——

後期近代における自己と社会』ハーベスト社.
ギトリン, T., 2001（原著1995）疋田三良・向井俊二訳『アメリカの文化戦争――たそがれゆく共通の夢』彩流社.
井関政, 2005『ドイツを変えた68年運動』白水社.
高祖岩三郎, 2006『ニューヨーク烈伝――闘う世界民衆の都市空間』青土社.
ラクラウ, E.／ムフ, C., 1992（原著1985）山崎カヲル・石澤武訳『ポスト・マルクス主義と政治――根源的民主主義のために』大村書店.
メルッチ, A., 1997（原著1989）山之内靖ほか訳『現在に生きる遊牧民（ノマド）――新しい公共空間の創出に向けて』岩波書店.
ムフ, C., 2006（原著2000）葛西弘隆訳『民主主義の逆説』以文社.
毛利嘉孝, 2003『文化＝政治――グローバリゼーション時代の空間叛乱』月曜社.
ネグリ, A.／ハート, M., 2005（原著2004）幾島幸子訳『マルチチュード――「帝国」時代の戦争と民主主義』上・下, NHKブックス.
杉山光信, 2000『アラン・トゥーレーヌ――現代社会のゆくえと新しい社会運動』東信堂.
トゥレーヌ, A., 1983（原著1978）梶田孝道訳『声とまなざし――社会運動の社会学』新泉社.

unit㉚　福祉社会

安積純子ほか, 1995（初出1990）『生の技法――家と施設を出て暮らす障害者の社会学（増補改訂版）』藤原書店.
本田由紀ほか, 2006『「ニート」って言うな！』光文社新書.
居神浩, 2007「規律訓練型社会政策のアポリア」埋橋孝文編『ワークフェア――排除から包摂へ？』法律文化社.
伊藤周平, 1994『社会保障史 恩恵から権利へ――イギリスと日本の比較研究』青木書店.
伊藤周平, 1996『福祉国家と市民権――法社会学的アプローチ』法政大学出版局.
ケリー, R., 2007（原著1997）村田勝幸・阿部小涼訳『ゲットーを捏造する――アメリカにおける都市危機の表象』彩流社.
小林勇人, 2007「冗談でも, 本気ならなおさら, "Don't Kill Me!"――ニューヨークのワークフェア政策の『現実』」萱野稔人ほか編『VOL』2号, 以文社.
Levitas, R., 2005, *The Inclusive Society?: Social Exclusion and New Labour*, Macmillan.
マーゴリン, L., 2003（原著1997）中河伸俊ほか訳『ソーシャルワークの社会的構築――優しさの名のもとに』明石書店.
杉本貴代栄, 2003『アメリカ社会福祉の女性史』勁草書房.
高橋邦太郎, 2007「ディーセントワークと日本の労働基準」森岡孝二編『格差社会の構造――グローバル資本主義の断層』桜井書店.
埋橋孝文編, 2007『ワークフェア――排除から包摂へ？』法律文化社.
ウィルソン, W.J., 1999（原著1987）平川茂・牛草英晴訳『アメリカのアンダークラス――本当に不利な立場に置かれた人々』明石書店.

山之内靖, 1996『システム社会の現代的位相』岩波書店。
湯浅誠・仁平典宏, 2007「若年ホームレス」本田由紀編『若者の労働と生活世界――彼らはどんな現実を生きているか』大月書店。

unit㉛　高齢社会

天田城介, 2004『老い衰えゆく自己の／と自由――高齢者ケアの社会学的実践論・当事者論』ハーベスト社。
天田城介, 2007（初出 2003）『〈老い衰えゆくこと〉の社会学（普及版）』多賀出版。
ベック, U., 1998（原著 1986）東廉・伊藤美登里訳『危険社会――新しい近代への道』法政大学出版局。
春日キスヨ, 2001『介護問題の社会学』岩波書店。
近藤克則, 2005『健康格差社会――何が心と健康を蝕むのか』医学書院。
森川美絵, 1999「在宅介護労働の制度化過程――初期（1970 年代～80 年代前半）における領域設定と行為者属性の連関をめぐって」『大原社会問題研究所雑誌』486 号。
小幡正敏, 2002「AAA の高齢者――動員し選別する保険」『現代思想』30(7)。
大沢真理, 1993『企業中心社会を超えて――現代日本を「ジェンダー」で読む』時事通信社。
小澤勲, 2003『痴呆を生きるということ』岩波新書。
上野千鶴子, 2003（初出 2000）『上野千鶴子が文学を社会学する』朝日文庫。

unit㉜　消費社会

バウマン, Z., 1999（原著 1997）入江公康訳「消費時代のよそもの――福祉国家から監獄へ」『現代思想』27 (11)。
バウマン, Z., 2003（原著 1998）渋谷望訳「労働の倫理から消費の美学へ――新たな貧困とアイデンティティのゆくえ」山之内靖・酒井直樹編『総力戦体制からグローバリゼーションへ』平凡社。
博報堂生活総合研究所編, 1985『「分衆」の誕生――ニューピープルをつかむ市場戦略とは』日本経済新聞社。
クライン, N., 2001（原著 1999）松島聖子訳『ブランドなんか、いらない――搾取で巨大化する大企業の非情』はまの出版。
岡本慶一, 1998「消費者行動と広告記号」山本武利編『現代広告学を学ぶ人のために』世界思想社。
鈴木紀, 2007「フェアトレードの分類と課題――フェアトレード・チョコレートの事例から」『季刊 at』8 号。
ヴェブレン, T.B., 1998（原著 1899）高哲男訳『有閑階級の理論――制度の進化に関する経済学的研究』ちくま学芸文庫。
ウィリアムスン, J., 1985（原著 1978）山崎カヲル・三神弘子訳『広告の記号論――記号生成過程とイデオロギー』1・2, 柘植書房新社。

unit㉝　情報社会

バルト, R., 1979（原著1968）花輪光訳「作者の死」『物語の構造分析』みすず書房.
ボガード, W., 1998（原著1996）田畑暁生訳『監視ゲーム――プライヴァシーの終焉』アスペクト.
Castells, M., 1997, *The Power of Identity*, Blackwell.
ガンジー, O.H., 1997（原著1993）江夏健一監訳『個人情報と権力――統括選別の政治経済学』同文舘出版.
クリステヴァ, J., 1983, 原田邦夫訳『記号の解体学』せりか書房.
ラッシュ, S., 2005（原著2002）相田敏彦訳『情報批判論――情報社会における批判理論は可能か』NTT出版.
マクルーハン, M., 1986（原著1962）森常治訳『グーテンベルクの銀河系――活字人間の形成』みすず書房.
オハロー, R., 2005（原著2005）中谷和男訳『プロファイリング・ビジネス――米国「諜報産業」の最強戦略』日経BP社.
大塚英志, 2004『物語消滅論――キャラクター化する「私」, イデオロギー化する「物語」』角川書店.
大塚英志, 2006『キャラクター小説の作り方』角川文庫.
ポスター, M., 2001（原著1990）室井尚・吉岡洋訳『情報様式論』岩波現代文庫.
ライシュ, R.B., 1991（原著1991）中谷巌訳『ワーク・オブ・ネーションズ――21世紀資本主義のイメージ』ダイヤモンド社.
酒井隆史, 2001『自由論――現在性の系譜学』青土社.
重田園江, 2003『フーコーの穴――統計学と統治の現在』木鐸社.
シヴァ, V., 2005（原著2001）奥田暁子訳『生物多様性の保護か, 生命の収奪か――グローバリズムと知的財産権』明石書店.
上野加代子・野村知二, 2003『〈児童虐待〉の構築――捕獲される家族』世界思想社.
ヤング, J., 2007（原著1999）青木秀男ほか訳『排除型社会――後期近代における犯罪・雇用・差異』洛北出版.

unit㉞　格差社会

青木紀編, 2003『現代日本の「見えない」貧困――生活保護受給母子世帯の現実』明石書店.
Blau, P.M., 1977, *Inequality and Heterogeneity: A Primitive Theory of Social Structure*, Cambridge University Press.
原純輔編, 2002『流動化と社会格差』ミネルヴァ書房.
原純輔・盛山和夫, 1999『社会階層――豊かさの中の不平等』東京大学出版会.
橋本健二, 2006『階級社会――現代日本の格差を問う』講談社.
本田由紀・内藤朝雄・後藤和智, 2006『「ニート」って言うな！』光文社新書.
稲上毅, 1989（初出1986）「平等と異質性に関するノート」『転換期の労働世界』有信堂高文社.

久木元真吾，2003「『やりたいこと』という論理——フリーターの語りとその意図せざる帰結」『ソシオロジ』48(2)。
マルクス，K., 1969-70（原著 1867-94）向坂逸郎訳『資本論』1〜9，岩波文庫。
マルクス，K.／エンゲルス，F, 1956（原著草稿 1945-46）古在由重訳『ドイツ・イデオロギー』岩波文庫。
マルクス，K.／エンゲルス，F, 1971（原著 1848）大内兵衛・向坂逸郎訳『共産党宣言』岩波文庫。
佐藤俊樹，2000『不平等社会日本——さよなら総中流』中公新書。
竹内洋，1995『日本のメリトクラシー——構造と心性』東京大学出版会。
トゥレーヌ，A., 1970（原著 1969）寿里茂・西川潤訳『脱工業化の社会』河出書房新社。
ヴェルナー，G. W., 2007，渡辺一男訳『ベーシック・インカム——基本所得のある社会へ』現代書館。

◨ **著者紹介**

西澤晃彦（にしざわ　あきひこ）
　　神戸大学大学院国際文化学研究科教授

渋谷　望（しぶや　のぞむ）
　　日本女子大学人間社会学部教授

TEXTBOOKS
TSUKAMU

社会学をつかむ
The Essentials of Sociology

2008年7月10日　初版第1刷発行
2023年4月20日　初版第9刷発行

著　者	西　澤　晃　彦	
	渋　谷　　　望	
発行者	江　草　貞　治	
発行所	株式会社　有斐閣	

郵便番号 101-0051
東京都千代田区神田神保町 2-17
https://www.yuhikaku.co.jp/

印刷・株式会社理想社／製本・大口製本印刷株式会社
© 2008, Akihiko Nishizawa, Nozomu Shibuya. Printed in Japan
落丁・乱丁本はお取替えいたします。
★定価はカバーに表示してあります。

ISBN 978-4-641-17705-5

Ⓡ本書の全部または一部を無断で複写複製（コピー）することは、著作権法上での例外を除き、禁じられています。本書からの複写を希望される場合は、日本複製権センター（03-3401-2382）にご連絡ください。